基础教育改革与发展丛书
（第三辑）

丛书总主编　朱林生

农村学校变革的理论与实践

NONGCUN XUEXIAO BIANGE DE
LILUN YU SHIJIAN

曹如军　刘国艳　吴　平　编著

图书在版编目(CIP)数据

农村学校变革的理论与实践 / 曹如军,刘国艳,吴平编著. —苏州:苏州大学出版社,2015.12(2019.1重印)
(基础教育改革与发展丛书 / 朱林生主编. 第3辑)
ISBN 978-7-5672-1556-6

Ⅰ.①农… Ⅱ.①曹… ②刘… ③吴… Ⅲ.①农村学校–教育改革–研究–中国 Ⅳ.①G725

中国版本图书馆 CIP 数据核字(2015)第 319134 号

书　　名	农村学校变革的理论与实践
编　　著	曹如军　刘国艳　吴　平
责任编辑	李　兵
出版发行	苏州大学出版社
	(地址:苏州市十梓街1号　邮编:215006)
印　　刷	虎彩印艺股份有限公司
开　　本	700 mm×1 000 mm　1/16
字　　数	213 千
印　　张	13
版　　次	2015 年 12 月第 1 版
	2019 年 1 月第 2 次印刷
书　　号	ISBN 978-7-5672-1556-6
定　　价	32.00 元

苏州大学出版社网址　http://www.sudapress.com

《基础教育改革与发展丛书》第三辑
编委会

主　　任：朱林生

副 主 任：纪丽莲　赵宜江　张元贵

编　　委：（按姓氏笔画排序）

吴克力　何　杰　邵广侠　张继华

罗　刚　顾书明　曹如军

总　序

目前，我国正处在从人力资源大国向人力资源强国、从教育大国向教育强国迈进的关键时期，在这特殊的历史阶段，基础教育正面临着一系列重大变革，需要我们用智慧去研究新情况、解决新问题，去创新我们的办学模式、教育模式和教育方法。淮阴师范学院长期坚持服务基础教育的办学理念，形成了鲜明的教师教育办学特色，在办学过程中，与区域中小学以及教育主管部门建立了亲密的战略合作伙伴关系，与基础教育之间建立了一种卓有成效的对话机制，注重在对话中发现问题，并提出解决问题的途径，取得了颇为丰硕的基础教育研究成果，在传承地方优秀教育理念、引领地方基础教育观念更新、推动地方教育与改革发展等方面做出了自身应有的贡献，成为区域基础教育改革与发展的直接参与者与有力推进者。

在这一背景下形成的"基础教育改革与发展丛书"（以下简称"丛书"）既是对该校近年来基础教育研究成果的总结，又是对当地基础教育改革发展的基本走向以及高等师范院校如何更好服务和引领基础教育改革与发展的战略思考。

"丛书"分三辑出版。第一辑为论文汇编，主要涵盖语文、数学、外语、物理、化学、生物、思想政治等学科的课程与教学研究，带有基础性和综合性的课程教学原理研究以及教育管理理论与实践研究。第二辑为专题研究，内容立足当前基础教育和教师教育改革与发展的热点和难点问题，深入、集中研究其中具有重大理论价值和重要实践指导意义的相关问题。第三辑为专著，主要围绕学科教学和基础教育改革与发展中的具有前瞻性、前沿性的深层次理论和实践问题，探索教育教学基本规律。

"丛书"突出彰显了以下几个方面的特点：

"丛书"是淮阴师范学院致力于更新基础教育理念和教师教育观念、引领地方基础教育发展、传承先进教育文化的产物。近年来，我国基础教育改革风起云涌,基础教育理念持续更新,新理念、新观念层出不穷;与之相对应,基础教育师资培养模式等也在持续变革,教师教育观念不断更新,教师教育体系在探索中持续重构。"丛书"体现了淮阴师范学院在基础教育理念和教师教育观念方面所进行的持续探索与努力,必将在推动基础教育改革与发展方面发挥重要作用。

"丛书"是淮阴师范学院从事教师教育的教师们教学相长的产物。书中的研究成果是他们长期思考与实践的结晶,同时"丛书"的编写对其专业成长必然发挥重要的促进作用。通过参与教育科学研究以及"丛书"的编写,他们的专业研究水平得到了很大的提升,同时也对其他教师的专业发展起到积极的示范作用。

"丛书"是淮阴师范学院致力于开放办学的产物。首先,"丛书"的作者队伍包括了淮阴师范学院的在职教师,以及与之有长期合作研究关系的部分淮安市中小学的教师,"丛书"在很大程度上是大学从象牙塔走向社会变革的一线并与变革的实施者直接对话的结果。其次,"丛书"所涉及的领域,诸如教师素质提高、教师专业发展、义务教育均衡发展、课程资源开发利用、课堂教学改革创新等问题,皆来源于基础教育实践的教育教学改革和学校管理方面的现实问题。再者,"丛书"的研究成果来源于教育实践,是教育理论与教育实践不断融通的产物,它又必将回归教育实践,通过各种方式对基础教育改革与发展实践产生积极影响。

相信"丛书"的出版将在提升淮阴师范学院基础教育研究品位、扩大其社会贡献度与美誉度等方面发挥积极作用,同时也将为全国其他一直致力于和基础教育表里通融、互通共进的师范院校提供参考和增添信心,共同为促进基础教育改革的深化,从而促进整个教育水平的提高做出更大的贡献。

袁振国
2011 年 12 月
于中国教育科学研究院

目 录
Contents

前言 …………………………………………………………………… 1

第一章　农村学校变革的理论基础

第一节　学校变革研究:范畴及意义 ………………………………… 1
第二节　农村学校改革研究现状概览 ………………………………… 8
第三节　影响农村学校变革的内外部环境 …………………………… 13

第二章　支持农村学校变革的教育政策演变

第一节　我国基础教育改革的政策变迁 ……………………………… 43
第二节　我国三十多年来农村教育政策变迁回溯 …………………… 50
第三节　支持农村教育发展政策:淮安市的经验 …………………… 56

第三章　农村学校变革中的教师

第一节　学校变革中的教师适应性 …………………………………… 66
第二节　推动农村教师专业发展的政策分析 ………………………… 73
第三节　推动农村教师专业发展的策略指向 ………………………… 82
第四节　农村教师的自我专业发展 …………………………………… 86
第五节　以培训促进教师专业发展:洪泽县的经验 ………………… 91

第四章　农村学校变革中的领导

第一节　学校变革中的校长领导力 …………………………… 95
第二节　农村学校变革中的领导创新 …………………………… 100

第五章　农村学校教学变革

第一节　农村学校教学变革的价值追求 ………………………… 105
第二节　农村学校教学改革中存在的问题 ……………………… 108
第三节　农村学校教学变革的未来走向 ………………………… 110
第四节　打造健康课堂：岔河镇小学的经验 …………………… 114

第六章　农村学校管理变革

第一节　农村学校变革中的可能矛盾 …………………………… 118
第二节　农村学校变革中的管理创新 …………………………… 124
第三节　以管理推动跨越式发展：赵集中学的经验 …………… 128

第七章　农村学校内部制度变革

第一节　制度在学校变革中的功能阐释 ………………………… 132
第二节　农村学校内部制度分析 ………………………………… 135
第三节　农村学校变革中的内部制度缺陷 ……………………… 147
第四节　农村学校制度建设——袁集小学的经验 ……………… 155

第八章　农村学校文化变革

第一节　学校文化的内在意蕴 …………………………… 158
第二节　农村学校物质文化建设 ………………………… 163
第三节　农村学校精神文化建设 ………………………… 167
第四节　农村学校制度文化建设 ………………………… 172
第五节　校园文化建设:刘老庄小学的经验 …………… 177

主要参考文献 ……………………………………………… 187
后记 ………………………………………………………… 192

前　言

近年来，伴随教育公平理念不断深入人心，国家基础教育均衡政策深入推进，农村教育改革日渐成为我国教育改革的重心所在。从现实情况看，农村学校已出现一些令人欣喜的现象：学校的教育教学设施、场所明显改善，教师队伍的学历水平有了较大提升，等等。但是在取得这些成绩的同时，我们也明显感受到农村教育改革的艰巨性和复杂性，农村学校存在的问题仍然很多，能深入农村学校内部，能触动农村学校教育教学深处的变革仍然很少。

为更深入、更全面地剖析和阐释农村学校变革问题，本书采取理论与实践相结合的叙述方式，既有理论层面的推导，又选择江苏省淮安市农村基础教育实践的某些案例进行具体阐释。在立足实践、指导实践的思路下，本书共分为八章。

第一章是农村学校变革的理论基础。本部分首先就教育改革与学校变革、校本研究与学校变革研究等概念进行具体解析，并诠释了学校变革研究的现实意义和可行性。其次，对当前有关农村教育的政策、农村学校发展等问题的研究现状进行简约描述和总结，既阐明现有相关研究的不足，又为后续的农村学校变革研究提供重要的理论支持。

第二章是支持农村学校变革的教育政策演变。在教育改革中，政策变迁总是与教育改革相伴而生、相辅而成。为此，本部分首先分析了我国教育改革政策变迁的动因、目标和路径。其次，以改革开放以来我国教育政策的发展变迁为着力点，把近三十年来我国农村教育政策的变革划分为准备阶段、逐步推进阶段和改革深化阶段，进而分析了每一阶段我国教育政策的内容构成和价值取向。最后，以淮安市为典型案例，阐释淮安市为推动基础教育均衡发展所采取的城乡教师交流政策和推进农村教育现代化政策。

第三章是农村学校变革中的教师。本章首先分析了教师在学校变革中的适应性问题，指出教师在实际变革进程中，经常陷于"观念进步明显而行为转化困难"的境地。其次，从政策视角，深入揭示我国在建设社会主义新农村、推进农村教育现代化的进程中，农村教师政策所存在的某些特殊矛盾和问题。再次，基于农村教师专业发展现状，着力阐释如何从外部环境入手，构建和优化推动农村教师专业发展的外部环境；如何从教师自我发展入手，通过教学实践、积极参与校本研究以及教学反思等活动，促使教师不断提升自己的专业素养。最后，以淮安市洪泽县为分析对象，诠释洪泽县培训促进教师专业发展的具体做法。

第四章是农村学校变革中的领导。本章研究的主要内容有：第一，诠释校长在农村学校变革发展中的作用，解读校长领导力的内涵和发挥方略；第二，剖析校长应如何确定正确的角色定位，以及在多重角色定位下，如何构建科学的农村校长队伍建设机制。

第五章是农村学校教学变革。本章首先分析了农村学校教学改革的价值追求问题，指出农村学校的教师改革既要有为社会服务的宏观价值追求，又要有为人的个体发展而服务的微观价值追求。其次，阐释了新课改背景下农村学校教学改革的现状，虽然农村学校越来越认识到教学改革的重要性和紧迫性，但大量的课堂教学依然面貌陈旧，尤其是与新课程标准相对应的新的课堂教学模式没有得到很好的推广和落实。再次，分析了农村学校教学改革的未来走向，提出了帮助农村教师转变观念、改进教学行为的相应对策。最后，本章以淮安市岔河镇中心小学为例，诠释了该校是如何以健康教育教学为切入点，打造"健康课堂"，构建健康、灵动、智慧的课堂文化的。

第六章是农村学校管理变革。本章研究的主要内容有三：第一，从学校的复杂性出发，剖析了学校变革中存在的各种可能矛盾；第二，学校变革首先要解决的问题是学校组织变革问题，面对学校组织内外部环境的变化，学校应如何对自身的组织结构、管理方式等进行调整、修正和革新；第三，以淮安市赵集中学为例，解读了该校如何以提高教学质量为中心，强化学校的各项管理，努力推动学校的跨越式发展。

第七章是农村学校内部制度变革。本章主要从内部制度视角诠释了四个问题：其一是解析制度的形态和内涵，剖析制度在学校变革中的功能和作用；其二是解读农村学校内部制度变革的进展；其三是分析农村学校变革中的内部制度缺陷，指出这些缺陷不仅有碍学校内部制度体系本身的优化，而且也在事实上成为学校实现由量变到质变、由外延扩张向内涵发展转化的桎梧;第四,以淮安市袁集中心小学为例,分析了其内部制度构成,并解析了该校在制度建设中的一些可借鉴的举措。

第八章是农村学校文化变革。本章在阐释学校文化的内涵和实践价值的基础上,从物质文化、精神文化和制度文化三方面,论述了学校文化建设的基本思路。最后以淮安市刘老庄乡中心小学为例,解读了刘老庄乡中心小学是如何确立特色的校园文化体系,以提高学校的办学品位,丰富办学内涵,有效地促进教师、学生的健康和谐发展的。

编 者

2015.7.7

第一章 农村学校变革的理论基础

"所谓学校变革,是指学校在社会转型及学校内部多种矛盾、冲突的驱使下所产生的一种持久、长期的革新活动。"①在我国,有关学校变革的系统研究起始于20世纪90年代前期,成形于21世纪初。之所以用"变革"取代使用频率更高的"改革",主要在于两方面原因:其一是以往改革多为自上而下的行为,带有强制性的特征,忽视了学校在改革中的主体作用;其二,越来越多的学者认识到,学校改革极具复杂性,任何疾风骤雨式的改革往往难以取得实质性的进展,学校改革应采用春风化雨式的、绵延持续的改革方式。

在现阶段,农村基础教育是我国推进基础教育均衡发展的重中之重,农村学校作为推动基础教育均衡发展的重要责任主体,应如何变革,已在多大程度上完成了变革,该如何推进后续的变革,均需要我们进行深入分析和探讨。在本章,我们将基于对学校变革研究的理解,对学校发展的一般性特征和农村学校发展的特殊性环境的认识,在理论层面解析农村学校变革的内容构成、行动方略等基本问题。

第一节 学校变革研究:范畴及意义

学校变革研究是一个正在开辟的研究领域,当前,学术界对学校变革研究的一些基本问题已取得不少研究成果,但仍需要研究者不断深入思考,交流观点,形成共识。

一、学校变革研究的相关理解

1. 教育改革与学校变革

"改革"意指改变事物中旧的、不合理的部分,对既有的模式、关系、格局、观念、行为、制度等诸多方面的适应性改变,都可归为改革的范畴。相对于"学校变革"而言,"教育改革"则是更为人们耳熟能详的词汇,也是容易与"学

---

① 刘国艳.制度分析视野中的学校变革[M].长春:吉林大学出版社,2010:3.

校变革"混为一谈的概念。

一般说来,教育改革是指"教学上的革新,以及教育的观念、目标、发展战略和优先抉择等方面的根本性变化,即在教育政策和教育规划范围内诸要素的变化"①。"政府主导"是教育改革的显著特征。为此,有学者把教育改革定义为"政府在公开的政策分析的基础上,指导进行的教育变革计划"②,用以强调教育改革中的政治影响因素。

作为一项正在兴起的研究,国内对"学校变革"这一概念的界定并不多见。与其相似的定义包括:学校改革,有学者曾将其定义为"在新的教育理念的指导下,以教育教学的变革为核心的、由学校自觉进行的对长期形成的现状的有意识的改变"③;学校改进,国际经济合作组织在"国际学校改进计划"中的含义是,"'学校改进'是一种系统的、持续的努力,其目的是在一所或更多的学校中变革学习条件及其他相关的内部条件,其最终目的是更有效地实现教育目标"④。而本书已在前文对"学校变革"给出相应界定,在此不再赘言。

通过以上对"教育改革"与"学校变革"内涵的描述,我们可以简要概括两个概念之间的某些联系和区别。通常而言,教育改革是宏观层面的教育变革,政府在其中发挥着主导性的作用。这种变革表现为自上而下的进程,即各级政府将某些新的教育理念或教育思想转变为教育政策、教育规划,在其所辖范围内颁行,并要求所有中、小学校不折不扣地加以贯彻实施。

而学校变革在性质上属于中观层面的教育变革,这种变革的原动力主要不是来自于上级行政部门,而是来自于学校自身,以教师和学校管理者为主体的学校变革者在学校改革中发挥着主导性的作用。在学校变革研究者看来,学校不仅仅是一个上级部门管理下的教育组织,而且处于复杂的关系网络之中。从学校层面来看,有学校与上级教育行政系统、学校与社区、学校与学生家庭等关系的交错;从学校内部来看,又有教师和学生、学校管理者与教师、学校管理者与学生等关系的相互制约。学校变革正是这些纵横交错的关

---

① 张人杰.现代教育改革论——从一次专家会议谈起[J].外国教育资料,1985(5):5-8.
② [加]Benjamin Levin.教育改革——从启动到成果[M].项贤明,洪成文译.北京:教育科学出版社,2004.
③ 王有升.学校改革的社会学研究简论[J].青岛大学师范学院学报,2005(1):98-102.
④ [挪威]波·达林.理论与战略:国际视野中的学校发展[M].范国睿译.北京:教育科学出版社,2002:15.

系网中的各种力量相互博弈的结果。所以,学校变革的研究者认为,教育改革所主张的自上而下式变革,很难实现学校和学生的最优化发展。学校变革作为系统自身的一种复杂演化,才是更为有效的改革。学校变革表现为学校管理层在调整、平衡各种关系的前提下,确立自身变革的目标和价值取向,统领各种变革力量,循序渐进地改变学校现状的过程。

2. 校本研究与学校变革研究

"校本研究"是我们在认识与把握"学校变革研究"内涵时,需加以明晰和辨识的另一近似概念。

追本溯源,"校本研究"这一概念是在我国基础教育新课程改革的背景下萌生的。为新课程改革服务,是校本研究的重要特征。一些学者据此把"校本研究"的内涵理解为一种将"新课程改革研究的立足点放在学校,以解决学校在新课程改革中所面对的各种具体问题为对象,以学校教育者为研究主体,以促进学生健康、主动、充分发展和教师专业成长为主要目的的研究活动"[①]。

校本研究的另一重要特征是"以校为本",即强调为学校自身的发展服务。所以,一些学者在阐释"校本研究"的内涵时注重突出"因校制宜"的理念,把校本研究定义为"为了提高教育教学质量,从学校的实际出发,主要整合本校的资源优势进行的教育教学研究"[②];或界定为"基于学校发展的研究,基于各校实际情况的研究"[③]。

通过对"校本研究"这一概念内涵的探析,我们可以得出以下结论:校本研究和学校变革研究具有某些共同点,两者都主张从不同学校的实际情况出发,为具体的学校发展服务,以本校学生的发展需要为研究导向,以学校教育教学质量的提高为研究归宿。

校本研究和学校变革研究的区别则主要有两点。其一,研究主体不同。从事校本研究的主体是学校的教育者,即学校的管理者和教师;而学校变革研究的主体则不仅包括学校的教育者,也可以是校外的教育研究者。通常,为确保学校变革的成效,实施改革的学校会聘请教育研究专家到校"蹲点"研究,诊断学校的问题所在,提出具体的改革规划,并参与到学校改革的过程中

---

① 明庆华,程斯辉.简论新课改背景下的校本研究[J].课程·教材·教法,2003(1):14-17.
② 王永明.校本研究一二三[J].教育理论与实践,2003(11):38-39.
③ 元殿强.整体推进校本研究工作的思路与措施[J].当代教育科学,2005(10):63-64.

来。其二,研究定位不同。校本研究是对学校现时存在的若干问题,主要是教育教学方面问题的研究,着眼于学校发展的量变的积聚是校本研究的主要定位;而学校变革研究是对学校整体变革的研究,它涉及学校的教育教学、管理体制、教师发展等诸多方面,而且常常是这些方面的统整研究,着眼于学校发展的质变或部分质变,是学校变革研究的主要定位。

二、学校变革研究的现实意义

当前,学校变革研究之所以受到学者们的广泛关注,就在于它对解决我国教育领域中的种种现实问题所蕴含的巨大潜在价值。

1. 对新课程改革研究的继承和超越

2001年教育部颁发《基础教育改革纲要》,我国开始新一轮的基础教育课程改革。时至今日,我国的新课程改革取得了显著成果,这表现在,"教师教学观念与方式有所改变;学生学习表现出合作、探究与交流的学习行为;学校评价追求多元性、过程性和发展性评价方式,学校呈现出教师合作的文化氛围"[①]。

然而,新课程改革也遇到不少问题。这些问题大致可以概括为四个方面:其一,教师问题,一些教师缺乏参与改革的热情,没有真正理解变革的目标和内涵,又缺乏参与课程开发和教学变革的理论、技能,学习并认可了新观念,但不能付诸行动;其二,评价问题,现有的评价方式难以有效测量新课程改革所设定目标的进展情况;其三,组织问题,许多学校缺乏新课程改革所需的完备的组织工作计划和充足的资源条件;其四,外部支持的问题,新课程改革缺乏一个良好的社会心理环境,缺乏各种社会力量,尤其是学生家长的有力支持。

对于这些在新课程改革过程中出现的问题,采取单纯性的应对措施,其成效恐怕是有限的。问题的根本症结还在于学校与教师在新课程改革中的被动地位。作为一次自上而下的教育改革,学校与教师始终没能摆脱新课程改革的忠实执行者的地位。在新课程改革的推行过程中,他们要么表现出缺乏变革的足够动力,要么表现出缺乏变革的足够能力。

以往的许多教育改革事实证明,这种外加的改革往往难以取得预期的结

---

① 教育部"新课程实施与实施过程评价"课题组. 基础教育课程改革的成就、问题与对策——部分国家级课程改革实验区问卷调查分析[J]. 中国教育学刊,2003(12):35-39.

果。新课程改革中所遭遇的问题,还使我们认识到,教育变革应是一种全方位的变革。仅仅将新课程改革定位为对中、小学校课程体系和教育教学的变革是狭隘的。

改革是牵一发而动全身的变化,新课程改革必须要引发学校其他方面的变革。正如有学者指出,新课程改革成为学校组织变革的主要驱动力,对学校组织的工作任务、教职工、组织结构、教育技术等四个变量都提出了变革要求。① 新课程改革要求学校具有柔性,具有应变能力;要以扁平化组织结构取代科层式组织结构;要构建学习型学校;要实现学校领导方式的转变。

简而言之,要实现新课程改革的预期效应,必须在继承新课程改革研究成果的基础上,突破新课程改革研究的框架,把学校视为发展与变革的中心,开辟多维视野的学校改革研究,从各个学校的实际情况出发,研究新课程在本校实施所需要的相应的学校配套改革措施,以促进学校的整体发展和质的提升。

2. 推进我国基础教育均衡发展的重要理论来源

由于城乡二元结构导致的社会发展不平衡,我国的基础教育领域存在着诸多教育不公平问题。这一问题主要表现为"我国城乡之间、地区之间、性别之间、不同社会阶层之间的受教育机会不仅存在巨大差异,在某些方面,这种差异还有不断扩大的趋势"。为此,各级政府纷纷做出促进基础教育均衡发展的战略决策,以实现区域教育层面,即省域之间、市区之间、县域之间、乡域之间以及城乡之间的均衡发展;学校层面,即校与校之间的均衡发展;学生层面,即学生在接受教育的起点、过程和结果方面的大致均等。

毫无疑问,政府的教育政策、教育决策是确保基础教育均衡发展的首要前提。当前,各级政府通过加大对农村地区、贫困地区、少数民族地区、经济欠发达地区的教育投入,改善薄弱学校的师资水平、设备条件等方式无疑能有力促进基础教育的均衡发展。然而,基础教育均衡发展的实现绝不是一蹴而就的,它需要一个循序渐进的演进过程。首先,作为一个发展中国家,各级政府的教育经费是有限的,对于广大经济欠发达的中、西部地区来说,即使各级政府实行倾斜的教育投入政策,由于薄弱学校数量众多,校均教育经费仍很难有较大增长。而且,对于薄弱学校来说,学校教育经费的增长,固然能缩

---

① 龙君伟.新课程与学校组织变革[J].教育理论与实践,2003(10):45-48.

小与优质学校之间的设备条件水平差距,然而与优质学校相比,两者更大的差距是在师资水平以及学校品性、文化与制度上。要缩小这种差距,仅靠当前的师资培训和校际师资交流等有限措施还是远远不够的,薄弱学校的自我改进十分必要。只要目标定位合理、方法措施得当,这种出自学校内部的发展举措,更易得到师生员工的广泛支持,能产生事半功倍的成效。

为此,在实现基础教育均衡发展的过程中,薄弱学校要改变片面的"等、靠、要"思想,自身必须有所作为。而学校变革研究正是为薄弱学校的自我努力、自我发展,提供了相应指导。欧美国家的学校改进运动表明,只有在教育专家的指导帮助下,不断推进本校的学校变革研究,只有以本校实际情况为研究基点,找寻到适切本校发展的改革途径,一大批"失败学校"才有可能转化为"成功学校"。

3. 建设特色中、小学校的思想指南

特色学校一般是指那种在全面贯彻教育方针的过程中,在办学主体刻意追求之下,在较长的时间内,在某些方面具有区别于其他学校的独特之处,形成比较稳定鲜明的个性风格,成绩卓著,社会公认的学校。

一所特色学校有两个基本标识:其一,特色学校具有独特性的、个性化的学校特点。这种独特性带有创造性,表现为有独特的办学思想、独特的办学内容和独特的办学策略。其二,特色学校是具有稳定性的、成功的学校①。特色学校的成功主要表现为三点:第一,成功地确立了办学价值观。第二,成功地培养了大批人才。第三,成功地确立了一种优化的办学模式,特色学校的形成过程,就是某种办学模式不断优化的过程。由此可见,特色学校除了"成功"这一特性之外,其最大的特点,还在于它的个性化和独特性。

在教育实践中,建立一所人无我有、人有我优、人优我精的特色学校,是许多学校教育管理者梦寐以求的理想和孜孜不倦的实践追求。而学校变革研究对于建设特色中、小学校无疑有着重要意义。因为,学校变革研究通常以案例研究为主要研究方式,有着鲜明的个性化特征,它通过全面、综合分析对象学校的存在问题、潜在优势,制定适合本校发展的特定的改革与发展规划,有助于克服自上而下的教育改革所可能带来的"千校一面"的发展模式,为特色学校的最终形成创设有利条件。

---

① 郑友训.诠释特色学校[J].江西教育科研,2001(12):10-12.

三、学校变革研究的可行性

教育研究需要充分的外部支持,才具有研究的可行性。当前,我国开展学校变革研究至少具有两方面的有利条件。

1. 国外学校改进运动为我国开展学校变革研究提供了丰富素材

早在20世纪70年代,美、英等西方发达国家就已开始了有关学校改进问题的研究。根据学者的理解,导致西方学校改进研究产生的原因是多方面的。其原动力应来自于对科尔曼"宿命论"思想的批判,即对学生成绩差异主要受制于其家庭背景这一理论的批驳。而20世纪五六十年代西方各国基础教育课程改革的失败,则是产生学校改进研究的直接原因。一些学者通过研究认定,导致课程改革失败的主要原因有:单一的自上而下的变革模式;教师缺乏在日常工作中变革自己实践的动力;新课程的在职培训没能为教师提供新知识与技能;学校教育者对实施变革缺乏了解。而要有效解决这一问题,就必须实施以学校为中心的全方位变革,把变革的主动权交给学校。

由此,以学校效能研究为主体的学校改进研究得以在美、英等西方国家兴起。所谓学校效能研究,实质上就是"关于可以调适的学校条件对学校教育结果的影响的研究"。其主要功能是依据一定标准,通过研究学校之间的差异,探求影响学校管理理论和实践效果的关键因素,从而促进学生的发展,使学校成为"有效学校"。随着学校改进研究在一些个案学校的成功推行,美、英等国遂在20世纪80年代发起了声势浩大的有效学校运动,以期通过对学校改进研究的应用,创设更多的、能使所有学生达到高水平学习成绩的有效学校。

与我国当前进行的学校变革研究相比,国外有关学校改进研究的理论与实践,是在不同国情、不同的教育现实问题的背景下进行的。然而,他山之石,可以攻玉,通过对国外相关研究的分析,我们可以合理借鉴其中的某些研究思路,可以参考其中的某些研究成果,可以学习其中的某些研究方法和研究技术,可以避开研究过程中可能出现的类似问题和障碍,从而为开创和构建具有中国特色的、能有效指导我国中小学校改革与发展实践的学校改革研究理论体系奠定基础。

2. 我国学校办学自主权的逐步落实为学校变革研究及其成果转化提供了可能

过去,在计划经济体制为主导的社会背景下,我国的教育管理体制表现出鲜明的集中统一性。上级教育行政部门与下属中、小学校之间的关系,是纯粹的命令与执行的关系,学校单渠道从教育行政部门接受教育资源和指令性任务,和外界几乎没有其他物质、能量和信息的交换,蜕变成缺乏主动适应社会能力的、自成一体的封闭系统。这种处于僵化的办学模式控制下的学校,必然是缺乏活力、缺少个性的学校,学校内部的教职员也必然缺乏主动性、积极性和创造性。

而学校变革作为一种学校内部的自发性变革,其主要动力当然来源于学校的广大教育者,来源于学校的每一个管理者和教职员工自身。显而易见,这种动力的产生是以学校所有教育者办学主体意识的强化,其主动性、积极性和创造性的提高为基点的。因此,要促使学校教育者热情地投入学校改革研究中去,要确保学校变革研究成果的推行能得到最广泛的支持和最积极的参与,还有赖于学校办学自主权的落实。学校办学自主权的落实也符合目前国际学校管理发展的主流。从国际视野来看,各国学校管理改革的共同趋势是,既重视国家观念,又强调市场逻辑,即在强化政府宏观层面上的管理职能的同时,还重视将微观层面上的学校管理权交给学校,倡导学校依法办学、自主发展。

当前,相对于计划经济体制时期而言,我国中、小学校的办学自主权有了很大拓展,诸如,实行了校长负责制、教师聘任制、绩效工资制等。但从学校变革研究的视角来说,中小学校的办学自主权还有待进一步落实,特别是在独立决定学校办学思想、办学目标、课程设置、人员聘任和资金使用等方面的权力还需继续扩大。唯有如此,才能充分调动学校全员的主体精神和创造精神,自觉进行学校变革研究,并将研究成果运用到实践中去,努力营造特有的学校文化和共同的价值追求,充分优化和开发校内教育资源,最终实现学校的跨越式发展。

第二节 农村学校改革研究现状概览

对农村学校的研究有宏观与中微观之分,宏观层面的研究主要涉及农村教育政策及各级政府教育管理行为的研究,而中微观层面的研究主要是农村学校内部改革与建设等具体问题的研究。从现有文献资料看,目前有关农村学校改革研究的文献并不少见,为此,本节拟对相关研究的现状进行简要梳理,继而为后续的农村学校变革研究提供较坚实的研究基础。

一、支持农村学校改革的相关教育政策研究

1. 农村教师政策研究

我国现行的农村教师政策,大体可以概括为数量补充、地位保障和素质提升三种类型①。从总体来看,我国农村教师政策存在的问题包括:政策制定过程中缺乏对相关因素的充分考虑,使政策执行面临困境;政策执行中各主体的利益博弈,造成部分地区政策执行走样;政策宣传不充分,导致公众对政策的理解存在偏差;政策实施主体的政策执行能力不足,影响政策目标的达成。

"特岗计划"是我国为提高农村地区师资的整体水平,并解决大学生就业难等问题,所采取的相应政策。这一政策基本出发点是,由中央财政支持,公开招聘高校毕业生到西部农村学校任教,以缓解农村教师的结构性紧缺矛盾,活化农村教师的补充机制,加强农村教师队伍的整体建设。2006年以来,中央持续扩大"特岗计划"的范围和规模。从实施效果看,研究者们认为,"特岗教师"政策为农村教育发展注入了新鲜的活力,有力提升了农村师资的素质和水平,但也出现了特岗招聘唯学历化、特岗政策配套形式化、特岗教师难以专业化等问题②,基于此,有学者认为,要继续深入推进实施并扩大规模和范围,要严格执行政策,做到真正落实"特岗计划"的政策精神,要把好招聘入口关,切实把优秀的人才选拔到教师队伍中来,以建立完善农村教师的长效补充机制③。

2. 农村学校布局问题研究

农村学校布局问题,无疑是我国近阶段农村教育研究的热点问题。有研究表明,2000年以来的十年,是我国农村中小学校布局调整力度最大的十年。在这十年中,我国减少了21.5万农村中小学校,即每天约有59所农村中小学校在消失。④

学者们认为,导致农村学校布局调整的主要原因有四:第一,2001年起,国务院对农村义务教育管理体制进行了重大调整,实行在国务院领导下,由

---

① 胡伶.农村教师政策的问题与改进[J].教育发展研究,2009(22):4-9.
② 张济洲.农村"特岗教师"政策实施:问题与对策[J].教育理论与实践,2012(7):26-28.
③ 邬跃.教育政策分析——以农村学校教师特岗计划为例[J].教育理论与实践,2010(1):28-30.
④ 熊春文."文字上移":20世纪90年代末以来中国乡村教育的新趋向[J].社会学研究,2009(5):67-60.

地方政府负责,分级管理,以县为主的体制。在实行以县为主的管理体制后,县级政府不仅有对所管辖的中小学校进行布局调整的权力,而且有通过布局调整来减轻财政压力,以提高资源利用效率的动力。第二,义务教育由普及向提高发展。我国在实现"两基"战略目标后,国家义务教育的战略重点开始转向提高。在巩固提高阶段,提高教育质量和办学效益成为国家的新战略重点,促进上好学和实现有质量的教育公平成为义务教育工作新的重中之重。第三,农村城镇化的发展。全国从20世纪末起开始了合乡并镇的改革热潮,城镇化的快速推进,导致传统的村村办小学,乡乡办初中,县镇办高中的农村教育传统结构形态面临着新挑战。第四,农村生源总量减少。由于出生人口减少,加之一些地区农村人口居住比较分散,"麻雀学校"和"空巢学校"由此大量出现。

从现实情况看,农村学校布局调整对农村学校的发展,发挥了重要的促进作用。

首先,促进了教育资源的合理配置。在布局调整之前,农村学校普遍存在布局分散、校点过多、学校规模过小、需要改造的危房较多等问题,由于教育资源的投入具有整体性和不可分割性,学校无论规模大小,都要有整体性和不可分割性,学校无论规模大小,都要有校舍建筑和教学设备等固定资本投入,都要有教师、行政管理人员等人力资源投入,使得本来就短缺的资源过于分散,难以合理配置,形成规模效益。而布局调整后,一些规模小的学校和教学点撤并后,各地可以把有限的教育资源集中使用,从而优化了教育资源配置,避免了分散办学时普遍存在的教育资源利用效率低下的问题。

其次,促进了农村教师队伍的优化和素质的提高。在布局调整之前,一些学校只能开设语文、数学两门课程,其他的课则由语文、数学教师兼任,缺少专职的英、音、体、美和计算机老师,师资呈现严重的结构性短缺。布局后,精简了部分不合格的教师,提高了教师队伍的整体素质,并且通过教师队伍的优化组合,使得各门学科基本上都有了专职教师。同时,教师培训和交流学习的机会增加,也有利于教师个人的发展和整体素质的提高。

最后,促进了农村学校教育质量的提高。我国长期实行的城乡二元教育政策,导致农村学校的办学条件和师资队伍远落后于城市。布局调整后,学校办学条件得到改善,师资队伍进一步优化,由此,推动了农村学校教育质量的提高。

当然,学校布局调整政策也是一把双刃剑,问题总与成绩同在。对农村学校布局调整持批评态度的也大有人在。学者们认为,布局调整存在的主要问题有二:第一,学校减少的幅度远大于在校生减少的幅度。第二,教育城镇化发展与村庄学校的消失并行,导致学生上学距离变远,且寄宿低龄化。为此,有学者认为,要正确认识教学点的作用,慎重对待教学点的撤留问题。教学点虽然规模小,但教师在教学中容易根据学生特点因材施教,对学生辅导的时间会相应增多,且教学点有助于解决学生上学难的问题。因此,不能根据单一标准判定其去留,要考虑学生上学是否方便、群众意愿、中心校的寄宿条件等因素。

3. 农村特殊类型学校研究

(1) 农村小规模学校研究

小规模学校,又被称为微型学校,一般指那些学生数不超过 350 人(小学)或 500 人(中学)的义务教育学校。雷万鹏的研究表明,总量短缺、师资结构不良,教师专业发展机会匮乏,构成了农村小规模学校师资的基本特征[①]。这种状况进一步强化了农村小规模学校边缘化的态势。

为打破农村小规模学校低水平的发展陷阱,政府可以采取的策略包括:从多个维度核拨小规模学校的教育经费,建立学校编制底线和走教政策,平等地考虑提高小规模学校的教师素质,推进农村小规模学校的标准化建设,尝试农村小规模学校的学制改革。

(2) 农村寄宿制学校研究

在我国,由于农村地区的人口分散,寄宿制学校随着国家农村学校布局的调整有日渐增多的趋势。近年来,建设农村标准化寄宿学校,成为国家农村学校布局调整的一个重要配套举措。举办寄宿制学校,必须解决好小学生尤其是低龄儿童对学校生活等方面的适应问题。2001 年以来,中央出台了一系列与我国农村寄宿制学校相关的政策,这些政策对农村寄宿制学校的建设和发展起到了积极的指导作用。但从寄宿制学校办学现状来看,学校还存在建设资金不足,学生教育成本增加,人员绝对性超编,结构性缺编,学校建设布局不科学,生活设施建设不规范等问题。为此,有学者建议,要及时调研总结农村寄宿制学校建设的经验与不足,进而制定促进农村寄宿制学校建设与

---

① 雷万鹏,张雪艳.农村小规模学校师资配置政策研究[J].教育研究与实验,2012(6):8-12.

指导其发展的长期政策,要扩大政策对象的覆盖面,要以农村适龄儿童上好学为目标,综合运用多种政策工具手段,以保证农村寄宿制学校发展的可持续性。

二、农村学校内部的具体问题研究

1. 农村学校校长研究

校长无疑是农村学校发展的中坚力量,对农村学校校长的研究也是学者们研究的重点。从农村学校校长的职业样态看,相关学者对江苏省徐州市农村中小学校 172 位校长的问卷调查和访谈表明①,农村学校校长在总体上存在性别比例失衡,职称级别偏低,起点学历不高,任职来源单一等问题;从专业发展状况看,农村校长存在入职方式单一,把业务特长等用于教学、科研的意识不强,社会兼职偏少等问题。

为解决以上问题,促进农村学校校长的专业发展显得尤为重要。

首先,要研究制度校长专业化的标准,从制度上保证校长从业的专业基础。有研究者认为,校长专业化应该具备以下标准:① 系统的管理科学、教育科学知识和从事日常学校管理所需要的计划、决策、指挥、协调、评价等管理技能;具有现代教育思想和管理理念;具有强烈的服务意识,并以此作为自己专业行为的理性支撑。② 建立校长选拔、任用、考核、奖惩的完整体系和制度,并具有可操作性。③ 赋予校长在法律范围内管理学校人事财物的专业自主权。④ 以实行校长职级制为突破口,保证校长享有的经济待遇和政治地位。⑤ 系统的校长职业养成教育和专业培训,参加校长专业团体,校长必须接受任职资格培训、提高培训和高级研修培训,积极参加教育管理专业协会的活动。②

其次,要加强对校长的考核。校长考核是引导、规范农村学校校长管理行为的有效手段。要以校长述职、校内干部教师座谈、教职工民主评议、查阅书面资料为主要形式,以把握政策法规、队伍建设、完善制度、实施科学管理、指导教育教学和科研为主要考核内容,全面考核评价校长的工作。

最后,要引导校长重视开展教育科研活动。当前,多数农村校长通过校长岗位培训和各类学习,已具备了一定的理论素养,基本熟悉了学校管理的

---

① 王坤.农村中小学校校长职业样态调查与分析[J].江苏教育研究,2012(11A):58-61.
② 李同胜.关于农村中小学校长专业发展的对策思考[J].继续教育研究,2009(8):52-54.

业务,积累了较丰富的管理经验,但也容易产生心理定式,凭经验办学,对学校管理缺乏规律性认识。因此,农村校长需要借助科研进一步提高自己的学习能力,进一步提高自身的科学决策能力和创新能力。

2. 农村学校文化研究

学校文化是教师、管理人员、学生和家长通过共同努力创立起来的,具有高度的持久性。愿景和价值观是学校文化的根基,仪式和典礼是学校文化的载体,历史和典故是学校文化的内涵,建筑和收藏品是学校文化的象征。

有学者认为,当前农村概念的窄化,农村学校与农村文化的断裂以及撤点并校等政策导致农村学校建设失去了文化之根。[1] 作为乡村传承与创生文化的主要场所,农村学校在社会主义新农村建设中肩负着传播现代科学文化知识,加强先进文化建设,进行思想道德教育,推进民主与法制建设等重大文化使命。为了完成新农村建设赋予的文化使命,农村学校要转变教育价值观,关注培养新农村建设所需人才的数量和质量;要转变教师观,使农村教师成为新农村建设的知识力量;要转变课程观,促使优秀农村文化资源得到传承与发展;要转变教学策略观,追寻教育与新农村建设的最佳结合点。

第三节 影响农村学校变革的内外部环境

当今时代,多元性和复杂性是社会的显著特征。在多元、复杂的社会里,影响事物发展变化的原因也往往是复杂多样的。而学校本身作为一个复杂的有机构成,引发其变革的内、外部原因更不是简单、线性的。正是各种复杂、多元的内外部因素交错在一起,才有力地推动了农村学校变革在实践层面的孕育和开启。

一、农村学校外部环境分析

农村学校所处的外部环境,既具有我国城乡学校变革所共有的某些时代特征,同时也表现出其自身环境的特殊性。因此,我们对农村学校外部环境的分析,既要分析我国学校面临的总体环境,又要揭示农村学校变革的特殊环境因素。

1. 我国学校变革的总体环境

对现今所处的时代和社会的了解,对当前社会变革的产生、发展轨迹的

---

[1] 段会冬,莫丽娟. 农村社区:农村特色学校建设的文化源泉[J]. 现代教育管理,2012(9):35-39.

认识,不仅可以使我们明确教育改革与学校变革的深层次原因,而且可以提升我们对时代精神和变革之道的感悟,从而在明确以往变革得失的基础之上,准确地把握学校今后的发展方向。

(1) 时代变革

加拿大学者迈克·富兰说:"变革是普遍存在和持续不懈的,它经常出现在我们面前。"①这句话尤其适合我们现在所处的时代,现今时代是一个大变革的时代,全球化、信息化、多元化等世界性的主导潮流正在深刻地改变着我们的社会。

全球化、信息化抑或多元化,都是动态、复杂、充满悖论的过程,它们在世界性的范围内引起社会秩序(群体性的信念与规范)的变动和更新,而随着固有的信念与规范的坍塌,各种社会性问题层出不穷:全球化并不意味着平等,随着资本的输出,西方的意识形态、文化观念也随之而至,这些外来文化以强劲的势头对本土的文化认同构成了威胁;信息不仅作为一种技术而存在,而且随着这种技术的广泛应用,它成为社会经济发展的重要动力,使个人的生活更丰富多彩,而与此同时,网络犯罪、虚拟世界对真实生活的冲击等问题也真实地摆在了人们的面前;多元的价值观使人们开始学着去宽容、尊重以往被视为"异类"的一些观念和群体,但是多元化下如何坚守社会伦理的底线,如何为社会价值规范重新定位等问题,发人深思。

面对外来文化尤其是西方文化的植入,在学习西方文化精华的同时,防止或解构西方的文化霸权主义和文化帝国主义,以增进公民特别是青少年学生对本民族文化的认同,学校教育责无旁贷;信息化使学生从无所不能的网络中获取比教师更多、更丰富的信息和知识,从而不可避免地引起教育指导思想的变革,而一些青少年沉溺于网络游戏不能自拔,又促使学校教育面临新的课题;多元化同样如此,它给社会既有的价值范式带来冲击,致使学校教育在传递社会价值观,在对学生进行道德教育的过程中必定会遭遇前所未有的挑战。

由此可见,面对世界性的流变,学校必须适时适度地对自身的教育内容、教育方式等诸多方面做出变革。

(2) 经济转型

改革开放以来,我国逐步由计划经济体制向市场经济体制过渡,市场经

---

① [加]迈克·富兰.变革的力量——透视教育变革[M].北京:教育科学出版社,2007:27.

济的发育改变了学校教育的外部环境,进而为学校的变革与发展形塑了新的生存方式。具体说来,经济环境对学校变革的影响也是一把双刃剑,有积极和消极之分。

第一,经济体制改革对学校变革的积极意义

首先,经济体制改革领域中的某些卓有成效的制度、措施和原则,被借鉴或移植到学校教育领域,促成了学校运行机制的变革。例如,民间资本被鼓励参与办学,这一改变部分源自经济体制改革中增强企业活力的启示;广大中、小学校法人地位的确立,萌生于经济领域对企业应具有独立法人地位的规定;多数中小学校制定并实施的教学激励制度,是经济领域效率优先和适度竞争理念的体现;中小学校普遍建立的岗位责任制,是对经济改革责权明确、自主发展思想的转化。

其次,经济体制改革促进了学校场域人的解放。增强学校自主性,是改革开放以来我国教育改革的重要目标构成,而学校场域中的人是否自主,又是衡量学校是否具有自主性地位的关键指标。审视三十多年来社会民众自主意识的发展历程,经济体制改革的影响和推动功不可没。借助经济体制改革,广大民众的物质生活得以改善,而物质需要的改善和满足,又促使社会成员转向对自尊、自我实现等更高层次需要的追求,正是在这种高层次思想文化的追求中,社会民众获得了更多的身心解放。学校管理者、教师和学生作为社会普通成员也是如此,其身心的解放,诱发了变革学校的主动意识和参与行为的萌生。这种参与学校变革的意识和行为衍生,伴随教育领域的法制化建设,就有力地推动了学校成员参与学校管理决策、参与教育教学改革等权利的逐步拓展。

最后,经济体制改革催生了学校办学的新现象。经济体制改革促使我国经济从传统农业经济向现代工业经济转型,同时也带来了产业集群、生产消费等理念,而这些新理念又成为教育产业化、教育消费、教育集团化等教育新观念、新现象的重要推力。以名校集团化为例,其意指名校依靠其品牌优势,通过兼并其他学校或创办新学校,传输自己的管理人才、教学人才或管理经验、制度文化、教学理念,从而实现名牌复制,优质教育资源扩张,形成具有名牌学校特色的系列学校。基于教育消费视角,名校以集团化的方式实现规模扩张,可以促使更多家长通过多缴费的方式把子女送入优质学校,从而刺激和促进了教育消费;而基于教育产业化视角,名校依靠当地政府和民间资本的力量,完成自己的集团化、民营化和产业化,实现了从单纯提供公共服务的事业性行业向提供公共服务过程中同时追求利润的产业性行业转变①。简言之,以多收费换取优质教育的集团化名校,既满足了社会的优质教育需求,在一定程度上有利于基础教育发展的高位均衡,又为自己赚取了较丰厚的利润,于人于己,都是一种双赢。

第二,经济体制改革对学校变革的消极作用

市场经济遵循公平、竞争、开放、法制等价值取向,但市场经济同时也是逐利的,它提倡效率优先,崇尚利益交换,追求个人利益最大化。从现实情况看,单纯逐利会使人财迷心窍、丧失社会良心,效率优先就难以时时兼顾公平。在市场经济价值取向观照与影响下的学校教育,同样出现了诸多因逐效抑或逐利而产生的负面效应。

经济领域的效率优先原则复制到学校教育变革领域,导致学校贫富差距巨大。首先,城乡差距悬殊。基于效率优先原则及我国教育经费相对短缺的现实,我国教育投入政策突出地显现了政府的城市教育投入的财政偏好和农村教育投入的财政偏离②,而这种教育财政投入的倾向性排序导致"城乡基础教育发展严重不平衡的问题突出存在,并成为'三农'问题的重要表征"③。其次,校际差距显著。众所周知,我国长期以来实行重点学校制度。创办重点学校的本意是在起始水平较低的情况下集中力量办好一批高质量的学校,以便"尽快地培养出一批具有世界第一流水平的科学技术专家",培养出社会主义建设需要的高水平的人才。然而,随着时间的推移,重点学校制度的弊端逐渐暴露,因为重点学校制度把本应面向全体国民的学校分成三六九等,也因此把生而平等的适龄儿童分成了三六九等,其实质是用全体纳税人的钱办了面向少数人的精英教育。

市场经济促使人们关注与追求自身的利益,但逐利心态之下也造成了无利之话不谈、无利之事不做的现象。比如,在教育市场化、产业化浪潮中,受到关注的往往是对利益的追逐,甚至是如何利用权力寻租,而不是如何通过改革完善公共服务。在办学体制改革中也是如此,办学体制改革的初衷是解

---

① 谢云挺、夏海微.杭州名校集团化[EB/OL]. http://news.xinhuanet.com/focus/2005-04/08/content_2799225.htm.
② 柯佑祥.教育财政偏好及其规范[J].教育研究,2010(3):23-28.
③ 张乐天.新世纪我国加强农村教育发展的政策回顾与反思[J].复旦教育论坛,2010(3):9-13.

决基础教育中单一财政来源投入不足的问题,动员社会力量办学,形成一主多元的办学体制。然而,由于缺失问责和监督制度,以致出现了各种价值模糊、产权暧昧的"改制学校",如"民办公助"、"国有民办"学校,从而在一定程度上造成国有资产流失。简而言之,在市场经济大环境下,学校教育的各类利益主体均难以完全摆脱逐利行为:一些重点学校的教师暗地在任教班级开办补习班,收取补习费;一些优质公办小学、初中或高中,以种种借口收取借读费、择校费、赞助费;极个别地方政府以教育投融资体制改革和广开财源为借口,或放缓继续增加教育投入的幅度,或减少对教育的财政投入。

众所周知,教育发展既受经济基础的影响和制约,又应保持相当的独立性。主导学校教育发展的人本逻辑,并不等同于主导经济发展的效率逻辑和利益最大化逻辑。因此,学校变革行动在大力吸收经济改革的先进做法的同时,应充分预见到经济领域中的某些举措对教育发展的消极作用。

(3) 政治放权

"政治对教育不但有着直接的制约作用,而且,这种制约作用波及教育的一切方面"[1]。我国在新中国成立后很长一段时间,倾向于建立政府主导型的行政管理制度,强调政府对公共事业的责任。在这种管理体制之下,形成了学校对行政权力的依附关系:学校被视为行政部门的附属机构,政府直接主导着学校的运营。其结果是,一方面造成学校"对上级的负责压倒了对民众的负责,对政府体系内部的责任强过了对社会的责任",导致学校对政府过度依赖,自主发展意识淡薄,压抑了学校的活力;另一方面,政府干预过多也使政府职能分散、政策失灵、管理效率低下。

"西方和中国的政府管理实践都表明,无所不在、无所不管、无所不包的全能型政府不是最好的政府。"[2]为给学校创造一个适宜的发展环境,1985年国家做出《关于教育体制改革的决定》,要求"改革管理体制,在加强宏观管理的同时,坚决实行简政放权,扩大学校办学自主权"。1986年《义务教育法》的颁行则"逐步使中共中央的决定走上了国家化、法制化的轨道"[3],即政府对学校管理应做到"有法可依",以避免过度膨胀的行政权对学校办学活动的影响和干预。1995年的《教育法》,首次以法律形式对中小学校应拥有的权力做

---

[1] 叶澜.教育概论[M].北京:人民教育出版社,1991:146.
[2] 褚宏启.政府与学校的关系重构[J].教育科学研究,2005(1):7-11.
[3] 杨帆.改革开放以来我国政治体制改革的成就[J].当代世界与社会主义,2003(5):11-14.

了相应规定。至此,政府赋予学校一定自主权的有限管理体制逐步取代了传统的垄断式全能管理体制。与这一系列教育法律法规及政策文件相伴随的,是学校权利的逐步拓展和学校组织活力的初步激发。当然,需要指出的是,简政放权并非把所有的权力都下放给学校,而是"有些下放给社会中介组织,有些下放给学校;而下放给学校的权力,有的是下放给校长,有的则是下放给学校委员会,有的则是下放给学校各种各样的专业小组、工作小组或教师专业团体"①。

平心而论,三十余年来政府主导的自上而下推进的制度变迁,能够始终如一朝着同一目标前进而不偏离实属不易,但是,制度变迁所存在的不如人意之处也是不能掩饰的。

首先,政府虽然赋予学校一定的自主权,但是学校作为基层教育组织,在教育管理体系中处于从属和依附地位的状况还没有得到根本性的改变:学校所在区域的任何一个行政部门(并非仅教育行政部门),均能有凭有据地对学校下指令、提要求。究其实质,就在于一些行政部门不愿充分放权。于是,学校领导经常困于应付外来的种种干预,而师生的正常教学秩序也不时遭受干扰。由此,曾有学者感叹:"就总体而言,我国中小学在正规管理系统内的生存环境是较逼仄和繁杂的。站在中小学的立场向上看,真是压力层层、要求纷繁、干扰过多、牵制甚大。"②

其次,学校的法定权利不具体,进而导致某些权利形同虚设,学校在权利行使中处处受束缚。比如教师聘任权问题,从学理上讲,对于教师的质量和规格,作为用人单位的学校最有发言权,所以从优化教师队伍出发,教师聘任权是学校的一项基本权利。但是,从现实情况看,教育事业编制权依旧掌控在教育行政部门手中,学校每年可以新增多少教师编制,始终由县(市、区)教育行政部门说了算。又如学校资源自主利用权问题,显而易见,在学校资源的自主利用权中,财经权最为重要,因此,学校能否自主支配日常行政和业务费用,是彰显学校资源自主利用权的最重要标志,然而,现实情况却并非如此,许多地区为加强对中小学校办学经费的监督,又明确规定凡较大数额的经费使用必须到县(市、区)财政局设置的财务管理部门去统

---

① 范国睿.政府·学校·社会[J].教育发展研究,2005(1):32-35.
② 叶澜."新基础教育论"——关于当代中国学校变革的探究与认识[M].北京:教育科学出版社,2006:330.

一审批核销,这也就是说,地方政府部门仍在事实上控制着学校的财经自主权。

基于上述认识,我们认为,学校变革活力的激发,首先在于政府的充分放权,即在当前以"有限管理"体制取代传统"垄断式全能管理"体制的国家教育制度设计之下,各级行政权力部门应认真落实法理明文规定的学校权利与教师权利;应切实对那些基于行政权威而加诸学校和教师的种种限制予以解除和松绑,应坚决杜绝对学校、教师的不正当干预,使学校的办学自主性与教师的专业自主性得到充分的支持与尊重。

其次,应细化程序制度建设。一般说来,国家政府在制定全国性、宏观性的教育政策时,其基点在于发挥制度的整体指导作用,因此大多会把决策重点放在制度方向性的把握上,而较少考虑制度的操作规范和操作细节问题。这一做法所带来的负面效应是,许多问题有制度性的规定,却难以在实践层面具体落实。在与学校变革密切相关的外部教育制度体系中,就或多或少存在这一现象。如关于扩大学校办学自主权的问题,在国家的各种教育政策文件中出现的频率颇高,但在现实层面上却难以获得较强的操作性。究其原因,除了有各级地方政府和教育行政部门主观认识不足的原因外,还与制度本身的非细节化有关。因此,为确保教育制度执行的有效性,政府在为学校变革指明"做什么"等目标和方向的同时,更应强化和落实"怎么做"、"怎么评价做的效果"等问题。

(4) 文化惯性

诺斯认为,如果一个国家不知道自己过去从何而来,不知道自己面临的现实制约、传统影响以及文化惯性,就不知道自己未来的发展方向。[①] 我国是一个有着深厚文化传统的国家,祖先为我们留下了很多优秀的历史遗产,但与此同时,我们也应深刻认识到,几千年的封建统治与自给自足的小生产经济,在很大程度上封闭了人们的心智和视野,形成了民族特有的文化惯性,这种文化惯性会对社会发展、学校变革形成顽固的阻力。

首先,我们的社会是一个向往、追求更美好生活的社会,但是这种向往和追求也容易滑向功利主义的边缘。"万般皆下品,唯有读书高"的原因在于书

---

① [美]道格拉斯·C.诺斯.制度、制度变迁与制度绩效[M].刘守英译.上海:上海三联书店,1994:3.

中有千钟粟、黄金屋,甚至颜如玉;"朝为田舍郎,暮登天子堂"的反差和荣耀令多少学子在科举考场中蹉跎岁月;而《三字经》"幼而学,壮而行;上致君,下泽民。扬名声,显父母;先于前,裕于后",更是在幼童的心中就播下了以读经致学获取个人声名利禄的种子。

从现实情况看,千百年传承下来的这种功利取向的思想文化观念依然对学校教育发挥着根深蒂固的影响,生活在此种氛围下的人们很难在行动中做出别样的选择,即使是年轻一代,实用性结果与工具性价值也依然是他们接受学校教育的首要原因。由此,审视三十年来的基础教育发展历程,我们可以看到,学校领域接二连三的改革并没有使"应试教育"降温,反而有愈演愈烈之势,考试竞争也逐渐呈现低龄化。上述现象的产生,归根结底就在于学校变革缺乏家长的普遍认同,当社会依旧把财富和地位而非道德水准、人格品质作为判断个人价值标准与个人荣辱的依据时,虽然有部分正式制度文本和政策文件的支撑,素质教育的目标仍然如镜花水月,不能成为触手可及的现实。

其次,我国传统社会是一个高度集权的社会,从中央到地方有着金字塔式的等级规则。这种等级规则的长期绵延,使我国形成了较鲜明的组织等级文化。这也就意味着,在传统等级文化的观照下,社会组织的等级规则始终是实现社会控制、保证社会正常运转的必要手段。因此,学校虽然是国家教育最重要的实施机构,却因其始终处于整个国家教育行政序列的最末端,以致上级教育行政部门依旧习惯于对学校发号施令,学校也习惯于听从与等待,以服从和执行上级权力部门的指令为本职。而在这种无限的命令与服从中,学校的主动变革意识一直难以升华,偶尔为之的变革行动也经常受到教育行政部门的牵制。

最后,我国漫长的封建社会是一个讲求"人治"、"德治"而轻视"法治"的社会。梁漱溟先生说,中国传统文化的特点是:"纳国家于伦理,合法律于道德,而以教化代政治。自周孔二三千年,中国文化趋重于此。"[1]20世纪六七十年代以后,中央政府曾对其间的沉痛教训做过总结:"中国是一个封建历史很长的国家……长期封建专制主义在思想政治方面的遗毒仍然不是很容易肃清的,种种历史原因又使我们没能把党内民主和国家政治社会生活的民

---

① 梁漱溟.中国文化要义[M].上海:上海人民出版社,2003:139.

主加以制度化、法律化,或者虽然制定了法律,却没有应有的权威。"正是由于法制精神和法制传统的缺失,以及社会文化中泛道德倾向的弥漫,致使我国形成"数千年来沿存下来的一个稳固的礼俗社会"①。基于学校教育发展的视角,上述泛伦理礼俗社会观念的浸润,一方面导致了我国长时间对教育法制建设工作缺乏足够重视;另一方面又导致我国形成极其浓厚的家族文化传统,在血缘、地缘基础之上结成各种关系网络,人们对亲情、面子的重视远甚于对法律的关注,教育法律规范的执行也被赋予更多人为操作的空间。

哈耶克曾指出,传统观念、文化背景是规则形成与选择的决定性因素。如果支撑某种制度的文化基础不存在,那么这种制度也就名存实亡。因此,学校变革的深层次顺利推进不仅需要支持与规范它的制度规则,更需要全社会共同做好文化培育工作,即持续推进社会观念深处的价值判断、行为理念的改变,以构筑有利于学校变革的深厚的人文、民主与法制的土壤。

2. 农村学校变革的特殊环境

众所周知,在我国传统的城乡二元结构社会体制之下,相对于城市教育而言,农村教育无疑是相对弱势的一方。我国农村学校变革的特殊环境和现实意义,可以从三个方面加以认识和了解。

(1) 城乡教育发展不平衡

城乡发展不平衡,既是历史问题也是现实问题。我国城乡发展的不平衡不仅反映在经济发展方面,也突出反映在教育发展方面。城乡经济发展的不平衡导致教育发展不平衡,而城乡教育发展不平衡又导致经济发展不平衡,二者互为原因也互为结果。

现有研究表明,"教育差距的严重程度和拉大的速度在许多方面比经济的差距更大、更明显"②。具体说来,城乡教育差距主要表现在教育经费、教师水平、普及教育水平、城乡人口平均受教育年限等指标上。例如,从生均教育经费看,2001年,我国小学生人均经费城镇为1484元,农村为798元,城镇是农村的1.86倍;初中生人均教育经费城镇为1955元,农村为1014元,城镇是农村的1.93倍。教师学历结构、普及教育水平以及人口平均受教育年限等指标也存在类似问题,在此不再列举。

---

① 韦森.制度分析的哲学基础[M].上海:上海人民出版社,2005:224-225.
② 转型期中国重大教育政策案例研究课题组.缩小差距——中国教育政策的重大命题[M].北京:人民教育出版社,2005.

导致城乡教育发展存在严重差距的原因是多方面的,其中,长期实施的城乡二元经济结构和社会结构制度显然是形成差距的主要原因。从制度的视角分析,我们可以认为,我国城乡教育发展的不平衡,实际上是一直采取优先扶持城市教育发展政策的结果。在较长的时期内,我国城市发展在大量汲取农村资源,同时城市教育发展也在大量汲取农村优质教育资源。在基础教育阶段,国家设置的种种重点学校,几乎全部集中在城市与城镇,鲜有设置在农村。农村优质的教师资源不断向城市学校流动,其结果自然是壮大了城市教师队伍而弱化了农村教师队伍。所以,在很长的时间内,中国城市教育的发展,在很大程度上得益于来自农村教育资源的支持,这种反向的"支持",使得农村教育本身付出了沉重的代价,也产生了不良的后果。

(2) 新农村建设对农村教育发展的内在要求

新世纪伊始,社会主义新农村建设成为国家发展的重大战略目标指向。新农村建设内蕴着农村教育的发展,也依赖于农村教育的发展。国家支持新农村建设,需要重点支持农村教育。

究其缘由,在于新农村建设具有丰富的内涵,是一个完整的系统的概念,它包括农村经济建设、政治建设、文化建设、社会建设、组织建设等。但新农村建设的核心内容与目标则是农村人的建设,它指向农村人的发展与幸福。换言之,新农村建设需要培养新型农民,同时也依赖于新型农民去建设。

正是在这种意义上,农村教育发展始终是新农村建设的基础,是新农村建设的先导性工程。继续大力发展农村教育,让农村教育的持续发展与新农村建设形成更有机、更系统的结合,这对推进新农村建设具有特别重要的意义和作用。所以,为推进新农村建设,首先要继续支持农村教育发展,需要通过支持农村教育的发展以进一步提升农村人口素质,开发农村人力资源,这样新农村建设就有了可靠的"智力"支撑,也有了可靠的"人力"保障。

(3) 农村教育发展自身面临诸多困境

近三十年来,我国政府对农村教育发展采取了一些支持性政策,但时至今日,从总体而言,农村教育的发展仍面临着一些困难与问题。主要表现在以下一些方面:

其一,教育投入依然不足。随着农村税费改革的深入推进,中国延续两千多年的农业税制度已经告别历史舞台,农村正在进入"后农业税时代"。国家在彻底减轻农民负担之时,进一步调整了农村义务教育管理体制,建立了农村义务教育保障机制。这种保障机制的建立对农村义务教育持续健康发展无疑是一种"福音"。然而,由于农村义务教育是我国义务教育的重要组成部分,其人口占我国义务教育总人口的一半左右,也由于长期形成的二元经济结构制度导致农村义务教育长期"供血不足","目前,经费上的供需矛盾十分突出,在新体制下即便是中央政府和省级政府加大了财政转移支付的力度,也很难在较短的时期内弥补其庞大的资金需求缺口,因此,经费供求矛盾仍将长期存在"①。

其二,师资水平依然偏低。这是目前制约农村基础教育发展的另一突出问题。这一问题主要表现在两个方面:一是农村优质的教师资源仍呈现匮缺状态,随着市场在人才配置中的作用日益强化,农村和经济落后地区本来就稀缺的优秀师资还在源源不断地向大中城市和经济发达区转移。二是农村合格新教师的补充仍然困难。尽管《义务教育法》做出了"国务院和地方各级人民政府鼓励和支持城市学校教师和高等学校毕业生到农村地区、民族地区从事义务教育工作"的规定,尽管这一规定得到了一定程度的响应,但从总体上看,城市学校教师和优秀高校毕业生到农村从事义务教育工作还未形成积极态势。

二、农村学校内部环境分析

从学校内部环境审视,农村学校既呈现出我国城乡中小学校在发展变革中的一些共同性的内部矛盾,同时又具有农村学校的某些特殊内部问题。

1. 我国学校的一般性内部矛盾

改革的时代往往就是矛盾汇聚凸显的时代。在当前社会改革与教育改革风起云涌的背景下,学校内部的各种冲突和矛盾也日益显现。学校组织内部的各种问题和不适应,以及由这些问题和不适应所导致的冲突,推动着学校寻求变革。综观学校现有的各种矛盾和冲突,大体可以归结为以下几点。

(1)学校管理科层取向与教师专业自主性的矛盾

学校管理科层取向与教师专业自主性的矛盾由来已久。许多西方学者认为,科层取向是现代工业文明追求效率的产物。自 20 世纪初以来,伴随着工业经济的迅猛发展,学校也开始把效率追求作为办学的主要目标,并以工

---

① 司晓宏,杨令平. 后农业税时代农村义务教育面临的问题与对策[J]. 教育研究,2006(11):47-52.

厂、企业的科层管理模式对传统学校管理进行改造,致使学校管理日渐呈现出科层化取向的特征。而在我国,新中国成立以来一直采用的集权式行政管理体制,则在某种程度上加剧了学校管理的这种科层化特征。

韦伯曾经对管理科层化的特征做过具体分析,他的主要观点有五:其一,层级结构,科层式组织结构呈金字塔形,有高层管理、中层管理和基层管理之分。高层负责决策,中层贯彻决策,而基层的主要职能是执行决策。其二,权力集中,根据科层式组织的层级,由低到高,权力逐渐集中。其三,职能分工,组织成员在工作上有专门分工,按个体受过的训练和技能经验来指派他们各自的任务,并详细规定各个职位的权力和责任范围。其四,以规章制度来控制成员的行动,以此保证一致性、可预料性和稳定性。其五,人情关系的淡化,组织中的成员要去除纯粹的个人情绪的干扰和非理性的因素,以保证组织中人与人之间都是一种非人格化的关系。①

所谓专业自主,指的是教师在从事教育教学活动的时候,拥有较大的自我决策权、自我选择权和自我行动权。他们可以在有关制度允许的范围内决定教学的具体内容、选择教学的仪器设备和方法策略,独立从事教育教学活动,等等。教师之所以应该具有专业自主权,主要是由教育活动和学校组织的特殊性决定的。首先,教育工作所关注的是以人的变化为标志的教育目的的实现,而这一教育目的的实现,又是以师生知、情、意、行等各个方面的广泛互动为主要方式的。在教育活动中,师生本身是一个个具体的存在,因此,为保证师生互动的有效性,教师要根据自身的素质特征和学生的群体差异与个别差异,自主地、有针对性地安排和实施教学。其次,学校组织并不像工商企业组织或行政组织那样具有明确一致的目标以及清晰可分的工艺过程。培养人是学校的主要工作目标,但对于培养人的具体标准,以及如何有效甄别所培养人才的质量,学校却又往往难以给出确切的答案。因此,学校既不可能对教师教学的工作细节进行具体规定,也不可能对教师的工作业绩进行完全客观的评价。

从现实情况看,我国学校管理科层化取向与教师专业自主性的矛盾,已成为制约中小学校发展的顽疾。具体说来,两者之间的矛盾主要表现在三方面:第一,在中小学校内部,科层化管理强调严密的等级体系,把学校管理者

---

① [德]韦伯.经济与社会(下卷)[M].林荣远译.北京:商务印书馆,1997:56.

从教师队伍中剥离出来，人为造成了管理者与教师群体的对立，损害了教师的工作积极性；第二，科层化管理强调单向的命令——服从关系，学校领导以行政命令的形式对学校教育教学活动做出规定，致使教师蜕变为上级指令的忠实执行者，丧失了作为独立个体的主体精神；第三，科层化管理隐含着"秩序至上"的行为准则，在科层化管理中，衡量工作好坏的首要标准是秩序，追求工作的程式化，而教师专业自主的要求，又把教师劳动从本质上看成是一种创造性劳动。因此，科层化管理有着窒息教师创造性劳动的可能。解决科层化管理与教师专业自主之间的冲突就成为学校变革的内部原因之一。

（2）提高教育质量的要求与教师专业发展水平不高之间的矛盾

20世纪60年代，舒尔茨创立了"人力资本理论"，揭示了教育对社会经济成长的巨大贡献。之后，教育在社会发展中的地位和作用越来越得到认同。目前，世界各国都十分重视改革和发展本国教育，以此提高所培养人才的素质水平，推动社会发展和增强综合国力。在我国也是如此，自20世纪80年代起，确立了"科教兴国"的战略决策，要求通过改善和提高我国各级各类教育事业的教育质量，以"培养德智体全面发展的社会主义建设者和接班人"，从而实现中华民族伟大复兴的宏伟目标。与此同时，我们也应该注意到，提高教育质量，不仅是国家的要求，同时也是社会普通民众的要求。当前，随着人们生活质量的提高，社会公众对受教育的期望发生了显著变化，越来越多的家长迫切希望提高学校教育的质量，以使自己的子女能接受更优质的教育。

国家和社会对于教育质量的要求，自然转化为学校发展的目标和动力。然而，中小学校内部，教师的专业发展水平不高却与提高教育质量的要求，构成了一个难以解开的矛盾。在教育教学活动中，教师普遍存在学习能力不强、自我更新能力不高的现象。导致这一现象的原因可能有二：第一，教师的学历层次较低。按照教师资格证书制度的规定，小学教师资格的合格学历是中师，初中教师资格为大专，高中教师资格为本科。这一规定虽远低于发达国家的教师资格认证要求，但即使按照这一学历要求，在我国的一些贫困地区，尤其是边远农村地区，学历不达标教师依旧不是个别现象。第二，传统教师教育体制的缺陷。中小学教师大多是应试教育体制下培养出来的人才，他们在师范院校就读时，已经习惯于传统的教师教、学生记的教学模式，知识的习得成为他们最重要的学习任务。由于缺乏独立思考与解决问题的机会，当他们走向教师岗位后，学习能力与自我更新能力较弱也就不足为奇。

在越来越注重学习能力培养和个性发展的今天,教师自身能力的弱势,必将降低教学活动的水平,致使学校提高教育质量的目标难以落到实处。

(3)学校的育人功能与办学功利主义取向的矛盾

学校教育的主要功能是培养人,这在教育理论界早已是一个不言自明的公理。但对于学校教育应该培养什么样的人,却似乎总存在理想与现实、理论与实践之间的巨大分歧。

从理论层面而言,人是一种整体性的存在。人之为人,不仅在于其是一种客观存在,更甚者是一种精神存在。正如康德所言,人是有限的理性存在,除了要受其欲望或外在冲动的规约外,更有意义的是他的理性存在,可以摆脱自身的感官欲望的束缚,实现一种超越性,精神就是这样一种东西。因此,教育不仅仅是要关心学生的物质层次的提高,更为根本的是要关注学生精神世界的成长。

然而,放眼现实,学校教育的这种整体性的育人功能,却常常遭遇误解和扭曲。当前,在一种功利与浮躁的环境下,我国学校的整体教育形态与教育的本真目的背道而驰,许多学校在办学过程中表现出强烈的功利主义取向。具体而言,这种功利主义取向主要表现在以下一些方面:在培养目标上,重成才,轻成人,重文凭,轻人品;在办学的价值取向上,重经济效益,轻教学质量;在教育的行为上,背离教育规律,重结果,轻过程;在教育的途径上,课堂被当作唯一的途径,而丰富多彩的社会实践活动被排除在学生的培养途径之外。显而易见,功利主义取向与学校的整体性育人功能是格格不入的,它背离了学校的终极价值取向,并最终成为造成学生片面发展的主要诱因。

(4)学校教育者文化和学生文化的矛盾冲突

文化是个包罗万象的概念,可以划分为不同的层次和类型。学校文化作为社会文化的一个亚层次,从其主体来看,有管理者文化、教师文化(管理者文化和教师文化又可合并成为教育者文化)和学生文化之分。从性质来看,教育者文化与学生文化分属于不同质的文化,教育者文化所代表的是成人文化,而学生文化所代表的是青少年文化。因此,这种分属于两个不同代之间的文化冲突又叫作代际文化冲突。

当前,在学校教育活动中,导致教育者文化和学生文化频频冲突的原因主要有两方面。一方面,教育者文化和学生文化在文化体系和价值观上存在差异。教育者负有贯彻国家教育方针和执行教学计划的任务,他们通常以文化权威自居,教育者所传授的文化,是按照预定的教育目的所筛选出来的理想文化。而学生是处于成长过程中的文化群体,他们在选择和吸收各种文化时,与教育者有着不同的机制和特点。由此,当教育者一味根据法定的意图进行教育教学活动时,就可能发生两者之间的文化冲突。另一方面,教育者和学生的社会评价标准不一。现时,许多教师在评价学生时,所依据的标准仍是学习成绩和纪律,并力图把学生塑造成高分、听话、顺从的好学生;而学生在目前急剧变化的社会环境中,更容易转变自我,社会环境中的各种社会思潮、价值观念和行为方式深刻地影响着学生的社会评价标准,在学生眼里,好学生早已不是教育者所框定的形象。教育者和学生在评价标准上的不一致,常常导致教育者运用自己的权威进行同化和规范,师生之间的冲突也就不可避免。

以上我们简要分析了当前中小学校存在的、具有普遍意义的四组矛盾和冲突,事实上,许多中、小学校所暴露出来的问题、矛盾和冲突远不止上述四个方面。这些错综复杂的问题、矛盾和冲突,已经成为学校不断走向深层次发展的重大障碍,由此,在学校内部,要求变革自我、化解矛盾以促进发展的呼声也日益高涨。而学校变革,正是在学校内部呼声与学校外部需要的双重要求下,逐渐由理论认识转化为实践活动的。

2. 农村学校的特殊内部矛盾

(1) 教学质量问题

教学质量是教育质量的核心,也是教育公平的核心。我国农村学校教学质量不高,城乡学校教学质量存在差距,是社会各界人士的普遍认知。具体表现在:在农村中小学校,各学科的及格率一般均在50%以下;新课程实施问题多,难度大;由于没有足够的经费,农村学校的课程资源和教学设备较落后;领导和教师课程意识缺乏,教育观念转变还不到位,教学方法单一,学生学习效果差,等等。

而导致这些现象的原因,首先是教育资源配置的问题,教育经费投入不足是农村教育最大的实际,资源配置方面的差距是影响农村教育教学质量的首要条件。其次,教师资源分布失衡。优质教师纷纷想方设法进城,而农村学校的教师队伍素质明显偏低,相当部分教师教育观念滞后,知识结构老化,教学方法陈旧,难以适应当前义务教育事业发展和教育质量提高的需求。最后,农村学校课程设置的城市中心取向严重。受传统观念影响,无论是家长还是老师,都认为农村教育的主要目标或任务是把学生送入大学,送进城里,导致学校最终只为少数优秀学生服务,而多数升学无望的学生感到学校所学的东西没有用,有用的又不学,从而学习的积极性受到挫伤,导致厌学,甚至辍学。

(2)学校管理问题

管理的合理与否,直接关系到学校运行的效率。当前,农村学校在管理中存在的问题主要表现在:第一,教师岗位聘任制还不完善。由于监督机制缺乏,教职工的优化组合机制还没完全形成,竞争激励机制的作用受到一定程度的限制,难以实现真正意义上的聘任制。聘任的程序不规范,落聘人员无法得到妥善安置。同时,学校教职工缺余不均,内部教职工比例不合理,部分学校的管理人员和后勤人员超编,导致人浮于事,而一些科目却又存在教师短缺的问题。第二,教师岗位负责制尚未完善。虽然实行了教师绩效工资制度,但仍存在干多干少、干好干坏相差不大的问题,一些学校在量化考核教师的工作时,仅以教师的工作量、学生的考试成绩和升学率的高低来评价教师的劳动质量和工作绩效。第三,内部管理机构设置缺乏活力。受传统科层制管理范式的影响,农村学校的内部机构设置仍存在高层、中层与基层三个层次,具体特征表现为,管理方式主要是自上而下地贯彻领导意图;上下级部门沟通交流频繁,党政领导以下的管理层之间的相关联性不强;学校内部组织系统的分类标准不统一、组织功能定位不明确。这非常不利于学校教育的创造活力和师生创造力的激发,学校内部缺乏自上而上的主动参与性和自主决策权。

三、农村学校变革的内容构成

只有明确变革的内容构成,学校变革才可能做到有的放矢地进行。从理论逻辑上来看,学校办学理念(价值取向)的转型是学校内涵转变的前提和决定性条件。因此,要确定农村学校变革的内涵是什么,必先探讨学校教育的价值取向及其转型问题。

1. 学校教育的价值取向及其转型

千百年来,人们在教育价值取向上最具代表性、又相互对立的两种观点是个人本位论和社会本位论。所谓个人本位论意指从个人需要、个体发展角度来设计教育目的、教育内容和教育方式,强调使受教育者的本性、本能获得自然发展,教育要为人的生活需要服务。教育活动的特殊性就在于它是以人为对象,培养人的社会活动,离开了人本身,教育活动就失去了意义。教育的个人本位价值又称为教育的本体价值。而社会本位论意指从社会发展需要出发来设计教育活动的一切,这种教育价值观一般强调人是社会的产物,教育就是要把学生培养成社会需要的人,视教育为国家发展、社会进步的重要工具。因此,教育的社会本位价值又称教育的工具价值。

在我国学校教育发展的历史进程中,虽然社会取向一直占据主导地位,但对教育个体价值的讨论一直都未停息。这两种教育价值取向之间相互竞争、相互博弈的过程,又是梳理各种迷惘与困惑的过程。

首先,从学校教育的社会取向审视,社会取向强调学校教育要满足现有社会需要,为社会的政治、经济、文化服务。也就是说,学校实现培养人的使命的目的不是为了人的自身发展,而是为了社会的需要,学校自身存在的价值就在于它是现存社会的工具和手段。在漫长的封建社会时期,社会取向始终在我国学校教育中居于绝对优势地位,整个封建社会的教育活动实践都是按照巩固封建统治的"社会需要"来运转的,教育只是"化民成俗"的工具而已。新中国成立以后,社会取向依旧为我国学校教育的主要取向,只不过在不同时期,其内涵的侧重点有所区别。诸如,在新中国成立初期,为适应社会主义的经济建设的需求,我们追求教育的经济价值;"文化大革命"时期,我们追求教育的政治价值;而改革开放以后,随着计划经济向市场经济的转型,许多学校又转而积极追求学校教育的市场化取向。

政治经济制度制约着教育的性质、目的,决定了教育的领导权和受教育者的权利。因此,教育的发展不可避免地要被重重地打上了政治制度的烙印,体现出政治化取向。具体说来,学校教育的政治化取向主要有以下表现形式:在学校教育目的上,突出为维护现存统治秩序服务;在学校教育内容上,体现统治阶级意志的教育内容居于主导地位;在学校管理上,学校内部管理成为国家行政管理的翻版,管得既严又死;在学校质量评价上,以政治、思想和道德为主要考核内容。

学校教育的市场化取向是改革开放以来,我国社会主义市场经济体制逐步建立的产物。市场经济体制的根本特性是竞争,强调适者生存,社会主义市场经济体制也不例外。在市场经济体制下,效益取决于对市场的占有能力,要通过市场获取最大的经济效益,就必须主动地参与市场竞争,赢得市场竞争。当前,虽然义务教育的公益性特征决定了义务教育不能走市场化的道路,但社会对优质教育的需求,已在事实上造就了一个潜力巨大的生源市场。生源市场的形成使得一些学校在短时间内迅速积聚教育资源,实现跨越式发展成为可能。在许多中小学校,功利主义思想逐渐占据主导地位,类似于"以市场满意为宗旨,做响学校质量品牌"的口号迅速成为学校发展的主要指南,它们力图"通过品牌效应,建立具有竞争力的生源市场,通过生源市场建立有实力的经济资本,再通过经济资本,建立更具有吸引力的学校品牌,以实现学校品牌与生源市场、生源市场与经济资本、经济资本与学校品牌的良性互动"①。简而言之,紧跟市场需要,是学校教育市场化取向的主要标志。

其次,从学校教育的个人取向观之,近代以来,在西方文艺复兴运动呼唤个性解放思潮的影响下,学校教育的社会取向受到了卢梭、杜威等人的强烈批评。他们深刻地洞察到,学校教育的社会取向对学生带来的严重危害:无视学生的需要、兴趣和爱好,压制学生的个性,热衷于机械训练,等等。这些持个人本位论的学者们认为,个人价值要远高于社会价值,社会只有在有助于个人的发展时才有价值,教育的目的应当从受教育者的本性出发,而不是从社会出发。因此,学校教育的主要价值取向应是把受教育者培养成人,充分发展受教育者的个性,增进受教育者的个人价值。从历史视野看,坚持学校教育的个人取向,或以个人取向来定位学校教育的主要工作目标的例子举不胜举。例如,联合国教科文组织的《教育——财富蕴藏其中》提出了教育的四大支柱:学会认知、学会做事、学会共同生活和学会生存,就是从学生或学习者的角度展开理论的。而就我国的实际情况而言,个人取向的价值观从未成为学校教育的主导。

最后,随着社会的发展与理论认识的进步,当前学校教育价值取向表现为趋于社会与个体融合、统一的态势。

近现代以来,在西方,个人本位论与社会本位论不断发生碰撞和冲突,赫尔巴特、卢梭、科南特等人都试图通过强调一方而取代另一方。及至当代,越来越多的学者开始意识到个人本位与社会本位这两种对立思维路线的局限性,他们认为社会取向与个人取向之间的矛盾并非是不可调和的,并在此基础上开始寻求二者的统一。这种寻求活动一方面表现在认同二者片面合理性的基础上,强调整合;另一方面表现在在已有一方的基础上,继续探寻被忽略的、未被意识到的"另一半",补上"另一半"。

在教育发展史上,社会取向与个人取向之所以在个人与社会的关系问题

---

① 沈茂德. 重点中学如何应对教育市场的发育[J]. 教育发展研究,2000(10):65-66.

上顽固地各执一端,其理论根据就在于它们都并未真正理解个人与社会以及个人发展与社会发展的内在关系。人是社会实践的主体,既受到社会制约,是社会的生成物,又改造社会,是社会历史的创造者。个人取向者没有如实地把个人看作具体社会中的现实的人,没有看到人的社会制约性,片面地夸大了人的能动性和教育的社会改造功能。而社会取向者却又忽视个人能动性在社会变革中的作用,企图通过维护社会陈规的教育使个人消极适应现存社会,从而否定了个人能动性和教育的社会改造功能。因此,如何整合学校教育中的个人取向和社会取向,如何在坚持学校教育的传统取向的基础上去吸取另一取向的合理成分,开始成为一些教育理论工作者的实践追求。

综上所述,随着教育科学理论和学校教育的发展,在学校教育的价值取向问题上,绝对和纯粹的社会取向和个人取向已不复存在,人们的认识不断地趋向于统一:"从理论上讲,两种教育价值并没有一个孰重孰轻、孰对孰错的问题,二者具有同等的合理性和局限性,在实际中谁更合理,必须将二者放在特定的、具体的历史条件下去考察"①。然而,反观我国改革开放以来的中小学教育,在学校办学的价值取向这一基本问题上,依旧存在以社会本位为绝对优势之缺陷,表现出强烈的政治化取向和市场化取向特征。从现实的情况来看,学校办学的这种传统价值取向,已在事实上成为学校教育中各种问题和矛盾的源泉。

因此,在当前,我们寻求农村学校的变革,首先应考虑农村学校教育(办学理念)价值取向的变革,即全方位考虑如何在学校办学过程中,实现由单纯地注重社会需要,转向满足个人发展和社会需要的有机统一;考虑如何"通过培养人来执行着独特的社会功能,通过提高人自身的价值来体现教育的其他价值",②从而正确地把握农村学校变革的方向。

2. 农村学校变革的内容分析

对于学校变革的基本内涵,叶澜教授认为,应是"从学校的基本形态、内在基质和实践过程三个纬度进行教育价值、教育重心、教育结构、教育过程、教育动力五个方面的综合性变革"。③

---

① 扈中平. 教育目的中个人本位论和社会本位论的对立和历史统一[J]. 华南师范大学学报(社会科学版),2000(2).
② 王坤庆. 现代教育哲学[M]. 武汉:华中师范大学出版社,1996:121.
③ 叶澜. 实现转型:新世纪初中国学校变革的走向[J]. 人大复印资料教育学,2002(10):4-7.

从学校教育的影响因素和现实情况来看,学校变革是一项综合性的变革运动。学校教育的最终目的是促进学生的发展,培养和谐发展的人。在学校内部,许多因素影响到这一目标的实现程度,学校的办学观念和价值取向、学校的管理制度、课程、教学、学校管理者、教师乃至学生自身等,都会对学校教育目标的实现产生积极或消极的影响。而当前,在现有的学校教育中,上述因素中所存在的问题确实不少,例如,片面追求升学率问题、管理的非人本化问题,都在不同程度上影响学校教育的成效。

因此,农村学校变革可以选取学校发展的任一方面为突破口,但决不能在变革的过程中只顾其一而不及其他,而应该最终转化为学校综合改进、整体优化的活动。当然,农村学校变革的综合性只是揭示了学校变革的范围和广度,并非告诉我们学校变革在各个层面、各个方面上必须均匀用力。倘若在变革过程中"胡子眉毛一把抓",反而难以合理支配变革的资源,无法有效集聚变革的力量。所以,我们在理解农村学校变革是一项综合性变革的基础上,还必须明确学校变革的重心所在。

(1) 农村学校变革的根本在于课堂教学的变化

我们之所以把农村学校变革的根本定位在课堂教学的变化,一方面源于教学在学校工作中的中心地位,而课堂教学又是教学的最主要方式,学校大多数的教育活动是以课堂教学的方式存在的。近现代以来,虽然教育领域内的改革与调适活动此伏彼起,学校教育在内容、形式等诸多方面也发生了不小的变化,然而,课堂教学作为学校组织教育活动之主要形式,以及学生系统学习法定文化之基本场所这两个重要特征依然如故。

显而易见,对于一种教育系统来说,无论其被要求承担的职能多么重要,所构建的制度多么合理,所确立的目标多么和谐,所编制的课程多么科学,最终都必须过课堂教学这一关。学校教育最终所实现的功能在很大程度上取决于课堂教学的效果。[①] 师生在课堂教学中的生存状态决定了他们的学校生活质量,课堂教学改革不仅是教学方法、观念、评价等的改革,更是对师生在课堂中的存在方式、学校生活方式的改变。

课堂教学是教师以有形的教学材料与无形的教育魅力对学生的生命成长施加影响的过程,是非生命载体的知识向生命载体的转化和往复循环的过

---

① 吴康宁.课堂教学社会学[M].南京:南京师范大学出版社,2002:67.

程①,每一节课都会影响到学生的智慧征程、情感之旅的质量,影响到教师对职业的感受和态度;每一节课都是学生的青春生命的奠基,是教师的自身价值的体现;每一节课都是播种的过程,是学生和教师发展的起点。

我们把农村学校变革的根本定位于课堂教学变革的另一重要原因,源于现有课堂教学所存在的种种问题。自20世纪80年代以来,课堂教学改革就一直成为教育改革中备受关注的主题,许多学校在教育科研人员的指导下,对课堂教学做了一些有益的探索和革新。然而,从整体上看,大多数学校依旧没有摆脱应试教育的束缚,"长期以来一直困扰着我们的教学方式单一、学生被动学习、个性受到压抑等顽疾均未能从根本上得到有效的医治;教学实践中,过于强调接受学习、死记硬背、机械训练的状况普遍存在"②。即便是新课程改革已在全国范围内广泛推行之后,"在学校教学领域,尤其是基础性课程的课堂教学领域……都还保存着相当程度的旧的传统特征和缺乏真实、有效的教育力量"③。

而农村学校,更是如此,由于信息的相对闭塞,也由于师资力量的相对薄弱等多方面原因,农村学校的教学改革往往浮于表面,真正行之有效的改革行为并不多见。

(2)农村学校变革的关键在于人的变革

把人的变革阐释为农村学校变革的关键,是因为教育在本质上是人的活动。雅斯贝尔斯曾说:"教育必须在人与人之间进行精神交流和对话,如果一种教育未能触及人的灵魂,未能引起人的灵魂深处的变革,它就不能成为教育。"④教育的本质就是激发人的生命价值。从人的生命之高度来解读教育,自有其不可忽视的原因。

第一,人的生命成长是教育的本真目的。儿童、学生的生命是教育的本体。离开了学生的生命活动,就谈不上有什么教育,教育就是要为学生的生命发展服务,为学生的成长创造良好的环境,提供合理可行的方法指导,一切教育都是基于学生、为了学生,最终让学生主动自觉地发展成人。

---

① 谢利民.课堂教学生命活力的焕发[J].课程·教材·教法,2001(7).
② 教育部基础教育司.走进新课程:与课程实施者对话[M].北京:北京师范大学出版社,2002;156.
③ 叶澜.实现转型:世纪初中国学校变革的走向[J].探索与争鸣,2002(7):10-14.
④ [德]雅斯贝尔斯.什么是教育[M].邹进译.北京:北京三联书店,1991:4.

第二,教育的目的和功能都是要通过所培养的人来实现的。教育的功能有很多,但教育只有踏踏实实地实现了它的本体功能即育人功能,才谈得上其他社会功能,诸如经济功能、政治功能、文化功能、调节社会结构等功能的显现。

第三,人的生命价值是教育的根本价值。人是价值的主体,"教育价值有各种定义和各种逻辑划分,但人始终是根本,教育只有通过培养出有价值的人才能实现其完整的价值"①。

然而,从我国传统的学校教育理论与实践来看,"教育中的人"却在不同程度上被曲解,以至于学校所培养出的人,是片面的人、残缺的人、畸形的人。传统学校教育的理论和实践中对人的曲解,最突出的是以下一些方面。

其一,学校教育目标中的整齐、划一的人。在许多学校和教师看来,学校教育所培养的人应具有同一性的特征:在个性上,温文尔雅;在学业上,满腹经纶,人人都有创新能力,个个都是社会精英。因此,在教育目标的实践中,他们往往习惯于以标准化、统一性的目标去要求学生,刻意追求人人的德、智、体全面发展,曲解智育发展的内涵,把智育发展等同于语、数、外等学科门门优秀。

其二,学校教育过程中的驯服、听话的人。在传统学校教育中,教育过程就是教师讲授知识、学生接受知识的过程。因此,为保证每一位学生在思想与行动上的统一性,以充分发挥教育活动的效率,听不听教师的话就成为判断是不是好学生的标准。在许多教师眼里,认真听讲的、遵守纪律的、循规蹈矩的学生就是好学生。

其三,学校教育研究中的抽象而非具体的人。教育是培养人的活动,学生是教育活动的主体,教育活动应充分激发学生的积极主动性,这已在教育理论界达成共识。然而,就目前教育学研究的现状来看,在有关人的认识上依旧存在一些问题。其中,"主要缺失的是具体个人的意识,需要实现的理论转换是从抽象的人向具体个人的转换"②。这也就是说,在学校教育研究中,学者们已经意识到的是学生整体的特征和问题,而没有深切认识到学生的个体差异之于教育的意义,没有基于学生的个体差异去考虑如何有效地开展教

---

① 吴亚林.人的生命价值与学校教育[J].教育研究与实验,2005(4):9-13.
② 叶澜.教育创新呼唤具体个人意识[J].中国社会科学,2003(1):46-51.

育活动。

以上我们所分析的"教育中的人",尚只是学校场域中的部分人,即学生。事实上,教师是学校教育中最基本的另一大类群体,在教育活动中,教师是决定学生发展的至关重要的因素。在目前的学校教育中,教师的工作状态和生存境遇并不尽如人意。

第一,教师是学校中的被管理者,而不是服务的对象。传统学校具有鲜明的科层制特征,学校管理成为国家行政管理模式的翻版。在这种管理模式下,中、高层领导成为支配和支撑学校的真正主体,他们视教师为被管理者,而不是服务的对象,对教师的管理通常采用行政命令、指令或控制的方式,剥夺了教师的主体地位,致使教师无法按照自己的专业特点充分发展。

第二,学校是教师耗费生命的场所,而不是展示生命与才华的舞台。学校是教师工作的场所,在几十年的职业生涯中,教师把人生中最宝贵的青春留在了学校。然而,学校对于教师来说却很少是快乐和幸福的源泉,一些教师认为学校仅仅是一个耗费自己生命的地方。在日常的教学中,教师的实际工作远超过课堂教学的范畴。教师每天的工作愈繁忙,就愈处于孤立和无助的状态。教师工作的这种无边界特征所导致的"燃尽现象",给予人们的反思是深刻的。

第三,教师是教育活动中的权威,而不是平等中的首席。强调"师道尊严",是我国几千年封建教育的重要特征。在现当代,教师常常被隐喻为"园丁"、"人类灵魂的工程师",这同样饱含了对教师在教育活动中权威地位的确认。教师在教育活动中的这种权威地位,把教师塑造成社会主流文化的代言人、知识的集大成者,使得教师与学生之间原本应表现为互动性的交往活动,变成教师的单向性信息传递,甚至蜕变成教师的知识灌输。在教育教学活动中,由于缺乏相互间的平等交流,致使教师的教学往往无法唤起学生情感的共鸣,不能实现师生的情感交流。因此,不仅学生难以享受到学习的快乐,即便是教师,也难以从这种个人表演性质的教学活动中体验到教学相长的愉悦。

概而言之,教育发展的本质在于人的发展,而在传统学校教育中,教师和学生的发展却又不同程度地遭遇困境。因此,我们认为,当前农村学校变革的基本旨趣应在于教师和学生的变革,这是学校变革中最深层次的变革命题。而"人"的变革之所以会成为最深层次的变革命题,主要源于"人"及其发展的复杂性。在教育学的研究视野里,人向来是一个复杂的整体,兼具生物性与社会性,还表现出个体的独特性。由此,农村学校变革中的"人"的变革,也应是对"人"的一种综合性的变革。能否提高学校场域中教师和学生的生命质量,实现他们的真实的生命成长,是衡量农村学校变革成败的关键。

三、农村学校变革的行动方略

在农村学校变革活动中,"怎么变"往往是变革实践者最关心、最急切希望获取答案的问题。然而,从理论研究层面看,"怎么变"又常常是使学者们陷于困惑甚至难以作答的问题。

1. 学校变革方式概述

有变化才会有发展,教育发展的历史也就是教育不断得以变革和调适的历史。近现代以来,在世界范围内,学校场域中所发生的变革活动大大小小,数不胜数。对于这些具体的学校变革活动,从组织行为学的视角观之,大体可以分为三类:渗透模式、政策模式和自愿模式。

(1) 渗透模式

一般说来,渗透模式把学校变革的动力归为社会的渐变。众所周知,社会的发展是绝对的、永恒的,从人类历史来看,社会的发展有两种形式:巨变和渐变。巨变大多是暴力的、革命的,如不同社会制度的更替。而渐变大多是非暴力的、缓慢的,如社会在思想、观念、文化等方面的变革和发展通常都以渐进的方式进行,以至于人们在发现这些变革的存在时,往往不清楚它始于何处。当这种以渐变方式发生的社会变革以一种缓慢的速度进入学校时,就会引发学校的渗透式变革。对于学校校长和教师而言,这种与社会相联系的变革力量是十分强大的,它常常不给教育者选择的机会。简而言之,渗透模式显示了学校变革在很大程度上受到社会进化活动的影响。

(2) 政策模式

政策模式通常把学校变革的动力归为政府颁布的有关教育政策。这种以政府为主导的学校变革,根据其方式方法的差异,还可以划分为强制性变革和诱致性变革两种类型。所谓强制性变革,是指政府借助于行政命令或法律手段,把自身对学校变革的规划、设想强加给学校,以促使学校朝着预想的方向变革。强制性变革以强制力来保障和实施,体现了政府对教育的强力干预,较少顾及学校自身的内在需要。而诱致性变革,指的是政府以某种隐喻性的"胡萝卜"(通常是钱或其他诱使物)来诱发学校采纳政府的改革建议。

这一变革方式考虑到了激发学校内部动机对提高学校变革成效的积极意义，在变革手段上更具有灵活性和隐蔽性。

（3）自愿模式

渗透模式和政策模式，其动力源主要来自于学校外部，而自愿模式的动力源则主要来自于学校组织内部。自愿模式的主要特点是，在各种主客观因素的影响下，学校内部（主要是管理者群体和教师群体）萌生了要改革自我的意愿。他们自己决定要进行变革，并根据本校的特殊性自行决定变革的内容、方式和途径；或者自己决定要参与在当时的教育领域中业已存在的某种形式的教育改革。

从教育变革的历史进程来看，对于上述学校变革的三种模式，我们并不能简单肯定地判断哪种变革方式一定更好。但从理论逻辑上分析，我们认为，不同模式的学校变革可能适用于不同的社会发展阶段。一般而言，在社会急剧变革时期，学校变革通常会以强制性的变革模式出现，如新中国成立初期对旧式教育的改造就是如此。而在社会的稳步发展时期，学校变革可能以渐变或自愿模式更为合适。但在我国，一些心急的改革者却总倾向于采用强迫巨变的方式，一道行政命令把所有烦琐的协商和妥协都给省略了。

2. 农村学校变革的特点

在哲学范畴内，事物的发展有实然和应然之分，所谓"实然"，指对事实的陈述，是事实判断；而所谓"应然"，则是价值陈述，属价值判断中的规范判断。一言以蔽之，"实然"用于表示事物的现实状态，而"应然"用于表示事物的理想状态。在此，我们从学校教育的特殊性和学校办学的现实情况出发，分析我国当前"应然"状态的农村学校变革的特点。

（1）渐进性

农村学校变革的关键是人的变革。然而，在现实的学校教育中，要真正实现人的变革却绝非易事，只能在持续、渐进的变革中逐步进行。

首先，教师的变革是一种渐进性变革。教师是学校教育的实施者，在学校变革中，教师的变革居于十分重要的位置。我们以渐进性的特征来定位教师的变革，原因是教师在变革过程中深受各种内外因素的束缚，以至于在变革中身不由己、举步维艰。概括说来，这些因素既包括社会大环境的问题、人的普遍心理问题，也有我国学校教育自身的特殊积弊。

外部社会环境常常促使教师在变革中面临两难选择。在我国，自孔孟时期始,就产生了"学而优则仕"的观念。到了现代社会,人们更是把教育作为改变自身命运、提升社会地位的重要途径。这种以教育作为晋级阶梯的社会传统观念,直接导致了应试教育的滋生。而学校变革,从理念上而言,并不以学生考试分数为取向,其主要定位在于培养学生良好的思想品质与学习能力,关注学生的个性,促进学生的和谐发展。因此,在现实中,这种变革理念与社会传统观念的不一致,常常给作为"专家和社会之中间人"的教师,带来变革认识上的困惑和行动上的摇摆:他们既要领悟先进教育理念的深刻含义,又要满足社会及个人对升学的期望,无论何去何从,都是艰难的抉择。

从人的心理活动规律来看,教师变革自我有一个持续的心理矛盾和心理适应的过程。教师是教育活动中的教育者,具有较高的身心素养,但同时,教师也是社会的普通人,具有普通人的心理活动规律。在变革过程中,教师要改变自己多年形成的教育教学习惯,易形成相当大的挫折感和不愉悦感。而且,一些教师从自身固有的安全感出发,往往对改革的前景充满忧虑,担心自己对改革的适应能力,担心自己在新的工作环境中无法维持或提升自己的业绩。因此,教师变革是教师内心不断经历"产生矛盾→矛盾冲突→矛盾转化→心理适应"的发展过程。在这一过程中,教师需要做出艰难的甚至是痛苦的抉择。

从我国学校教育的特殊性来看,教师变革还存在一些特殊困难。第一,学校教育不利于变革文化的形成。从本质上而言,变革文化应是一种合作文化,它强调教师群体的沟通、协作和责任共同分担。然而,在我国,多数农村中小学校对合作文化的建设不够重视,教师劳动仍表现出鲜明的个体劳动特征,教师与教师之间缺乏一个同事之间情感交流、思想对话的平台。第二,教师自身缺乏变革自我的能力和手段。如前所述,由于教师学历层次不高和传统教师教育的缺陷,目前,我国中小学教师,尤其是农村中小学教师还普遍存在学习能力不强、自我更新能力不高的问题。这使得许多教师在变革过程中,常常显得心有余而力不足。

其次,学生的变革是渐进性变革。学生既是教育活动的对象,又是教育活动的主体。学生的变革涉及德、智、体,涵盖知、情、意、行等多个方面,是一种综合性、整体性的变革。学生变革的这种整体性和综合性,在一定程度上揭示了学生变革应采取渐进性变革的方式。

除此之外,我们以渐进性方式来定位学生变革,还由于,在现实中,学生变革的成效受到多种外部因素的制约。以学生学习方式的变革为例,众所周知,当前学生学习方式变革的方向主要体现在两方面:一方面是由他主学习变为自主学习,另一方面是由被动接受学习转为发现探究学习,从实践层面来看,要实现上述两方面的变革,除了在很大程度上依赖于学生自身之外,至少还要取决于学校培养目标以及教师教学方法的变革。学校培养目标具体规定了学校所培养的人才规格,传统的学校培养目标带有严重的知识取向,以学生掌握知识的多少来判断人才的优劣,是学生选择埋头苦读的重要原因。教师在实际教学活动中,往往从促进学生知识迅速增长的基点出发,采用灌输式教学方法,致使学生处于被动接受学习的境地。

正是基于以上认识,我们认为,要实现农村学校的彻底变革和转型,必须采用渐进的方式。作为学校的变革者,在变革活动中,切不可操之过急,犯盲动主义错误,而应该合理规划,循序渐进,以实现学校的可持续发展。当然,必须明确的是,以渐进性来定位当前的学校变革,并不排除学校变革在某一特定时候或某些特定问题上可以相对激进的方式去推行。在农村学校变革的过程中,渐进与激进的方式服务于同样的目的,其关键在于学校变革者能否正确判断形势,合理把握学校变革的契机,适时适度地做出学校变革的具体决策。

(2)情境性

农村学校变革的情境性指的是,对于处在变化发展中的中、小学校而言,每一所学校的变革活动都是鲜活的、特殊的存在。

农村学校变革的情境性首先表现在校际之间普遍存在的发展不平衡现象。改革开放以来,我国的经济发展极为不平衡,东西差距、城乡差距持续扩大,经济发展的不平衡,造成了不同地区间教育投入的不平衡,进而导致了学校与学校之间发展的不平衡。综观我国的学校发展现状,农村地区与城市地区的学校、经济发达地区与经济欠发达地区的学校、重点学校与普通学校之间的生存发展状况均有很大差异。即便同为农村学校,因其所处社会环境的不同,因其所能获取外部社会资本的差异,学校发展的程度仍然差异极大。学校的发展程度不一,不仅意味着学校的变革起点不一,也意味着学校在变革的方式、途径、策略上的差异。

其次,学校是具体、特殊的存在,那么适用于每所学校的变革策略也不尽相同。虽然从学校的发展程度来看,我们可以粗略地把学校归类,如重点学校、示范学校、普通学校、薄弱学校,但是,即便是同一类型的两所学校,其变革策略也不尽相同。其原因还在于任何一所学校都是一个具体而特殊的存在。其一,每一所学校都有一个特殊的内部环境,它由大批具体的个人——教师和学生组合而成。这种由具有较强个别差异性的教师和学生组合而成的群体,必然呈现出不同的校风、学风。其二,每一所学校还有一个特殊的外部环境,不同的学校与地方政府、上级教育行政部门、所在社区之间的关系也是各具特点的。

由此,对于现实中的农村学校而言,其变革都应该准确把握情境性这一特征。没有哪两所学校可以采用完全相同的变革策略,学校变革者必须从学校自身的特殊问题和特殊矛盾出发,有的放矢地找准自己的变革路径。

3. 农村学校自主变革

教育的基本特性和学校办学的实然状态,决定了现阶段的农村学校变革是一种渐进性和情境性的变革。然而,从近二十多年来我国义务教育发展的轨迹来看,教育改革者往往急于求成,无视学校变革的内在逻辑。在改革的过程中,大多以政策模式为主导,采取自上而下的强制性改革方式,改革活动表现出激进、彻底、雄心勃勃的特征。所谓自上而下的改革方式,指的是改革的理念与目标一般来自于学校之外,通常的做法是,教育理论家以自己的影响力推动政府或教育主管部门做出相关教育改革的决策,政府或教育主管部门再凭借教育政策、行政指令来促使学校产生具体的改革行为。从实际运作的情况来看,这种自上而下的教育改革活动至少可能导致三方面的问题。

第一,改革决策者的信息掌握不充分。由于缺乏广泛、深入的教育实践活动,多数改革决策者无法全面、真实地把握教育实践中的深层问题,也无法确切地了解学校及其教师和学生的真正需要。

第二,学校和教师始终处于被动地位。在自上而下的改革中,学校的任务似乎是照单执行上级教育机关的决定,而对于学校是否真正理解了改革的意义,是否真正认同了改革的必要性和可行性,却无人关心,也无人知晓。变革决策者假定变革实践者也会以同样的方式来分析、解释、执行教育改革的各项决策,然而他们却忽视了学校和教师所面临的形势:教育行政部门和社会固守原有的教育评价模式,学校缺乏实践中的指导和建议,改革的大量工作只是简单地强加。学校和教师一味地被决策者视为改革的执行者和被改造的对象,而没有考虑如何去唤起他们参与改革的积极性,致使学校和教师难以形成变革自我的主动意识和内在动力。

第三,改革易犯形而上学的错误。这些改革措施大多站在去除不同学校特点的基础上,以一种普遍主义的视角对教育活动做出审视,既缺乏对学校中复杂人际关系、利益关系的认识,也缺乏对学校与学校之间在校风、领导管理风格等隐形"软件"品质区别上的重视。

在反思以往教育改革途径所存在种种问题的基础之上,理性的改革途径应是使学校成为教育改革的主体,因为教育改革的最终成果要体现在学校的教育思想、行为的变化上,而如果没有学校的主动投入与参与,教育思想和行为的变化是不可想象的,具体地说,就是自上而下的改革推广模式与自下而上的改革生成模式的结合,这种结合就是农村学校的自主变革,是一种"为了学校、在学校中和基于学校"的变革。

具体说来,"为了学校"是指改革要注重形成学校可持续发展的内在机制。任何学校变革的目标,都在于学校的发展而别无其他,而学校的发展归根结底又在于学生和教师的发展。因此,从促进学校可持续发展的视角出发,"为了学校"的变革,应是有利于学生和教师发展的变革,应是有利于学生和教师生命成长的变革。

"在学校中"是指变革应根植于学校的生活,贯穿于学校发展的过程,并被教师所认同。在现实中,"任何一所学校都是具体的、独特的、不可替代的,它所具有的复杂性是其他学校的经验所不能完全说明的"[①]。因此,学校变革只能在学校中进行,主要依靠学校的自我觉醒、自我努力和自我提升。

"基于学校"意指学校变革的主体力量应是学校内部的管理者和教师。只有把学校变革的决定权交还给学校,把学校的发展和管理者、教师自身的发展联系起来,才能真正唤起管理者和教师参与变革的热情,充分发挥他们的创造潜力。因此,作为一种"基于学校"的变革,学校管理者和教师应有权确立学校变革的目标,有权选择适合自身学校发展的变革路径。

要推动农村学校的自主变革,其首要条件是确立学校在教育事业发展中的自主性地位,使学校成为一个责权并重、能自主办学、自主发展的主体。学校拥有自主性地位只是学校自主变革的一个条件,而学校能否自主变革还取决于学校自身是否具备自主变革的观念和能力,学校内部的个人、集体以及学校整体是否拥有自主意识、自主能力和自主精神,学校能否主动、自觉地利用外部赋予的条件、机会、资源确立明确的目标,能否合理使用自己的选择、

---

① 余文森.校本教学研究的实践形式[J].教育研究,2005(12):25-31.

决定的权利。缺乏独立的意识与能力的学校,不仅没有发展的前途,也根本不可能培养具有创造精神、批判反思能力、独立自主人格的人。观念的自主不仅存在于学校组织的意识中,也存在于学校成员的意识中。它通过学校的文化、办学理念、价值取向、规章制度及学校组织的思维模式和行为模式表现出来。如果学校没有自主的意识、自主的观念和思想,没有要求自主的内在愿望与追求,就不会有自主的活动,更不可能实现自主变革与发展。

第二章　支持农村学校变革的教育政策演变

教育政策有各种定义。成有信认为,教育政策是"负有教育的法律或法律责任的组织及团体为了实现一定时期的教育目标和任务而规定的行动准则"①。孙绵涛认为,教育政策是"一种有目的、有组织的动态发展过程,是政党政府等政治实体在一定历史时期,为实现一定的教育目标和任务而协调教育的内外关系所规定的行动依据和准则"②。萧宗六认为,教育政策是"国家和政党为实现教育目标而制定的行政准则"③。张新平则认为,教育政策是"有关教育的政治措施,是有关教育的权利和权益的具体体现"④。

基于上述定义,我们可以对教育政策形成如下共识:教育政策是有关教育文件、文本的总称;教育政策是在教育范畴内行动的依据、准则或措施;教育政策是一种自上而下,具有强制性的行为准则。

农村学校的变革和发展,离不开外部环境的支持和配合,而教育政策正是构成农村学校变革外部环境的最重要因素。在历史进程中,教育政策既具有相对稳定性,又表现出动态发展的特征,即政策本身不断处于被替代、转换和交易的过程,旧的教育政策总是在适当时候被效率更高的教育政策所替代。因此,分析我国三十年来基础教育改革政策,尤其是农村基础教育政策在价值取向、动力机制、发展阶段等方面的演变,有助于我们在整体上把握农村学校变革的外部动因和外部环境因素。

第一节　我国基础教育改革的政策变迁

在教育改革中,政策变迁不仅与教育改革相伴而生、相辅而成,且自始至终演绎着极为关键的角色。因为,教育理念的传播与教育行为的转变,均需要凭借新教育政策文件的公布以及新教育规章制度的颁行。为较清晰地揭

---

① 成有信.教育政治学[M].南京:江苏教育出版社,1993:201.
② 孙绵涛.教育政策学[M].武汉:武汉工业大学出版社,1997:10.
③ 萧宗六.教育方针、教育政策与教育法规[J].人民教育,1997(1):35—36.
④ 张新平.简论教育政策的本质、特点及功能[J].江西教育科研,1999(1):36—41.

示教育改革中的政策变迁现象，本节拟从基础教育政策变迁的动因、目标、路径等方面进行简要剖析。

一、教育政策变迁的动力机制

诺思认为，制度变迁源于成本与收益的比较。当特定的技术和社会环境发生变化，而与其相配的原有制度未能发生相应的变化，那么二者之间的匹配失去最优状态，于是便产生了新的潜在的收益，这一收益在原有的制度内不可能被内在化，而若实现新的更有效率的制度就能获取这一利润，这样在原有制度支配下的人中，总有部分人或组织为获取这一潜在利润而率先去克服各种困难，提供新的制度供给，从而实现新的制度均衡。

由此可见，政策变迁的动力来自于环境条件变化而诱发的利益冲突。正如马克思所言，"人们奋斗所争取的一切，都同他们的利益有关"，"利益是我们唯一的推动力"。对自身需要的满足和对利益的追求，是人类一切社会生活实践的最深厚的内在动力和"思想动机"。

反思我国近三十几年来教育改革中的政策变迁，其动力来源于国内社会发展进程中的社会矛盾与国际社会竞争的压力，来自于维护国家长治久安、促进民族复兴繁荣的需要。换言之，不进行如此改革，将不足以解决面临的社会压力，不能维护社会的稳定发展，不能摆脱在国际竞争中的困境。

例如，1985 年的《中共中央关于教育体制改革的决定》指出，"教育体制改革的根本目的是提高民族素质，多出人才、出好人才。今后事情成败的一个重要关键在于人才，而要解决人才问题，就必须使教育事业在经济发展的基础上有一个大的发展"。1993 年的《中国教育改革和发展纲要》指出，"发展教育事业，提高全民族的素质，把沉重的人口负担转化为人力资源优势，这是我国实现社会主义现代化的一条必由之路。"教育部颁布的《2003—2007 年教育振兴行动计划》提出具体目标，"构建中国特色社会主义现代化教育体系，为建立全民学习、终身学习的学习型社会奠定基础；培养数以亿计的高素质劳动者、数以千万计的专门人才和一大批拔尖创新人才，把巨大的人口压力转化为丰富的人力资源优势；加强教育同科技与经济、同文化与社会的结合，为现代化建设提供更大的智力支持和知识贡献"。《2010—2020 国家中长期教育改革与发展纲要》同样强调，"百年大计，教育为本，中国未来发展、中华民族伟大复兴，关键靠人才，根本在教育"。概而述之，我国的国体和政体，决定了政府是最广大的社会公众利益的代表，政府利益就是公共利益。由此，中央政府主导的教育政策变迁,以最广大社会公众的利益,即国家利益的获得为主要目的。

当然,政府并非抽象的概念,而是具体的存在。从组织学视野审视,政府作为组织,也会有自身利益(如政府的税收等)。这也就是说,从另一个角度出发,政府利益包括中央、地方等各级行政机关的自身利益。在当前,政府利益已成为许多学者研究政府行为的重要维度。例如,诺斯就认为,政府有两种职能,一是促进社会福利的最大化;二是追求自身利益的最大化。这两个职能是相互矛盾的,即通常人们所说的诺斯悖论。①

审视教育政策的执行过程,我们经常会发现"上有政策,下有对策"的现象,而其实质,就源于中央政府和地方政府由利益差别而导致的诺斯悖论。例如择校问题,教育部曾于2010年11月1日发布《关于治理义务教育阶段择校乱收费问题的指导意见》,从规范招生入学秩序、完善招生入学政策等方面向各地教育行政主管部门提出10项要求。《2010—2020国家中长期教育改革与发展纲要》再次指出,"推进义务教育均衡发展,多种途径解决择校问题"。在此,教育部以国家利益为制度安排的价值原点。

然而,现实情况是,即便中央教育行政部门对择校问题三令五申,很多地区的择校现象却如野火春风般势头不减。为了子女能上好学校,越来越多的家长义无反顾地加入付费择校的行列。21世纪教育研究院副院长熊丙奇认为,学校、教师、地方教育主管部门都是一个链条上的获利者,有的学校把"择校费"直接纳入小金库,用来改善教学条件,甚至发放教师福利;有的地方教育主管部门将"择校费"纳入专项账户,参与择校费分成,然后返还给学校,变相抵销教育经费,减轻自己应当承担的责任。这也就是说,地方政府为自身利益在很多时候回避与漠视了国家利益。而教育政策变迁,即是在国家利益与政府利益的矛盾纠结中踯躅前行的。

二、教育政策变迁的目标取向

唯物辩证法认为,内因是事物自身运动的源泉和动力,是事物发展的根本原因。在教育政策变迁中,人既是政策变迁的作用对象,同时也是政策变迁的主体。因为,人们对需要和利益的追求,构成政策变革的内在主体动因,

---

① 匡贤明. 政府利益与政府转型[EB/OL]. http://www.china.com.cn/chinese/OP-c/698052.htm.

进而决定着政策变革的方向和内容。因此,教育政策变迁及具体制度安排的调整,其目标要以满足人的需要为出发点,以尊重人的切身利益为主要手段,唯有如此,才能有效调动制度变迁主体的积极性,充分激发教育政策变迁主体的内在动力。

新中国成立后,教育政策的频繁动迁及其导致的灾难性后果,促使政策决策者逐渐形成理念共识:要想真正改变学校教育的原有状貌,促使改革理念在学校场域生根发芽、开花结果,就必须避免改革的"应急"化;就必须想方设法使学校真正成为改革的主体,确立学校的自主变革地位;就必须想方设法激发学校场域中个体的改革热情与活力,培养他们进行学校管理改革、课堂教学改革的愿望与能力。审视三十多年来我国教育政策变迁的历史进程,可以说,所有有效政策变迁,均以学校组织活力和教师个体活力的激发为主要目标指向。

1. 旨在激发学校组织活力的教育政策变迁

例如,1985 年《中共中央关于教育体制改革的决定》指出,"在教育事业管理权限的划分上,政府有关部门对学校统得过死,使学校缺乏应有的活力;而政府应该加以管理的事情,又没有很好地管起来",针对上述状况,要"改革管理体制,在加强宏观管理的同时,坚决实行简政放权,扩大学校的办学自主权"。1986 年的《义务教育法》则"逐步使中共中央的决定走上了国家化、法制化的轨道"[①],即政府对学校管理应做到"有法可依",以避免过度膨胀的行政权对学校办学活动的影响和干预。而 1995 年的《教育法》,首次以法律形式对中小学校应拥有的权利做了相应规定,确认学校在办学活动中,具有自主管理权、教育教学权、招生权、管理学生权、颁发证书权、管理教师权、管理设施权、拒绝非法干涉权等权利。

伴随系列教育法律法规及政策文件的颁行,学校的权利得以拓展,从而更进一步激发了学校的组织活力。目前,中小学校除了拥有《教育法》中所规定的相应权利之外,至少已开始逐步享有以下三项权利:第一,学校资源的自主利用权。对于学校范围内服务于教育活动的人、财、物等资源,学校可根据实际需要自主决策、自行支配。在学校资源的自主利用权中,财经权最为重要。因此,学校能否自主支配日常行政和业务费用,是彰显学校资源自主利

---

① 康永久.知识输入还是制度重建[D].上海:华东师范大学,2004:227.

用权的最重要标志。第二,人事权。教师是提高教育教学质量的根本,对于教师的质量和规格,作为用人单位的学校最有发言权。所以从优化教师队伍的目的出发,教师聘任权是学校的一项基本权利。我国从20世纪90年代末全面推行教师聘任制以来,已有部分中、小学校,尤其是重点学校和示范学校在实质上逐步享有教师聘任权。第三,课程设置权。众所周知,我国的基础教育课程改革,是促使中小学校获得一定课程设置权的溯源。在改革过程中,国家多次借助教育政策,对传统集权式的课程管理体制进行改革,以建立国家、地方、学校为主体的三级课程管理体制,使中小学校拥有计划、开发、安排校本课程的权利。

简言之,教育政策变迁使得那些长期积淀下来的经验性或理论性的认识,上升到法律文本与政策文件的高度,从而有利于在全国范围内对教育事业的发展做出统一性、规范性的要求。而对于现实中的中小学校来说,教育政策中诸多涉及学校教育层面的规范和要求,既为中小学校提供公正、安定的外部环境,昭示着教育管理向"依法治校"方向的迈进;同时又是广大中小学校变革与发展的重要航标,为中、小学校查找发展中的问题和缺陷提供了评价依据。

2. 旨在激发教师个体活力的政策变迁

在本质上,教育是人的活动,教育活动能否顺利开展,能否取得预期效果,人是决定性因素。学校场域中的人大致可分为三类,即学校管理者、教师和学生,他们既是具体学校变革行为的原动力和执行者,又是判定学校是否具有自主地位的重要指标。因此,如何促进学校场域中的人的变革,尤其是教师群体的变革,使其获得身心的解放,萌生改变学校的主动意识和自觉参与行为,是教育法律法规与政策文件的另一重要目标。

为此,1985年《中共中央关于教育体制改革的决定》指出,"改革教育体制要调动各方面的积极性,最重要的是要调动教师的积极性……在教育体制改革中,必须紧紧地依靠教师,认真听取他们的意见,充分发挥他们的作用,有关学校自身的重大改革都必须经过教师充分讨论"。1993年《教育改革和发展纲要》要求:"在分配上按照工作实绩拉开差距……运用正确的政策导向、思想教育和物质激励手段,打破平均主义,调动广大教职工积极性。"与国家教育政策的规定相呼应,大多数的中小学校通过对教师内部管理制度的调整,把教师的工作业绩与收入、荣誉、职称晋升、岗位聘任等挂钩,从而达到促进教师努力投入教育教学之功效。

需要指出的是,上述对教育政策变迁中目标取向的判读,其实质为制度文本的应然取向分析。基于教育政策变革的实践进程,我们一方面认识到,制度现实态势与制度文本指向间的显在鸿沟;另一方面也深刻感知到,制度文本本身尚存在进一步变革的空间。

首先,教育政策变迁中的学校自主权确实有所扩大,但学校作为基层教育组织,在教育管理体系中处于从属和依附地位的状况没有得到实质改变,其法定的权利既在内涵上缺乏具体化,又在行使中处处受束缚。而其所在区域的任何一个行政部门(并非仅教育行政部门),均有凭有证,能对学校下指令、提要求。于是,学校领导经常困于应付外来的种种干预,而师生的正常教学秩序也不时遭受干扰。

其次,为确立教师的变革主体地位,外在制度条件的变化——如涉及组织结构、评价机制、科研奖励、薪酬待遇等方面改革,已在一定程度上促进了教师教育观念与教学策略的变革,但一种与之相适应的、积极的、能引导教师增强对自身知识、能力和专业意识关注的制度氛围尚未真正形成。显而易见,教育改革中教师个体积极性的提升,不仅需要外在的控制手段,更需要把教师看作是自身发展的主体,需要倚重教师自身的力量。换言之,教师的主体发展地位,有赖于教师专业发展的制度保障,即应该在制度层面提供促进教师专业发展的平台,提供教师学习、合作、培训的机会,以激发教师自身的发展动力,增强教师对自身发展的内在需求,提高教师对自身职业价值和社会责任的认识。

三、教育政策变迁的路径选择

诺思将制度理解为两种规则的构成:非正式规则与正式规则。非正式规则泛指特定文化背景下的风俗习惯、意识形态、伦理道德、宗教信仰等,它普遍地存在于社会的各个层面;而正式规则是由公共权威机构制定的具有强制性的政治规则与经济契约,它体现着一个社会的制度化水准。

从正式规则维度,就总体而言,近三十多年来的教育政策变迁,在性质上多属于政府主导的强制性变迁,即一种由政府或法律自上而下强行引入并推行的制度变迁。也就是说,上述制度变迁是沿着由政府到学校的作用力方向发展的,"要不要改、改什么、如何改、什么时间改是由一个权力中心最后定夺的……是由政府命令和法律引入实行的、自上而下的教育制度创新"①。这种由政府主导的强制性变迁通常呈现两大特征。

首先,由政府设置政策变迁的起点和准则。教育范畴内的政策变迁,应是以"教育公正"为起点的。我国宪法明确规定,"接受教育是每个公民的权利和义务。任何一个追求民主、文明的国家,都力求使每一位公民能够同等地享有教育"。我国《教育法》第八条规定:"教育活动必须符合国家和社会公共利益。"2006年修订的新《义务教育法》,增加了"推进教育公平、促进教育均衡发展","实施素质教育","将义务教育全面纳入财政保障范围"等内容,同样也是以"教育公正"为制度变迁准则的一个例证。当然,从更广泛与更深层次的意义上,我们应该认识到,政府之所以把教育公正作为制度变迁的起点,在于教育是国家与社会的事业,教育不仅能使接受教育的个人获益,更是促进国家稳定、民族团结、社会进步的利器。

其次,政府以政策供给者的身份,凭借法律法规、政策文件等手段实施政策供给。从20世纪80年代初起,我国教育法律的制定工作倍受重视,先后颁布了一系列专门的教育法律,如《教育法》、《义务教育法》、《未成年人保护法》、《教师法》等;同时,颁布并实施了一系列教育行政法规,如《教师资格条例》、《教学成果奖励条例》、《社会力量办学条例》、《实施教育行政许可若干规定》等。虽然这些教育法律法规的文本过于原则化、概念化甚至粗略化,且不得不制定相关细则和条例加以补充说明,但它们的颁布和实施,无疑表明了我们对教育事业规律认识的进步,表明了我国教育管理正在向依法行政的方向迈进。

与教育法律相比,国家在不同时期制定的教育政策,对广大中、小学校的变革发展的影响更为直接,意义也更为深远。近三十多年来,对我国中小学校的变革发展起着指导性作用的政策文件很多,如《关于教育体制改革的决定》、《教育改革和发展纲要》、《关于深化教育改革,全面推进素质教育的决定》、《关于基础教育改革与发展的决定》、《2003—2007年教育振兴行动计划》等。这些教育政策文件不仅紧密切合其时的教育形势,而且其主要精神也一脉相承:一方面概括性地指明了学校在不同时期内,其培养目标、课程体系、教学方法、师资队伍、管理体制等诸多方面变革和发展的方向、内容或途

---

① 李江源.论教育制度创新[J].河北师范大学学报(教育科学版),2002(5):5-18.

径;另一方面,又对学校与社会及政府的关系、学校的教育经费保障、教师教育体制等问题做出阐释和规约,力图为学校内部各种变革活动的实现创设丰富的条件性资源。

毋庸置疑,政府主导的强制性变迁有高效性、权威性、普适性、正式与明确的特点,可以解决迫在眉睫的制度变迁需求,但是也存在某些难以克服的缺点。

首先,政策变迁沿着"中央政府→地方政府→学校"的路线推进,这种路线之下的制度变迁很难适应所有区域,因为不同区域的教育条件、教育资源并不在同一水平线上,而且制度变革的权力中心往往会根据自身的偏好,阻止来自基层学校和群体的制度变迁需求,也容易忽视基层学校尤其是教师和学生在制度变迁中的需求和作用,从而导致制度的"过剩"与"过度"现象。

其次,由于政策变迁的策划者、决策者、实施者、承担者与实际受益者的不一致,常导致对变迁所需成本估计的不足。从现实情况看,制度变迁的过程,不仅要花费大量的人力、物力、财力,用于制度变迁方案的提出、评估、选择及组织实施等环节;而且,对于学校场域中的人而言,学习与接受新的制度安排也会带来相当的心理损耗。

最后,任何既存的教育政策都业已形成与之相应的利益格局。出于追逐利益的需求,一些既得利益者尤其是利益集团必然竭力维护原有利益格局,并反对任何可能带来利益变动,尤其是对原本利益产生极大损害的新制度。因此,面对强制性制度变迁,一些地方政府或学校为维护既得利益,会"私下"选修正新制度,继而造成"制度变形"抑或"制度失真"。

不过可以预见的是,伴随社会的发展进步,尤其是随着我国市场经济体制的深化和发展,政府作为教育政策的主要供给者,在教育政策创新过程中的作用正在发生深刻变化。"政府必然从教育的许多领域中淡出,或让位于市场,或让位于学校自主,转向间接的宏观的调控"。[①]

第二节 我国三十多年来农村教育政策变迁回溯

一般说来,我国研究者对三十年来农村教育政策的回顾,大体可以分为

---

① 孙百才.教育制度变迁新路怎么走[EB/OL]. http://www.edu.cn/gai_ge_431/20060323/t20060323_91805.shtml.

三个阶段①。第一阶段为1976年到1984年,是教育改革的准备阶段,这一阶段主要是拨乱反正,恢复农村教育的正常秩序;第二阶段为1985年到2002年,这是农村教育改革的逐步推进阶段,这一阶段以教育体制和教育结构为主线的教育改革全面启动;第三阶段是从2003年至今,这是农村教育改革的深化阶段。

基于以上划分,我们尝试简要梳理农村教育政策变迁的主要进程。

一、教育改革准备阶段

在这一时期,拨乱反正是整个国家教育的重要内容和应有之义。鉴于"文革"时期教育的严重倒退格局,国家的宏观教育政策、国家有关基础教育的政策、国家专门针对农村教育事业发展的教育政策,构成推动农村教育发展的主要政策环境。

具体说来,国家宏观政策有:1978年1月颁发的《教育部关于加强中小学教师队伍管理工作的意见》,1978年9月出台的《关于实行全日制中学暂行工作条例》、《全日制小学暂行工作条例》,1978年9月颁发的《关于加强和发展师范教育的意见》,1978年11月颁发的《关于扫除文盲的指示》,1980年12月出台的《关于普及小学教育若干问题的决定》,1981年11月颁发的《关于调整中小学教职工工资中若干具体政策问题的处理意见》,等等。国家层面专门针对农村教育的教育政策有:1980年12月拟定的《全国农民教育座谈会纪要》,1981年10月出台的《关于增加中小学民办教师补助费的颁发》,1982年6月颁发的《关于县办农民技术学校暂行办法》,1983年5月发布的《中共中央、国务院关于加强和改革农村学校教育若干问题的通知》,1984年发出的《关于筹措农村学校办学经费的通知》。

通过对上述农村教育政策的阐释和分析,我们认为,在这一阶段,对农村教育的改革和发展主要呈现出以下一些取向。

1. 恢复农村中小学校的正常教学秩序

随着1977年高考的恢复,我国基础教育开始步入正轨。为促使中小学教学秩序能更好地步入常态化、规范化,教育部通过两个暂行条例(即《全日制中学暂行工作条例》和《全日制小学暂行工作条例》),对中小学德育、智育、体

---

① 本节参考了张乐天教授的《我国农村教育政策30年的演进与变迁》(刊于《南京师大学报·社会科学版》2008年第6期)。

育等工作进行了规范,强调保障正常的教学时间,保障课程的合理开设,保障基础教育中的基本知识教学和基本技能训练,从而对恢复农村中小学正常的教学秩序发挥了良好作用。

2. 以普及农村小学教育为主要目标

新中国成立以后,我国农村小学教育有了很大的发展,但是由于工作上的种种失误,特别是"文化大革命"的破坏,我国五年制小学教育尚未普及,新文盲继续大量产生。这种情况难以满足经济发展对人才培养的要求,也难以满足建设现代化的、高度文明的社会主义强国的要求。① 由此,在《中共中央、国务院关于加强和改革农村学校教育若干问题的通知》中提出了农村普及初等教育的基本目标,要求普及初等教育的规划和措施要落实到县、区、乡和队,并要求改进农村小学的办学形式,使其灵活多样,在教学内容上紧密联系农村生产、生活实际。

3. 重视调整农村中等教育结构

为尽快解决农村教育结构过于单一的问题,以适应农村经济社会发展的新要求,1980 年国务院转批印发的《关于中等教育结构改革的报告》,提出了农村中等教育结构改革的目标。而 1983 年中共中央、国务院颁发的《关于加强和改革农村学校教育若干问题的通知》,则就农村中等教育结构改革的目标和方式提出了具体的政策要求与规定,并明确指出,改革农村中等教育结构,发展职业技术教育,是振兴农村经济,加速农村现代化建设的一项战略措施,各地要根据本地区的实际需要与可能,统筹规划,有步骤地增加一批农业高中和其他职业学校,除在普通高中增设职业技术课程,开办职业技术班外,可把一部分普通高中改办为农业中学或其他职业学校。

4. 加强农村教师队伍建设

由于"文革"时期师范教育受到严重破坏,长期以来,我国农村中小学校的教师队伍以民办教师为主体。据统计,1977 年,全国民办教师曾达 491 万人。为加强农村教师队伍建设,当时的国家主要政策精神包括:一是对民办教师实施鼓励性政策,增加中小学校民办教师的补助费,每年在中等师范学校招生中划拨一定指标招收民办教师,让他们经过系统学习后成为公办教师,或通过其他考核方式转为公办教师。二是通过大力发展中等师范学校和

---

① 何东昌. 中华人民共和国重要教育文献[M]. 海口:海南出版社,1998:359.

高等师范专科学校,为全国中小学校尤其是农村中小学校培养新的教师。三是加强中小学校在职教师的培训工作,其中就包括加强农村中小学在职教师的培训。

二、教育改革逐步推进阶段

1985年到2002年,是我国农村教育改革发展的新阶段。在这一阶段中,农村教育改革与发展的主要内容是教育管理体制和教育结构改革。

1. 农村教育管理体制改革的启动和推进

1985年,《中共中央关于教育体制改革的决定》颁布,这是新时期中国教育政策建设的一座里程碑,具有重大深远的意义。《中共中央关于教育体制改革的决定》,清晰地阐明了教育体制改革的动因与根本目的,确立了教育体制改革的重要内容和任务,提出了保证教育体制改革顺利进行的制度措施与组织方略。对于农村教育,《中共中央关于教育体制改革的决定》指出,实行九年制义务教育,实行基础教育由地方负责、分级管理的原则,是发展我国教育事业,改革我国教育体制的基础一环。① 因此,有步骤地实行九年制义务教育成为我国农村义务教育发展的新的政策目标,这既是对拨乱反正时期实行普及小学教育政策的延续,又是立足于全面提高民族素质而提出的更高要求。

为了更好地保障义务教育发展,1986年,我国颁行新中国成立后第一部专项教育法——《中华人民共和国义务教育法》,这标志着我国义务教育政策逐步走向稳定和成熟。《中华人民共和国义务教育法》进一步明确,义务教育实行在国务院领导下,地方负责、分级管理的体制,并对义务教育经费投入与经费筹措做出了规定,从而为我国农村有步骤地实行九年制义务教育提供了法律支持与保障。

为进一步推进农村基础教育管理体制改革,1987年,国家教委发布了《关于农村基础教育管理体制改革若干问题的意见》,指出,要从实际出发,科学划分地方各级政府管理基础教育的职责权限,并明确了把县、乡两级职责权限的划分作为工作重点,尤其强调扩大乡一级管理农村学校的职责权限,同时还要求在农村基础教育管理体制改革中注意发挥村组织在解决学校危房、改善办学条件等方面的作用。

---

① 袁振国.中国当代教育思潮[M].上海:三联书店,1991:400.

然而,上述改革政策在推进中也遭遇到了新问题。由于我国农村发展不平衡,在经济欠发达地区与贫困地区,以乡为主的教育经费筹措遇到了困难,在这种背景下,国家对义务教育管理体制及财政体制进行了适当调整。1994年,国务院发布了《中国教育改革和发展纲要》实施意见,强调"县级政府在组织义务教育实施方面负有主要责任,包括筹措教育经费,调配和管理中小学校长、教师,指导中小学教育教学工作等"。同时指出,有条件的经济发展程度较高的地区,义务教育经费仍可由县、乡共管,充分发挥乡财政的作用。

新世纪初,我国农村经济体制改革不断深化,为切实减轻农民负担,保护农民利益,并进一步深化农村基础教育管理体制和投入体制改革,2001年,《国务院关于基础教育改革与发展的决定》指出,进一步完善农村义务教育管理体制,实行在国务院领导下,由地方政府负责,以县为主的体制。至此,农村基础教育管理体制改革进入了一个新阶段。

2. 农村教育结构改革的推进

为适应农村产业结构调整和全面发展农村经济的需要,从政策层面看,自1985年起,有关推进农村教育结构改革的教育政策相继出台,主要措施包括:

第一,建立农村教育综合改革实验区。1987年,国家教委在河北省建立农村教育综合改革实验区,其目的是探索在贫困农村地区如何使教育和经济协调发展,经济开发和智力开发密切结合的途径,使农村教育形成普通教育、职业技术教育和成人教育统筹发展的趋势。之后,有关农村综合改革实验区的工作不断深化和拓展,1993年,中共中央、国务院印发的《中国教育改革发展纲要》要求积极推进农村教育综合改革,1995年,国家教委发出《关于深入推进农村教育综合改革的意见》,对综合改革提出了"点上深化、面上推广"的政策行动方略。

第二,实施"燎原计划"。1988年,国家教委提出了《关于组织实施燎原计划的意见》。这一计划的主要目标指向:在做好普及义务教育工作的基础上,充分发挥农村各级各类学校的智力、技术的相对优势,积极开展与当地建设密切结合的实用技术和管理知识的教育,培养大批新型的农村建设者,并积极配合农业和科技等部门,开展以推广当地实用技术为主的实验示范、技术培训、信息服务等多种形式的活动,促进农业的发展。[①] 1995年,国家教委决

---

① 中国教育年鉴编辑部.中国教育年鉴(1989).北京:人民教育出版社,1989:769.

定组织实施"燎原计划百千万工程",要求在全国上千个乡、上万个村推广上百项农村实用计划。

第三,不断推进农科教结合。1989年,农业部和国家教委联合下发《关于农科教结合、共同促进农村、林区人才开发与技术进步的意见的通知》,从而开始在政策层面推动农业、科技与教育的有机结合。1994年,国家成立农科教结合协调领导小组,统一领导全国的农科教结合工作。1996年,随着《中华人民共和国职业教育法》的颁布实施,农科教结合成为法律规定与要求。

三、农村教育政策变革新阶段

在科学发展观的理念指引下,2005年,国家提出了建设社会主义新农村的历史任务,同年,《中共中央、国务院关于推进社会主义新农村建设的若干意见》发布,在此背景下,我国农村教育的发展受到更多的关注和重视,有关农村教育的政策建设也不断加强。

1. 进一步明确农村教育的重要地位

在这一阶段,国家把农村教育作为全国教育工作的重中之重。2003年,国务院颁发《关于进一步加强农村教育工作的决定》,这标志着农村教育的重要地位得到新的确立,决定指出,农村教育在全面建设小康社会中具有基础性、现代性、全局性的重要作用,农村教育在构建具有中国特色的现代国民教育体系和建设学习型社会中具有十分重要的作用。改革开放以来,虽然我国农村教育有了很大的发展,但我国农村教育整体薄弱的状况还没有得到根本扭转,城乡教育差距还有扩大的趋势,教育为农村经济社会发展服务的能力亟待加强。

2. 推动教育公平,保障农村义务教育的健康发展

2005年,国务院发出《关于深化农村义务教育经费保障机制改革的通知》,要求全部免除农村义务教育阶段学生学杂费,对贫困家庭学生免费提供教科书并补助寄宿生生活费,提高农村义务教育阶段中小学公用经费保障水平,建立农村义务教育阶段中小学校舍维修改造长效机制,巩固和完善农村中小学教师工资保障机制。2006年,国家修订了《中华人民共和国义务教育法》,进一步从法律层面建立义务教育经费保障机制,以促进城乡义务教育的均衡发展,保障义务教育的公益性、公共性和公平性。随着经费保障新机制的建立,农村义务教育在政策指向上更加关注教育质量的提高与发展,追求有质量的教育公平,成为当前农村教育发展的新的时代主题。

3. 继续大力发展农村职业教育和成人教育

为建设新型农村,促进农村劳动力合理转移,2003年以来,我国出台的相关政策有:《国务院关于进一步加强农村教育工作的决定》《2003—2010年全国农民工培训规划》《关于组织农村劳动力转移培训"阳光工程"的通知》《国务院关于大力发展职业技术教育的决定》《关于实施农村实用技术培训的意见》《关于加强农村实用人才队伍建设和农村人力资源开发的意见》。上述政策的目标就是:适应社会主义新农村建设和全面建设小康社会的需要,努力为培养新型农民,为促进农村劳动力合理转移服务。

4. 积极实施支持农村教育发展的教育政策

基于新农村建设确立的"实行工业反哺农业、城市支持农村和多予少取放活"的方针,全面贯彻落实科学发展观,推动和支持农村教育的发展。主要政策包括:国家贫困地区义务教育工程,东部地区学校对口支援西部贫困学校工程,大中城市学校对口支援本地贫困学校工程,等等。与此同时,国家、省、市各级政府还不断推出保障农村流动儿童在城市享受同等义务教育的政策,一些师范院校重新试行师范生免交学费的政策等。

第三节 支持农村教育发展政策:淮安市的经验

淮安市位于江苏省中北部,江淮平原东部,地处长江三角洲地区,是古淮河与京杭大运河交汇点,是南京都市圈紧密圈层城市。2013年,淮安市共有基础教育及中等职业教育学校748所,在校生80.42万人。其学前教育毛入园率100.0%,小学巩固率89.2%,初中巩固率95.1%,初中毕业生升学率101.4%,高中阶段教育毛入学率98.0%。①

近年来,江苏省各级地方政府大力推动农村教育现代化工程,淮安市下属的所有区县已全部通过了教育现代化验收。换言之,淮安市的农村教育和农村学校发展已取得较为明显的阶段性成果。

一、教师交流政策的实施

城市教师到农村中小学校支教,是我国各级政府努力缩小城乡办学差距、推进基础教育均衡发展的重要政策举措。城市教师支教农村的价值基点是城市教师的教育示范性,即城市教师能充分发挥其所具有的理念、知识与

---

① 见淮安市年度统计资料。

能力优势,凭借自身的教育教学行为,潜移默化地影响农村中小学教师,实现由点带面、以个体带动群体的功能放大作用。而农村教师到城市优质中小学校学习和挂职锻炼,也在于能把城市学校的先进教育理念、优秀管理经验带回农村学校,进而提升农村中小学校的整体办学水平。

基于以上认识,为提高农村学校教师队伍素质和教育教学质量,促进城乡教育优质均衡发展,2010 年,淮安市教育局联合淮安市财政局联合颁发了《关于优化教师配置的通知》①,该政策文件的具体精神包括以下几点。

1. 工作目标

通过五年的优质师资进农村工作,促使各县区农村薄弱中小学在教学管理水平、课程实施能力、师资队伍素质和教育教学质量等方面进一步提高,城乡教育差距进一步缩小。

2. 教师选派

首先是挂职教师。在市教育局安排下,每年从市区优质中小学中遴选 70 名师德修养高、学识水平高、专业技术职务高、教育教学能力强的教师赴区农村薄弱学校挂职支教,时间为 1 年。

其次是进修教师。每年从区农村中小学选拔 35 名基本素质良好、发展潜力较大的 35 周岁左右年轻教师到市区优质学校进修。

3. 工作任务

支援学校派出担任中层以上干部的教师到受援学校挂职副校长,在做好相关学科课务的同时,要为受援学校的管理和发展做出积极贡献;一线教师挂职中层干部,除了做好课务,还要为受援学校的学科建设做贡献。

在受援学校担任中层以上干部的挂职锻炼教师到支援学校挂职部门副职,在认真完成支援学校安排的教育教学任务的同时,要积极主动地学习支援学校成功的管理经验和先进的教育教学理念。

4. 考核奖励

第一,参加支教(挂职)工作的教师在学年结束时须接受相关考核。考核结果分为合格和不合格两个等次。考核合格者,在各类评先评优工作中,同等条件下予以优先考虑。支教(挂职)考核不合格者当年年度考核不合格。

第二,给予支教教师一定的经济补助,标准为:特级教师 1000 元/月、市学

---

① 资料来源于淮安市教育局,有改动删减。

科带头人800元/月、骨干教师600元/月,补助经考核合格后,给予一次性发放。教师补助经费由市财政承担。

5. 组织管理

第一,市、区教育局成立优化教师配置工作领导小组及其办公室,由主要领导担任领导小组组长。强化对优化教师配置工作的领导、督查和考核,确保目标圆满达成。

第二,挂职(进修)教师在挂职(进修)期间原担任的校内职务不变,仍享受本单位同类同级教师各项福利待遇。挂职(进修)工作考核结果为合格的,按本单位满工作量计算其奖励性绩效工资;挂职(进修)教师不在受援(支援)学校领取任何报酬,挂职(进修)期间的交通补贴等相关费用由派出学校承担,具体标准按相关文件规定执行。

第三,各结对学校应为到本校挂职(进修)教师提供必要的工作和生活条件,并定期看望慰问派出教师,帮助解决工作、生活上的困难,给予充分的人文关怀。

第四,结合开展"创先争优"活动,构建城乡统筹的学校基层党建新格局,充分发挥市区优质学校基层党建对农村薄弱学校的带动、支持作用。积极动员、优先安排符合条件的党员教师参加挂职(进修)工作,鼓励其在挂职(进修)工作中充分发挥共产党员的引领、示范作用,带动广大教师积极投身挂职(进修)工作。凡党员挂职(进修)教师,在挂职(进修)期间可根据需要转移临时组织关系,参加受援(支援)学校的党组织活动。

从2010年以来,淮安市每年都出台配套文件,促使《关于优化配置教师的通知》能得到坚决的贯彻落实。

二、推进农村教育现代化的政策

教育现代化的关键是农村教育现代化。江苏省既是我国的教育大省,也是教育强省,江苏省较强的经济实力,为其农村教育现代化奠定了较坚实的物质基础。2013年,江苏省先后出台了《省政府办公厅关于印发江苏教育现代化指标体系的通知》和《省政府办公厅关于推进教育现代化建设的实施意见》,以上两个文件,为江苏省农村教育现代化的内涵、实施路径做出了较明确的诠释。

根据江苏省政府有关农村教育现代化的政策精神,结合淮安市本地的实际情况,淮安市政府也出台了《淮安市政府办公室关于推进教育现代化建设的实施意见》①。

1. 总体要求

(1) 指导思想

以邓小平理论、"三个代表"重要思想和科学发展观为指导,坚持教育优先发展,大力实施科教与人才强市战略,加大教育投入,深化教育体制改革,注重教育内涵发展,不断提升各级各类教育现代化水平,努力办好人民满意的教育,为打造"学在淮安"教育品牌奠定坚实基础,为推进淮安苏北重要中心城市建设提供智力保障和人才支撑。

(2) 主要目标

到 2020 年,全市构建体系完备的终身教育,形成惠及全民的公平教育,提供更加丰富的优质教育,健全充满活力的体制机制,实施富有成效的社会服务,总体实现省定教育现代化指标体系要求。

(3) 规划进度

第一阶段:到 2015 年,全市对照省定指标体系,综合得分达 40 分左右。清河区作为省级示范区建设单位,要率先实现省定指标基本要求。淮安经济技术开发区、清浦区指标体系实现程度为 80% 左右,洪泽县、金湖县、盱眙县、淮安区指标体系实现程度为 60% 左右,淮阴区、涟水县指标体系实现程度为 40% 左右。

第二阶段:到 2018 年,全市对照省定指标体系,综合得分达 80 分左右。淮安经济技术开发区、清浦区、洪泽县力争 2017 年实现省定指标基本要求,金湖县、盱眙县、淮安区力争 2018 年实现省定指标基本要求,涟水县、淮阴区指标体系实现程度为 70% 左右。全市确保有 6 个县(区)达到省定指标基本要求。

第三阶段:到 2020 年,全市对照省定指标体系,单项指标实现程度达 80%,综合得分达 90 分。所有县(区)均达到省定指标要求。

(4) 基本思路

第一,科学规划、稳步推进。教育现代化建设时间跨度长,涉及内容多。要根据规划进度科学研制实施方案,明确时间表和路线图。要瞄准目标,突出重点,破解难题,以点带面,先易后难,分类实施,稳步推进。

---

① 资料来源于淮安市政府网站,有改动删减。

第二,部门联动、各司其职。要突出教育优先发展战略,在经济社会现代化全局中超前谋划教育现代化建设。各有关部门要齐心协力、密切配合、各司其职,针对教育关键领域和薄弱环节不断创新工作举措,努力形成分工合作、齐抓共管的良好局面。

第三,明确任务、扎实推进。根据全市规划进度和县(区)创建实施方案,将创建工作细化到每一年度,明确各县(区)年度目标任务,强化目标管理,当年任务当年完成,一着不让,确保创建工作坚持不懈地扎实推进。

第四,强化考核、落实责任。将教育现代化建设纳入县(区)和相关部门的跨越发展实绩考核体系,明确和落实教育现代化建设各方责任。及时向社会发布全市教育现代化建设情况,让全社会了解、参与和监督教育现代化建设工作。根据省每年对市、县(区)推进教育现代化建设监测情况,严格兑现奖惩规定。

2. 重点任务

(1) 实施学前教育改革发展示范区建设工程

实施学前教育5年行动计划,加快学前教育改革发展示范区建设。积极推进幼小分离,逐步增加幼儿教师编制,落实公办幼儿园机构编制标准。每年新建一批公办幼儿园,扶持并规范民办幼儿园发展,取缔无办学资质的非法幼儿园,强化农村幼儿园和城区薄弱幼儿园建设和管理。到2015年,90%左右的幼儿在公办幼儿园或普惠性民办幼儿园就读,所有幼儿园均建成为合格幼儿园,省优质幼儿园比例达70%;到2018年,学前3年教育毛入园率≥97%,省优质幼儿园比例达80%;到2020年,幼儿园服务区制度初步建立,学前1年免费教育基本实现,省优质幼儿园比例达90%。

(2) 实施义务教育优质均衡发展示范区建设工程

各县(区)根据省、市要求,制定本区域内义务教育优质均衡改革发展示范区建设实施意见,明确创建目标、工作内容和序时进度。进一步完善义务教育学校布局规划,开展义务教育现代化学校创建,教育资源不断向农村学校和城区薄弱学校倾斜。保障外来务工人员随迁子女等困难群体平等接受义务教育。不断健全校长和教师合理流动机制,逐步提高优质高中招生名额均衡分配到区域内初中的比例,严格控制公办学校择校生数量。到2015年,70%左右的县(区)达到省定义务教育优质均衡发展要求,50%左右的义务教育学校达到省定现代化办学标准;到2018年,90%左右的县(区)达到省定义务教育优质均衡发展要求,80%左右的义务教育学校达到省定现代化办学标准;到2020年,所有县(区)达到省定义务教育优质均衡发展要求,所有义务教育学校达到省定现代化办学标准。

(3)实施普通高中优质特色发展推进工程

优化普通高中布局,推进适度规模办学,逐步消除大班额现象。加强内涵建设,实施素质教育,推动全市普通高中优质特色发展,努力把普通高中特色发展打造成引领淮安素质教育的品牌工程。构建学校特色发展机制,明确学校特色发展路径,大胆探索实践,积极开展特色办学改革实验。培育特色教育品牌,发展学校特色项目,培养一批体育、艺术与科技特长生。加强对学生理想、心理、学业等方面的指导,完善学生体质健康监测公告制度和体质健康促进工作长效机制,不断提高学生的体质健康水平。建设15~20个省级普通高中课程基地,培养学生的创新精神和实践能力。到2015年,全市建成特色高中15所,普通高中全部达到省三星级以上标准;到2020年,全市所有高中基本实现一校一特,实现优质普通高中全覆盖。

(4)实施职业教育创新改革发展深化工程

大力发展中等职业教育,优化发展高等职业教育,深入推进职业教育创新发展实验区建设,形成一批辐射、示范、引领全市职业教育的改革创新成果。推进校企一体化办学,推动职业学校专业类型、层次和结构与地方产业发展高度对接,重点建设一批省级高水平示范性实训基地,积极探索校企合作人才培养新模式。加快推进中高职衔接试点,拓宽职业学校、技工学校毕业生继续升学渠道,着力构建完备的现代职业教育体系。积极实施职教德育创新工程和教学质量提升工程,深化职业学校专业建设,培育一批省级品牌、特色专业,全面推进高水平现代化职业学校和职业教育创新发展实验区创建。到2015年,基本建成6-8所省高水平现代化职业学校,1所高水平现代化技工院校,建成2-3个省级职业教育创新发展实验区;到2020年,所有学校建成省高水平现代化职业学校,所有县(区)均建成省级职业教育创新发展实验区,现代职业教育体系基本建成。

(5)实施社区教育实用性服务惠民工程

积极构建覆盖城乡的社区教育体系,建成淮安开放型大学,各县(区)全部建成省级社区学院,基本实现乡镇(街道)省级社区教育中心全覆盖。推进数字化学习型社区建设,在市、县(区)、乡镇(街道)、村(社区)分别举办社区大学、社区学院、社区教育中心、居民学校等学习服务平台。整合和开发社区教育网络资源,强化社区教育培训功能,形成一批有地方特色的社区教育课程,因地制宜开展各类教育培训活动。城市社区教育着重开展职业技能培训、成人学历教育和文化生活教育,农村社区教育着重开展劳动力转移培训、实用技术培训和创业知识培训。积极开展学习型社区创建和社区居民文化活动,建立覆盖城乡、惠及全民的语言文字服务体系,全面优化和提升社区教育的服务功能。到2015年,城市社区登记在册的失业人员和外来务工人员培训率分别达65%和50%,农业实用技术培训率达35%,农村劳动力转移培训率达45%;到2020年,城市社区登记在册的失业人员和外来务工人员培训率分别达到80%和60%,农业实用技术培训率达40%,农村劳动力转移培训率达55%。

(6)实施教育装备和信息化建设水平提升工程

根据教育均衡发展总体要求,加大投入力度,加强实验室、图书馆(室)、运动场所的标准化建设,加强教学仪器设备、设施器材的配备,探索个性化的装备建设,不断提升教育装备水平。强化教育装备的常规管理和队伍建设,切实提高中小学实验教学的整体水平。到2015年,全市所有学校教育装备水平全部达到二类标准;到2020年,全市所有学校教育装备水平全部达到一类标准。推进教育信息化建设,以教育信息化引领教育现代化建设。建立教育信息化基础设施动态更新机制,推进"三通两平台"建设,加大市级数据中心、资源中心和应用中心建设力度,构建教育信息化公共服务体系。推动优质数字教育资源普及共享,加强教育信息技术人员培训,强化信息技术在教学、科研和管理等核心业务中的有效应用,促进信息技术与教育教学的深度融合。到2015年,国家教育信息化标准达标率达85%;到2020年,国家教育信息化标准达标率达90%。

(7)实施中小学校舍加固改造建设工程

校舍是最基本的公共教育资源,是实现教育现代化的重要基础。实施中小学校舍安全工程,是党中央、国务院做出的重大决策。各地、各有关部门要按照"机制不变、队伍不散、力度不减"的要求,认真落实政府责任,各级校安办组织架构继续保留,成员单位继续履职,优惠政策继续执行,制度措施继续完善。要进一步提高综合防灾能力,扎实开展中小学校舍加固或新建工作。同时加强对新建小区配套建设学校的规划和监管,使之与城市化进程相适应,切实把校舍建成最牢固、最安全、最让人民群众放心的建筑。根据省政府的统一部署,到 2015 年,全市所有校舍必须全部符合国家重点类抗震设防标准。

（8）实施教师队伍建设和名师名校长培育工程

按照教育现代化要求,着力提升教师学历水平,逐步实行城乡统一的中小学教职工编制标准。所有县(区)建有一所县(区)级教师发展中心,落实每 5 年一周期的教师和校长全员培训,建立"双师型"、"一体化"职业教育教师培养培训体系,完善校长教师考核和绩效工资制度。加强名校长培养,建立名校长工作室,每年定期举办中小学校长高级研修班,形成淮安名校长群体。加强名师培养,深入实施"211 名师培养工程",着力培养 200 名特级教师、1000 名学科带头人和 10000 名骨干教师后备队伍。到 2015 年,50% 以上县(区)建成省示范性"县级教师发展中心",50% 左右的县(区)中小学主要学科力争有 1 名特级教师,中高等职业院校"双师型"教师比例分别达 68% 和 78%;到 2020 年,所有县(区)中小学主要学科都能有 1 名特级教师,中高等职业院校"双师型"教师比例分别达 75% 和 85%,全市有数名社会广泛认可、成绩卓著的教育教学名家。

（9）实施教育国际交流合作拓展工程

积极实施教育国际化战略,广泛搭建对外交流合作平台,做好省级教师境外培训工作,开展自组教师、教干境外培训活动。鼓励、支持有条件的学校建立境外友好学校,支持有条件、有意愿的学生开展短期境外修学旅行或出国留学,探索多种形式利用国外优质教育资源新途径,尝试举办中外合作办学项目和合作学校。到 2015 年,全市各级各类学校有境外友好学校 80 所,其中,四星级高中都有 1 所以上境外友好学校。全市具有聘请外籍教师资格学校达 50 所,中小学教师、教干国(境)外培训达到 1000 人,学生境外修学旅行达到 3000 人。到 2020 年,全市具有聘请外籍教师资格学校达 100 所,中小学教师、教干国(境)外培训达到 1800 人,学生境外修学旅行达到 5000 人。建成 1-2 所优质国际学校,大力开拓国际教育服务市场,面向国内外推介淮安教育品牌。

3. 组织保障

（1）建立推进机制

市、县(区)政府成立主要领导任组长、分管领导任副组长、有关部门主要负责同志为成员的教育现代建设领导小组,研究部署、指导督促全市教育现代化建设工作。各地要把教育现代化建设工作摆上重要议事日程,把建设进展情况纳入政府考核内容,创新思路举措,动员各方力量,确保如期总体实现省定教育现代化指标体系。各地要制定教育现代化建设规划,明确年度目标,建立目标管理制度,细化责任分工,确保完成年度省定教育现代化指标任务。

(2) 加大教育投入

健全政府投入为主、多渠道筹集教育经费的体制机制,确保教育经费符合"三增长"法定要求。逐步提高各级各类教育生均经费标准和生均财政拨款标准。完善家庭经济困难学生资助体系,扩大资助范围,提高资助标准。强化经费使用管理和绩效评估,切实提高教育经费使用效益。确保全市各级教育生均预算内经费在全省各市中均位居前列。

(3) 加强监测评估

市、县(区)教育和统计部门要密切配合,根据省教育现代化建设年度监测报告,动态掌握各地、各校教育现代化建设进程。进一步强化监测分析,及时研究监测中发现的问题,以教育现代化建设监测促进教育改革发展。教育行政部门要切实抓好市级示范区建设以及现代化学校和乡镇(街道)的考评工作,依据监测考评结果兑现奖惩。

(4) 营造良好氛围

大力宣传教育现代化建设的理念意义和政策措施,积极推广先进典型和成功经验,广泛动员教师、教育工作者和全社会支持、参与教育现代化建设。合理引导社会预期,让人民群众充分了解教育现代化建设的长期性和艰巨性,重视教育社会满意度调查,为推进教育现代化建设创造良好的舆论环境和社会环境。

(5) 注重依法治教

健全符合教育发展规律的管理体制和运行机制,建立教育科学民主决策机制和风险评估机制。建立教育咨询委员会工作机制,充分发挥专家在重大决策和项目实施中的作用。建立现代学校制度,扩大学校办学自主权。建立健全行政执法责任制,进一步加强教育行政执法。加大各级依法行政示范单位和依法治校示范校建设力度,为教育现代化建设提供法制和制度保障。

近年来,《淮安市政府办公室关于推进教育现代化建设的实施意见》成为淮安市推动农村教育现代化的纲领性文件。在这一政策文件的设计和安排下,各县区也相应出台了本县区教育现代化建设的具体实施办法,淮安市教育局则借助量化考核、项目推动等方式进行科学管理,通过细化创建目标,重抓薄弱环节,定期对项目完成情况督查考核,实行分步推进,分类指导,全面提速全市教育现代化建设进程。

第三章 农村学校变革中的教师

变革作为当今时代的主旋律,已从理论与实践的双重层面登上了教育舞台。教育变革是时代变迁与社会发展的必然结果。全球化与信息化时代的到来,有力地推动了社会变革,进而引发教育变革。在学校变革中,教师的作用是如此重要,以至于有学者认为,"教育变革的成败取决于教师的所思所为,事实就是如此简单,也是如此复杂"①。正是基于此种认识,教师发展问题始终是教育研究者关注的重要课题。

农村学校的发展和变革一方面形塑和构筑了农村教师专业发展的环境,另一方面又有赖于教师理念的更新和教育行为的改善,由此,本章从分析学校变革中的教师适应性入手,试图较深刻地揭示农村教师在专业发展过程中所遭遇的各种抗阻,并简要勾画推动农村教师专业发展的若干策略。

第一节 学校变革中的教师适应性

从理论上而言,教育变革是教师发展的契机,变革所倡导的教育理念,会促使教师更新思想观念,转变教学行为方式,并最终获得内在基质的总体提升。然而,从实际情况看,教师在实际的变革进程中却经常陷于"观念进步明显而行为转化困难"的境地。

一、教师在变革中的发展状况

唯有对当前教育变革中教师的实际发展有较全面认识,才可能深入揭示影响和制约教师发展的各种内外因素。为此,笔者曾对358名教师和825名学生进行抽样调查,初步得出以下一些结论。

1. 教育观念明显改善

在被调查的教师中,72.1%的教师认为新课改在一定程度上改善了自己的教育观,98.7%的教师表示认同新课改的教育理念。对于"以生为本"的理念,93.7%的教师持赞同态度。在对待师生关系方面,90.9%的教师赞同与学

---

① [加]迈克·富兰.教育变革新意义[M].赵中建等译.北京:教育科学出版社,2005:121.

生建立民主、平等的关系。当问及教学中关注的重点时,90.6%的教师认为自己关注的是"让学生掌握学习方法",58.1%的教师表示关注"使学生养成是非善恶的价值观",27.9%的教师表示关注"让学生掌握课本上的知识",17.1%的教师表示关注"培养学生的学习兴趣"。当问及选择教学内容的标准时,58.3%的教师表示会考虑教学内容与生活的联系,41.7%的教师表示会考虑能否激发学生的问题意识,50%的教师表示会考虑能否应对当前的考试。当问及如果学生在课堂上说出不同的观点或方法而教师有何反应时,83.7%的教师表示会倾听并鼓励,11.1%的教师表示会倾听但不鼓励,5.2%的教师表示视情况而定。

通过对教师调查问卷的整理,我们可以明显感受到,随着基础教育改革的不断深化,教师也在不断进步。这种进步在教育观念方面表现得尤为显著。首先,大多数教师已初步建立现代学生观。"为了每一位学生发展"的新课程理念与宗旨得到广泛认同,学生作为发展中的个体的独特性得到关注,教师对学生的评价更为积极,民主、平等的师生关系也越来越得到教师的认可。其次,教师的教学观得以改进。"学会学习"与"学会做人"的理念已被大多数教师所接受,越来越多的教师开始关注课程与学生生活实际的联系,学生在教学过程中的个别差异性也逐步得到重视。

然而,在调查中,我们也处处感受到教师在认识上的困惑与担忧。例如,在关注学生学习方法的掌握、兴趣爱好的培养时,也必须关注考试的动向,学生的考试成绩、升学率依然是教师不能动摇的教学指南;教师们在认同新课改的理念、愿意为此做出努力时,也明显感知到来自新课改的巨大压力,认识到新课改的实施所存在的困难与阻力。教师们认识上的这些矛盾与困惑,在学生对教师实际教学行为的评价中得到充分体现。

2. 行为转变相对滞后

学生的评价是检视教师教学行为的一面镜子。为对教师的现实发展状况有更客观、公正的认识,我们选取被调查教师所任教班级的学生作为参照系,来全面考察教师的教育教学行为。

从学生评价中,我们可清晰地发现教师的思想认识与其实际教学行为之间的差距,教师的实际教学行为与其教育观念的改变相比,有明显的滞后性。就在教师认识到建立民主师生关系的重要性时,仅有60.4%的学生对师生关系感到满意。就在教师自认为理解并认同"以生为本"的理念时,18.3%的学生认为教师批评过多,20.7%的学生认为较少受到教师的表扬,似乎教师们并没有真正理解"以生为本"中尊重、欣赏学生的实质。就在教师认同学生是学习的主体时,大多数的学生希望"老师少管点",渴望拥有更多的学习自主权。就在教师认为教学应关注学生的全面成长时,27.8%的学生认为教师只关心学习和学习成绩甚至什么都不关心,71.9%的学生认为作业负担过重,60.1%的学生认为考试次数太多。

当然,无论如何,我们不可因此否认教师在教育变革中的努力。教师是复杂的"社会人",他们深受各种主客观因素的制约,他们不可能"超凡脱俗",他们是戴着镣铐的舞者。作为躬身于教育教学工作的实践者,教师对现行教育体制中的弊病并非没有意识,教师对新理念、对教育变革、对变革的导向并非一味否认与消极对待,但是教师作为实践者,他们更多地受制于所面临的教育情境,倾向于以实践者的视野去感知理论与现实。

二、变革中教师发展遭遇困境的原因

教育变革是复杂的,它绝非如想象的那样轻而易举。教师发展所遭遇到的困境在变革的进程中日渐显现,并在事实上影响着教师的发展,更削减了教育变革的效能。在当前的教育变革中,教师们为何常常深陷于变革的泥沼,在变革中或迷失方向,或士气低落,或惴惴不安?为何变革不能成为教师转变、发展、提升自身的机遇?细究其底,大致有如下一些原因。

1. 教师在变革中的两难选择

众所周知,自改革开放以来,党和政府一直致力于基础教育的革新。2001年,《关于基础教育改革与发展的决定》的颁布,更是把以新课改为显著标识的基础教育变革推向一个全新的阶段。为彻底摆脱传统的束缚,革除传统基础教育课程"繁、旧、偏、难"和"六个过分"[1],于是,旨在培养学生创新精神和实践能力的新课程体系开始走进校园,走进师生的生活。新课改要求在抓好"双基"的同时,要培养学生良好的思想品质与学习能力,关注学生的个性,促进学生的全面、和谐发展。然而,这种变革理念与我国的教育现实之间却存在着冲突。现代社会,人们还是把教育作为改变自身命运,提升社会地位的重要途径。当前,在我国优质教育资源依然匮乏的背景下,为了能考上好大学,找到好工作,基础教育的升学压力并未随着高等教

---

[1] 岳增学,朱成广. 新基础教育改革的尴尬与反思[J]. 当代教育科学,2004(21).

育的扩招而有所缓解,升学竞争反而有愈演愈烈的趋势。在中小学校,应试教育仍占据很大的生存空间,其原因就在于没有应试教育就难以有学生及其家长所期盼的高升学率,而没有高升学率,教师与学校也就缺乏竞争力,甚至面临被淘汰的危险。

"教师是专家与社会之间的中间人"[①],他们既要领悟先进教育理念的深刻含义,又要满足社会及个人对升学的期望。当教师以理想主义的课程变革理念为追求,来指导教育教学实践时,就难以满足高升学率的要求,势必引发学生及家长的失望与指责。而当教师以满足对应试教育的需求为目标,以追求高升学率为指南,来规划教育教学实践时,又难以贯彻教育变革所推崇的理念,必然招致来自多方面的批评。

2. 教师作为变革主体的地位缺失

面对当前的种种教育变革,我们时常会感叹这些变革收效甚微,抱怨在旧问题尚未得到解决时又产生了新问题,却忽视了这些变革的方式是多么惊人的相似。首先,变革的理念与目标来自于学校之外。通常的做法是,教育理论家以自己的影响力,推动政府或教育主管部门做出决策。其次,为保证改革推行的效力,变革大多通过教育政策、行政指令,以自上而下的方式来贯彻实施。总之,变革的推动力来自于政府和教育研究者,他们是变革决策者,他们设计了种种变革愿景,提出了种种价值要求,再交给教师去实施,他们假定变革实践者——教师也会以同样的方式来分析、解释、执行教育改革的各项决策。然而他们却忽视了教师所面临的形势:教师从变革伊始就以一种被动的方式卷入变革,他们缺乏内在的足够的变革动力。富兰曾说,"规划之所以失败的基本原因之一,是变革的规划者或决策者并不清楚未来的实施者所将面临的形势。他们引入变革,但却没有提供鉴别和应对形势局限的方式,也没有去努力理解那些对于实施任何变革都至关重要的人员的价值、思想和经历"。在这些内容各异、程序相似的变革中,教师很少成为变革的发起者,更没有成为变革的中心,他们在教育变革中始终处于被动和从属的地位。在变革过程中,变革决策者还总是以居高临下的姿态,以自身理想化的教师定位,向教师提出种种规范性要求,一味地视教师为变革中的被改造者,而没有考虑如何去唤起教师的主体意识。

---

① 佐藤学.课程与教师[M].钟启泉译.北京:教育科学出版社,2003:205.

3. 教师难以形成相应的变革文化

"合作是学校成功的必要条件。"教育变革需要合作文化,对于一所学校来说,只有在教师群体内部建立良好的合作文化,才能达成学校变革与发展的共同愿景,才能激发并控制教师个体的变革焦虑,才能使改革成为教师群体每一个人的责任。然而,教师工作的性质却有悖于合作文化的形成。首先,教师工作具有无边界性的特征。教师同时演绎着"人师"与"经师"的双重角色,其实际工作远超过课堂教学的范畴。对于中小学教师来说,更是如此。他们承担着除学科教学之外的班级建设、学生日常管理等诸多事务,几乎没有充裕的时间来满足同事之间进行建设性讨论和合作性互助的要求。其次,教师工作具有相互竞争的特征。学校为调动教师的积极性,热衷于花样繁多的评比活动,如学生成绩评比、优质课评比、科研成果评比等,并通常把评比活动与教师经济利益、个人荣誉挂钩。从现实层面看,鼓励竞争在一定程度上确实对教师有促进作用,但也容易造成教师群体的分裂,在教学集体内部,过分的竞争会加剧教师之间的猜忌与防备心理,使得教师们的专业活动缺乏必要的心理支持和合作机制。正是由于以上原因,教师之间难以形成一种共同的技术文化。他们很少能分享、观察和讨论彼此的工作,也难以在学校的变革和发展问题上产生共同愿景,并达成为之不懈努力的共识。

4. 教师缺乏变革自我的能力和手段

当前的基础教育变革对教师提出了全新的要求,它要求教师在教育观念、学科知识和教育理论知识、教育技能技巧等诸多方面脱胎换骨,重塑自我。然而,对于教师们来说,要实现这种革命性变化,从主观因素而言,至少需要两方面的条件。第一,有变革自身的动机。第二,有变革自我的能力和手段。能否产生变革自我的动机,取决于教师对现实的认识以及对变革理念的认同。但要真正确保教师达成变革自我的结果,更为关键的是具备变革自我的能力和手段,这种能力是自我学习、自我更新的能力。然而,我国中小学教师却普遍存在学习能力不强、自我更新能力不高的问题。究其原因,可能有二:第一,教师的学历层次较低。我们教师资格证书制度对教师学历要求的规定,远低于发达国家的教师资格认证要求。即便是这一要求,在农村地区还存在部分教师学历不达标现象。第二,传统教师教育体制的缺陷。中小学教师大多是应试教育体制下培养出来的,他们自身在过往的学习经历中,普遍缺乏独立思考与解决问题的锻炼机会,由此,自身的学习能力与自我更新能力通常较弱。

教师在变革中所遭遇的"观念进步明显而行为转化困难"的发展困境,有社会外在的因素影响,也有教师内在的缘由。变革理念与教育现实之间的差距,使得教师面临两难选择,对变革的前景充满疑虑;教师在变革中主体地位的缺失,导致教师难以把变革的理念"内化"为自身行为的转变;教师在变革中合作文化的缺乏,造成部分教师在缺乏外部有力支持的背景下,对自我发展方向倍感茫然;教师在变革中自身能力和手段的不足,致使教师个体在面对变革时缺乏彻底革新自我的勇气。

三、构建教师发展的促进机制

虽然教师在变革的过程中身处困境,虽然变革的道路总是充满挫折和险恶,但学校变革与教师发展并不能因此而停滞,学校变革应以教师发展为依托,教师发展应以学校变革为契机,二者结合才能取得显著的效果。从转变教师在学校变革中的发展困境的视角而言,建立对学校变革过程的多维理解是实现教师更充分发展的首要条件。

1. 学校变革过程应成为建立多方互动关系的过程

学校变革是在继承基础之上的革新。学校变革应在文化传统与社会现实、理论逻辑与教育实际之间努力寻求平衡点。一味否认过去、忽视现实不是理性主义者的做法。在当代社会,教育早已不是旧时贵族阶级的奢侈品,教育对社会和个人发展的作用越来越重要,这也意味着教育的变革和发展势必会牵涉社会方方面面的利益。这些利益的相关者出于不同的主观目的,对教育有着不甚相同的理解和追求,而学校变革与发展的方向,通常又表现为这些利益相关者的合力。在学校变革中,没有绝对的主导者和权威者,单纯片面地反映某一利益群体的观点和主张,则可能给其他利益相关者带来负面效应,致使学校变革的力量难以积聚。因此,学校变革过程应是利益相关者平等对话、共同协商、形成合力的过程。而学校作为学校变革的主阵地,理应为教育的利益相关者的互动提供良好的交流平台。学者、学生家长、学校领导及教师之间的对话、交流和协商,可以使这些利益相关者之间形成理念上的共识和行动上的合力。

2. 学校变革过程应成为教师孕育自觉行动的过程

对教师而言,自上而下的学校变革往往是被动的变革,难以形成自觉变革自我的内在动力。在变革中,教师不可避免地存在消极应对的心理,无法对自身进行全方位的重塑。因此,要使教师取得更充分的发展,必须使学校变革过程成为教师孕育自觉行动的过程。从现实看,教师要孕育自觉的变革行动还存在许多障碍。其中最为关键的问题是教师的权力问题。"校长和教师平等地共同分担学校领导这一道德义务,是教师能否产生自觉行动的关键所在。"① 当前,我国中小学校普遍存在的决策集权化、行政化倾向。"一个好校长就是一所好学校"之类的前科学管理认识不仅在理念上根深蒂固,而且在实然层面上主导着学校的办学方向。在学校的各种变革决策过程中,教师常常成为决策制定过程的缺席者,他们被剥夺了决策的参与权,甚至丧失了决策的话语权和知情权。

由此,转变学校的传统管理体制十分重要。学校核心领导者应努力创建学校领导者共同体,以自己的真诚和热情来唤起教师参与学校决策的积极性。

3. 学校变革过程应成为教师构建合作文化的过程

合作是指人们在寻求目标时的相互切磋、相互协调和共同分享。在学校变革过程中,教师群体构建良好的合作文化有着重要意义。首先,合作有利于减缓教师个体的压力。面对教育变革,教师工作所承受的压力普遍增大,合作既能促进团队成员中更积极的人际关系,也可提高成员的心理健康、自我效能感和能力。其次,合作能激发冒险精神,有研究表明,群体做出的决策比个人做出的决策风险要大,同样的一个人在单独做出决策时比其作为群体的一部分做出决策时要谨慎得多。② 因此,合作文化可以让教师感觉到:他们不是孤立的,他们没有与同伴隔离。最后,合作能实现资源共享,不同教师之间在知识结构、指挥水平、思维方式、认知风格等方面存在很大差异,而这种差异可以促使教师与教师之间相互启发,相互补充,取长补短,从而促进教师的专业成长。为此,学校领导者应努力与教师一起营造合作的组织氛围,通过建立知识的生产与分享系统,大力倡导领导与教师之间、教师与教师之间的信息和情感交流,增进教师群体内部的相互理解和支持,从而达到使学校全体教育者共同学习、共同发展、共同受益的目的。

---

① [美]托马斯·J.萨乔万尼.校长学:一种反思性实践观[M].张虹译.上海:上海教育出版社,2004:175.

② [英]尼克·海伊斯.协作制胜:成功的团队管理[M].李靖坤译.大连:东北财经大学出版社,2003:145.

4. 学校变革过程应成为教师不断提高自身能力的过程

当前,教师们普遍感受到学校变革所带来的操作困难,其中一个很重要的原因就在于教师现有能力的不足,而现有的各种教师培训又难以满足提高教师能力的要求。例如,当前的新课程培训就存在此类问题,其缺陷主要表现在两方面:

第一,培训模式单一。现有的新课程改革培训一般采用横向培训模式,即先把一部分骨干教师作为培训者进行培训,再由他们去培训其他教师,从而产生一种增值效果。但是,参加高层次培训的教师十分有限,而培训信息经过多次传递不可避免会产生信息部分失真现象。

第二,培训内容脱离实际。从内容上看,现有的培训大多采用专家讲座外加几节示范课的方式进行,专家讲座多以理论讲授为主,热衷于追本溯源,而具有可操作性的、能促进教师实际教学技能提升的东西却不多见,为此,教师们把这种培训戏称为"考古式培训"。教师需要的是能够提升教师实践性智慧的培训模式,以革除现行教师培训模式的弊端,促进教师实际教育能力的发展。校本培训为我们提供了一个良好的思路,以培训者为引领、以实际教育场景为依托、以教师的自身反思和亲身体验为主要学习方式是校本培训的特点。这种超越枯涩的理论展示、扎根于教师教学实践的新型教师培训机制,为教师的能力发展创设了更为有利的契机。

总之,教师并不是故步自封的群体,面对剧烈变化的社会背景,教师也在发展并渴望得到更进一步的发展。然而,教师发展是个复杂的事件,并不是一蹴而就的。对于教师而言,专业发展既离不开自身的主观努力,又需要外部的保障支持。因此,在学校变革的过程中,领导者不仅要考虑如何采取有效措施,充分调动教师发展自我的积极主动性,更应该着力改革当前的教师在职培训模式,真正建立起面向教师实际需要,能有效促进教师能力发展的新型培训机制,从而实现教师在现有专业发展基础上的进一步发展。

第二节 推动农村教师专业发展的政策分析

农村教育在整个国民教育体系中占据十分重要的地位。教育质量的高低,关键在教师。自 20 世纪 80 年代初以来,我国农村教师政策随着社会政治、经济、文化、教育的发展有了一定变化。回顾与反思我国三十多年农村教师政策的制定及嬗变,可以探寻农村教育事业的发展轨迹,还能够深入揭示我国在建设社会主义新农村、推进教育现代化的进程中,农村教师政策所存在的某些特殊矛盾和问题,以提高政策制定和实施的科学性和有效性。

一、改革开放后到 20 世纪末的农村教师政策走向

美国政策科学家安德森认为,"政策行动的要求产生于政策环境,并从政策环境传到政策系统"①。我国农村教师政策的制定同样受制于政策环境的影响。各种社会政治和经济文化因素的交错影响,决定了从 20 世纪 80 年代初到 90 年代末农村教师政策的走向。这种政策走向大体表现为以下两点:

1. 关注教师生存,建设稳定的农村教师队伍

由于历史原因,我国教师的社会地位一直不高,封建社会时期,就有"九儒十丐"的说法;到现代社会,教师还时常被冠以"教书匠"的戏称。"文化大革命"中,教师职业的社会声望降低,许多教师大大动摇了对教师的职业认同度。对农村教师而言,教师社会地位不高还与其经济收入低微有着直接的关系。改革开放以后,由于制度惯性的原因,农村教师的工资收入及待遇福利一直低于城镇教师,拖欠工资现象屡屡发生。我国农村教师群体中一个为数众多的特殊群体——民办教师,他们把大部分的时间和精力投入教育工作中,收入却很低。由此,关注教师生存,努力提高农村教师的社会地位和工资待遇,建设稳定的农村教师队伍,成为改革开放以来制定农村教师政策的重要出发点。

1983 年 5 月颁布的《中共中央、国务院关于加强和改革农村学校教育若干问题的通知》是一个以农村教育为主题的文件,其中包含诸多旨在稳定农村教师队伍的内容,通知要求,各级党政领导"必须落实知识分子政策,以极大的热情关心教师,提高教师的政治地位、社会地位和工资待遇"。"要鼓励教师到农村,特别是老、少、边、穷地区任教,除荣誉鼓励外,要适当增加生活补贴,还可保留城市户口,定期轮换"。"为解除民办教师的后顾之忧,有条件的地区应建立民办教师的福利基金,并根据国家财力物力情况,从考核合格的民办教师中,转一部分为公办教师"。1985 年 5 月颁发的《中共中央关于教育体制改革的决定》提出,"要采取特定的措施提高中小学教师和幼儿教师的社会地位和生活待遇,鼓励教师终身从事教育事业"。1993 年 2 月颁发的《中国教育改革和发展纲要》也强调提高教师的工资待遇,要求"改革教育系统工资制度……逐步使教师的工资水平与全民所有制企业同类人员大体持平";

---

① 袁振国.教育政策学[M].南京:江苏教育出版社,2001:40.

对于农村地区尚大量存在的民办教师,应"改进民办教师工资管理体制和统筹办法,增加民办教师补助费,改善民办教师待遇,逐步使民办教师与公办教师同工同酬"。

2. 关注学历补偿,建设合格的农村教师队伍

教师学历达标,表明他受到过必要的教育培养,这是保证教育质量的重要条件。然而,在 20 世纪八九十年代,农村地区大批教师学历欠缺,尤其是老、少、边、穷地区,小学毕业教小学,中学毕业教中学不是个别现象。据原国家教委估计,"在所有在职中小学教师中,不具备国家规定学历的约占半数,不能胜任教育、教学工作的教师所占比例较大"①。为此,1985 年的《中共中央关于教育体制改革的决定》规定,"必须对现有的教师进行认真的培训和考核,要争取在五年或者更长一点的时间内使绝大多数教师能够胜任教学工作"。1993 年颁布的《中国教育改革和发展纲要》提出,"到本世纪末(20 世纪,笔者注),要通过师资补充和在职培训,使绝大多数中小学教师达到国家规定的合格学历标准"。

大量民办教师的存在是建设合格的农村教师队伍的难题。而民办教师彻底退出教育舞台需要一定的条件。首先需要加大力度培养新教师,建立足够数量的教师后备队伍;其次,要解决农村教师资源配置、待遇等一系列问题,这样才可能使合格教师"进得去、留得住"。因此,如何对已在岗、基本素质较好的民办教师和"拔高使用"的公办教师实施学历补偿教育,以使他们达到"合格"的标准,一度成为农村教师政策制定中的急迫问题。从 1986 年起到 20 世纪 90 年代初,原国家教委先后出台了有关继续教育的政策文件,如,1986 年的《国家教育委员会发布中小学教师考核合格证书发布试行办法》和《国家教委关于加强在职中、小学教师培训工作的意见》、1989 年的《国家教委关于继续做好中小学教师考核合格证书试行工作的意见》、1991 年的《国家教委关于开展小学教师继续教育的意见》等,以此对农村教师开展学历补偿教育的内容、方式、考核办法、证书颁发等做出政策性规定,从而确保把培养合格农村教师队伍的目标落到实处。

参照国外的经验,"合格"应有专业的认定标准,需建立起较完善的教师

---

① 国家教育委员会政策法规司.中华人民共和国基础教育现行法规汇编[M].北京:北京师范大学出版社,1993:849.

资格认可制度。1993年10月,我国颁布《中华人民共和国教师法》,首次以国家法律形式确定了以教师资格制度作为我国的教师职业许可制度。1995年12月,国务院依据《教师法》颁布了《教师资格条例》,对包括农村教师在内的教师的学历要求、资格考试和教师试用制度做出规定。

二、新世纪农村教师政策变革的原因

世纪之交,经过近二十年的稳步发展,影响我国农村教师政策制定的政策环境发生了很大变化,党和政府继而对农村教师政策做出适切性的调整。具体而言,导致我国农村教师政策发生相应变化的原因主要有五个方面:

1. 农村教育成为教育工作的重中之重

改革开放以来,我国所取得的发展成就举世瞩目,但也暴露了一些发展过程中难以克服的问题。其中,最为突出的问题之一是"三农"问题,农村地区的发展速度大大滞后。在我国已总体实现小康社会目标的背景下,"我国达到的小康水平低,不全面,不平衡,差距主要在农村"①。这种城乡之间的差距,不仅表现为居民收入水平的差距,还表现为教育条件的差距。而且教育条件的差距往往带来教育发展水平的差距,又必然会导致农村地区后续发展的不足。由此,在"党的十六大报告"中提出全面建设小康社会的战略目标时,强调要努力缩小地区、城乡、各阶层的差距,加快中西部地区、农村地区的发展,以体现社会主义共同富裕。加快农村发展,需要振兴农村教育,进入新世纪以后,农村教育成为国家整个教育工作的重中之重,与全面建设小康社会的战略构想紧紧联系在一起。

2. 优质教育成为农村人民群众的期盼

近二十年来,我国的教育事业得到快速发展。到20世纪末,大多数地区的教育条件已经基本上能满足适龄儿童接受九年义务教育的需求。据有关部门统计,到1999年,全国小学学龄儿童的入学率已达到99.1%,初中阶段的毛入学率也达到了88.5%。② 在许多农村地区,随着经济收入的不断提高和独生子女家庭结构的形成,人民群众对基础教育的需求逐渐发生变化,即由先前"有学上"的基本需求,逐渐演变成接受优质基础教育的需求。在校舍设备等硬件有了改善以后,农民对于农村学校教师素质方面的要求提高,对

---

① 温家宝.为推进农村小康建设而奋斗[N].人民日报,2003-2-8.
② 国家教育发展研究中心.中国教育绿皮书(2000年卷)[M].北京:教育科学出版社,2000:7.

缩小城乡教育差异有着强烈期盼。优质的基础教育离不开优质的教师,大力提高教师素质水平,成为办农村人民群众满意的教育不容回避的现实问题。

3. 教师专业化成为国际教师教育发展的共同趋势

在 20 世纪 60 年代,国际教育界开始出现"教师专业化"思潮。最初的教师专业化关注重心是教师职业的专业化,它要求各国政府努力提高教师的社会地位和职业待遇,把教师视作医生、律师那样的专业人员。20 世纪 80 年代初以来,随着国际教育改革浪潮的涌起,教师专业化的另一层面——教师个体的专业发展愈来愈受到重视,教师专业化逐渐以教师专业知识增长、教师教育技能和教学水平提高等为目标。

在我国,20 世纪 90 年代末,教师专业化开始成为我国教师教育和教师队伍建设的实践追求。全国中小学教师队伍建设形成了专业化、高素质导向。这对中小学教师培养培训提出了更高要求:首先,从专业素质要求上看,要具备学科专业知识和人文学科知识为内涵的文化修养,具备以开拓创新、科研为核心的能力结构,具备以信念理想为主体的专业情意;其次,从伦理道德规范要求上看,应具备以时代精神为主体的道德素养;最后,从人格上分析,要拥有可称为"人师"的现代教师人格。

相关统计数字显示:小学教师大多在农村,初中教师有半数在农村,农村小学和初中的教师数量合计为 510.23 万人,占到了全国小学和初中专任教师的 56.29%,[①]显然,教师专业化的要求为农村中小学教师队伍的建设孕育了新的动力和目标。

4. 基础教育改革进入新的发展阶段

20 世纪 80 年代,我国基本确立了科教兴国的发展战略,到 20 世纪 90 年代末,基础教育进入了一个新的发展阶段。1999 年 6 月,以全面推进素质教育为主题的全国教育工作会议,提出要进一步深化教育改革,不断提高劳动者素质。经过几年的酝酿、筹划和前期实验,2001 年 6 月,教育部颁发《基础教育课程改革纲要(试行)》,拉开了新中国成立以来最大规模的基础教育课程改革序幕,城乡中小学校陆续进入"新课改"阶段。"新课改"不是简单地换换教材,变动几门课程而已,而是一次全面深入、涉及面很广的综合性改革。在"新课改"中,教育观念的更新、教育内容的完善以及教学方法的优化,最终

---

① 程墨. 教师缺编:农村教育的一道坎儿[N]. 中国教育报,2006-3-8.

都要靠教师去落实。建设高质量的教师队伍,是全面推进"新课改"的基本保证,这同样对农村教师提出了新的素质要求。

5. 农村教师自身发展状况得到改观

到 20 世纪 90 年代末,我国大部分地区农村教师的自身状况也得到改观。这主要体现在两方面:第一,农村教师的生存质量有了一定提高。至 1998 年,我国教师的年人均待遇达到 7000 元,基本处于国民经济各行业收入的中等以上水平。收入的不断增长,消除了农村教师队伍的一些不稳定因素。第二,我国农村教师队伍的素质也有了一定提升,据 1998 年调查统计,包括农村教师在内的所有小学、初中、高中教师的学历合格率已分别达到 94.6%、83.4%、63.5%。①

三、新世纪我国农村教师政策的基本特征

随着各种外部因素发展变化以及教师队伍自身旧有问题的解决,对我国的农村教师政策做出适切性调整也就成为必然。大约从 1999 年以后,我国新颁发的一些教育文件,体现了我国农村教师政策发展取向的转型,即由先前"稳定、合格"取向向"专业发展、高素质"取向发展。具体说来,这一新的发展取向主要表现出以下特征。

1. 提高素质与保障待遇相结合

1999 年颁布的《中共中央国务院关于深化教育改革全面推进素质教育的决定》提出了新世纪教师队伍的建设目标,即"建立高质量的教师队伍……小学、初中教师队伍建设,主要任务是提高素质,优化结构,缩小城乡质量差距"。在 1999 年制订的《面向 21 世纪教育振兴行动计划》中,教育部确立了"实施'跨世纪园丁工程',大力提高教师队伍素质"的发展目标。

在对教师队伍提出更高规格要求的同时,继续重视保障农村教师的工资待遇。为根治一些贫困地区因地方财政困难而发生的拖欠教师工资的现象,2001 年 5 月颁布的《国务院关于基础教育改革与发展的决定》中,明确指出,要"加强县级政府对教育的统筹权限,统一发放教职工工资。确保农村中小学工资按时足额发放,欠发教师工资严重的省,应调整财政体制,或者加大转移支付力度"。一些地区的教育部门通过和财政部门合作,除了保证工资之外,还解决了农村教师的人寿、伤残、住房公积金和养老保险等"四金"问题。

---

① 国家教育发展研究中心. 中国 2000 年绿皮书[M]. 北京:教育科学出版社,2000:11-12.

2. 学历提升与非学历教育培训相结合

在我国教师资格证制度中,小学教师的学历要求是中师,初中教师的学历要求为大专,明显低于发达国家的标准。做出这样的规定,主要是基于我国不同地区之间的条件差异太大。为整体提高教师实施素质教育的能力和水平,20世纪末,党和政府提出,"到2010年前后,具备条件的地区小学和初中阶段教育的专任教师的学历要分别提升到专科和本科层次"。为此,东部及中部各省、市、自治区大多切合本地区实际制订了相应的学历提升教育计划。例如,中部的山西省启动了"农村教师素质提高工程",其目标是,"到2007年,农村小学师资学历全部达标的基础上,50%以上达到大专学历,初中教师95%以上达到大专学历,其中30%以上达到本科学历"。

以在职教师为对象的非学历教育培训得到前所未有的重视。1999年,国家启动跨世纪园丁工程,在全国选拔培训10万名中小学骨干教师(其中包括农村教师),通过开展校本教学改革试验、巡回讲学、研讨培训和接受外校教师观摩进修等活动,发挥骨干教师在当地教学改革中的带动和辐射作用。同年,教育部决定,在2003年前,要对全国现有的1039万名中小学教师进行全员培训,并制订了相应的培训计划,要求大多数地区的中小学教师普遍完成不低于240学时的培训。教育技术能力是新一轮教师培训的重要内容,教育部2005年颁布《中小学教师教育技术能力标准(试行)》,是我国颁布的第一个中小学教师专业能力标准,按照计划,到2007年年底,全国教师要完成教育技术应用能力培训,并参加国家统一组织的教育技术能力水平考试认证。

3. 严格准入与优化结构相结合

建立严格的教师准入制度有利于从源头上把握好教师的素质关。2001年4月,国家首次开展全面实施教师资格认定工作。一些发达地区在面对教师岗位求大于供的情况下,还通过组织新教师考试的方式,秉着择优录取、公开招聘的原则,选择优秀毕业生加入农村教师队伍。

为有效配置教学资源,控制学校编制,克服人浮于事的现象,20世纪90年代末以后,农村中、小学校开始全面推行教师聘任制,并提出完善中小学教师聘任机制、健全聘任组织、规范聘任程序、严格掌握聘任条件的要求并组织落实。

4. 外部支援和内部培养相结合

为促进基础教育的均衡发展,2000年4月,教育部启动"东部地区学校对口支援西部贫困地区学校工程"和"西部大中城市学校对口支援本省(自治区、直辖市)贫困地区学校工程"。各地大中城市在教育行政部门统筹协调下,纷纷向当地农村贫困地区学校选派支教教师,并接受受培教师。"大学毕业生支援农村教育志愿者计划"是优化贫困农村地区教师结构的重要举措。来自湖北等地"农村教师资助行动计划"的报告反映,"资教"搅活农村"一池春水"。

2004年起,教育部还决定在全国部分师大招收农村教育硕士,为农村定向培养高素质的高中教师。2006年2月教育部下发《关于大力推进城镇教师支援农村教育工作的意见》,指出,"城镇教师支援农村教育工作是当前的一项紧迫任务,也是一项长期的重要工作"。

在动员各种社会力量外部支援农村教师队伍建设的同时,我国开始重视依靠农村中、小学校的内部力量来提高教师整体水平,支持和鼓励以学校为基点进行校本培训、校本研修。2003年9月印发的《国务院关于加强农村教育工作的决定》,要求积极推进农村学校信息化建设,实施农村中小学现代远程教育工程,把师资队伍建设建立在现代远程教育工程的平台之上。同年,教育部启动全国教师教育网络联盟计划,旨在以现代远程教育为突破口,以高水平大学为核心,以区域教师学习与资源中心为服务支撑,通过教师教育系统、卫星电视网与计算机互联网相融通,共建共享优质教育资源,以建立覆盖全国城乡的教师教育网络体系。这些政策的共同目标是,整合各种内外资源,使农村教师提高专业发展水平。

5. 规约性政策与鼓励性政策相结合

教育政策是党和政府为实现对教育事业的领导,进行有效管理,达到预定目标而制定的行动准则,体现国家强制力和约束力,是教育政策的重要特征。在我国现行政治和教育行政体系下,规约性政策无疑是教师政策的主体性部分,这些政策对农村教师的入职条件、教育教学工作、在职进修等诸多方面提出规范要求。20世纪90年代末以来,为了调动农村教师自身的积极性,为了动员更多有志青年和各种人才服务于农村教育,破解农村教育和农村学校发展难题,党和政府十分重视鼓励性政策的制定。例如,鼓励城镇教师农村支教,鼓励农村教师尤其是贫困地区教师长期坚守岗位,在津贴、职称晋升、荣誉评定、在职进修等方面给予优先考虑。种种鼓励性的政策对于解决义务教育阶段农村学校师资力量薄弱的问题,起到了一定的调节和补充作用。

四、新世纪农村教师政策的若干问题

通过对三十余年来农村教师政策的回顾,我们发现,政策的调整和转变势在必行,整体上比较适时、适切。我国农村教师政策的制定和调整,既注意与国内政治、经济、文化和教育的现实需要紧密结合,同时也遵循了农村教师队伍自身发展的规律。当然,现实中各种非理性的、多种利益冲突导致的人为因素常常影响政策的效力。与此同时,我国教师政策制定本身也存在一定缺陷。纵观我国农村教师政策的制定与执行,有若干问题值得我们进一步思考。

1. 教师政策的统一性与农村教师政策倾斜及适度弹性问题

从社会公平的视角而言,政策在作用于其对象时,应遵循政策统一性的原则,以确保对象内部在利益上的大致均等,甚至为保证对象内部弱势群体的发展,而对优势群体采取一定程度的"反向歧视"措施。然而,反观我国教师政策发展的历史,在很长的一段时间里,却有着难以割舍的城市情结。农村教师有时成为教师政策的受歧视者和被遗忘者。近年来,随着党和政府对农村教育的高度重视,教师政策开始呈现向农村教师适度倾斜的端倪,但从目前的情况来看,这种倾斜的力度似乎还不够,有些政策尚未能对农村教师的专业发展和素质提高产生显著效应。

我国存在较严重的城乡差异和发展不平衡现象,建设专业化、高素质教师队伍是我国新时期农村教师政策的总体取向,但对西部地区和其他落后地区而言,在今后一段时间内,"稳定、合格"仍是需要政策保证的重中之重。保持农村教师政策的适度弹性,可能更有利于地方教育行政部门因地制宜、因事制宜地去合理规划本地区的农村教师发展。从现实的状况看,一些农村教师政策则过分强调了统一性,这样,一些新政策反而可能成为农村教师专业化的羁绊。例如,在一些农村地区小学,教师年龄结构老化和专业配置不合理问题较为严重,但地方教育行政部门却始终无法解决,其原因就在于按照以学校师生比核定教师编制的政策,在当地农村教师总体超编的前提下,引进新教师相当困难。

2. 政策的方向性与细节性扭曲失真问题

党和国家在制定全国性的、宏观性的农村教师政策时,有时把重点放在政策方向性的把握上,而把操作细节的问题交由教育行政部门或地方政府来具体规定。从实际情况来看,一些教育行政部门和地方政府在制定政策

实施细节时,往往对政策执行环境中的不利因素考虑不全,未充分预测到政策在实施过程中可能遭遇的各种人为阻力,所导致的直接后果是教育政策失真,即"在实际执行过程中,出现执行活动及结果偏离政策目标的不良现象"。城乡教师交流政策就存在这一问题。在实际操作过程中,某些地区出现了一些形式主义的做法,不仅选派教师的数量极其有限,难以在农村地区学校发生辐射作用,而且一些选派教师尤其是城市选派到农村学校的教师难以符合优秀的标准,甚至有个别学校把选派作为贬抑教师的一种手段,加之宣传力度的缺乏,致使被选派教师在新环境中缺失工作动力,得过且过。

3. 政策的连贯性与及时调整问题

从稳定队伍、促进发展的角度而言,保持农村教师政策的连贯性是必需的。当前,社会发展变化尤为迅速,如不注重根据形势变化对有关政策做出调整,必将导致政策僵化,从而阻碍农村教师队伍建设的推进。在计划经济时代,城乡公办教师的收入差距很小,改革开放以后,城市教师工资大幅度提高,而农村教师的收入增长缓慢,城乡差距日益凸显。造成这种差距的主要原因有三:第一,城市学校有经济来源解决本校教师的福利待遇;第二,国家出台的教师工资政策,地方因财政困难没能落实;第三,编制计算不合理,农村学校确定编制的师生比要高于城市学校确定编制的师生比。

解决城乡教师薪酬的差距、农村教师编制核定、控制农村现有教师外流等问题,国家政策的制定必须适应形势的变化,需要从城乡教师实际收入差距有所扩大这一事实出发,中央政府和地方政府责任分担,妥善解决问题。简而言之,快速、健康地推动农村教师队伍的专业化建设,适时、适度根据外部政策环境的变化以及师资队伍自身的发展状况对具体政策进行调整,有关部门还有比较多的事情可做、应做。

第三节 推动农村教师专业发展的策略指向

综观当前农村中小学教师专业化的现状,我们认为,农村教师专业化问题首先是个综合性的社会问题,教师的专业发展需要社会、政府、教育行政、学校等各个层面为之营造适宜的发展环境,从而把种种外因转化为发展内驱力;其次,农村教师专业化问题还是个体发展的问题,它需要广大农村中小学教师自觉树立专业发展意识,并为之努力实践,以不断推进农村教师专业化目标的实现。由此,本节着力阐释推动农村教师专业发展外部环境的优化问题。

一、统筹城乡教育发展——政策视角

现时,相对于城市教师而言,农村教师的专业化进程相对滞后,其首要问题在于教育政策。众所周知,当前,我国义务教育采用的是地方负责、分级管理的教育管理体制,地方政府,尤其是县、市级政府,在义务教育管理中居于主导地位。这种管理体制的优势是显而易见的,它降低了管理重心,有利于发挥地方的办学积极性,但也存在若干缺陷,其中,最大的问题就是引发了义务教育投入的区域性差异。在以县级统筹为主体的义务教育投入体制下,城乡所获义务教育资源的差距依旧较大。

农村义务教育投入的不足必然对农村教师的专业发展产生负面影响。由于教育经费有限,许多农村中小学校处于勉强维持的运行状态,教师的校本培训和继续教育经费难以落实;由于教育条件和工作条件较差,许多农村中小学校存在教师流失现象,一些优秀教师转岗跳槽,教师结构性缺编严重。

为此,从政策的视角而言,要推进农村教师的专业化进程,统筹城乡教育发展是其必要举措。全国教育工作会议曾指出,要统筹城乡教育发展,必须要做好两方面的工作:第一,各级政府要坚持农村教育的重中之重地位,努力解决农村教育中长期积累的问题和矛盾;第二,要促进城乡教育发展和城镇化进程相协调,把城市和农村教育的发展规划、学校建设、教师配置协调起来。

由此可见,统筹城乡教育发展意味着农村教育在今后的教育发展战略中,应处于优先关注地位,以不断缩小当前存在的城乡教育差距,并最终实现城乡教育的和谐发展。对于教师专业化而言,统筹城乡教育,可能改善当前农村教师收入低、任务重的困境;可能吸引更多优秀的教师到农村任教,以解决目前农村教师结构性缺编问题;可能为农村教师提供更好的发展条件,使教师校本培训和继续教育经费得到有效保障。

二、完善与落实教育法规——法律视角

与西方国家相比,我国的教师教育法规建设起步较晚,现有的教师教育法规尚未达到体系化的要求。为此,从教师专业化的要求出发,我们一方面应重视对教师资格证书制度的修正,把以学历标准作为教师任职条件的规定转变为对教师专业课程学习、教育实践要求等方面的具体规定,以不断提高教师的入职标准。另一方面,应重视相关配套的教师教育法规建设,诸如,确

立教师教育培养与培训机构的认可制度、教师教育课程的评价制度、教师教育水平等级的评估制度、教师继续教育制度等。

此外，农村教师专业化，更为重要的是相关教育法律法规的落实问题，即在教育实践工作中如何要做到"有法必依"、"执法必严"的问题。当前，部分地方政府在教育法规的执行过程中存在较严重的诚信问题，农村教师更是其中的受害者。诸如，《中华人民共和国教师法》第 19 条规定，"各级人民政府教育行政部门、学校主管部门和学校应当制定教师培训规划，对教师进行多种形式的思想政治、业务培训"，然而从现实而言，部分地方人民政府的教育行政部门对农村中小学教师职后培训的规划、参与力度尚需提高。一些地方政府既没有制订出合理的统筹规划方案，又未能给予充分的人力、物力、财力的配套支持。因此，有关立法部门在做好法律法规的制定工作的同时，还应努力与相关监督部门协调配合，做好相关教育法规的落实工作。

三、推进城乡学校合作——教育行政视角

教育理念陈旧、教育技能落后是当前制约农村中小学教师专业发展的普遍性问题，许多教师从主观上有强烈的提高自身专业水平的愿望，却苦于农村环境闭塞、信息交流匮乏、教学任务繁重，而难以及时、准确获取各种先进教育教学信息以推动自身发展。城乡学校合作的设想为我们解决这一问题提供了良好的思路。所谓城乡学校合作，主要指一所城市学校可以和一所或数所农村学校建立合作关系，考虑到城市学校的数量及合作的便捷性等问题，也可鼓励一些教学质量较高的乡镇中心学校与边远农村学校建立合作关系。从内容上看，城乡学校合作意在使结对学校之间建立教研网络，通过定期开展教研活动，互动教研，从而为农村教师吸取先进教育理念、提升教育教学技能提供一个良好交流平台。城乡学校合作的形式是多样化、多层次的，可以是学校与学校之间的合作，如校本培训；也可以是校内教研组与教研组之间的合作，如学科教学研讨；也可以是教师与教师之间的合作，如个人教学经验交流。

从总体上而言，要使城乡学校合作取得预期成效，必须要求合作学校均有明确的目的、严格的计划、周密的安排和规范化的管理。以往，在一些地区也存在以自愿为基础的个别城乡学校合作现象，但最终都流于形式主义的做法而收效甚微，其关键问题在于缺乏教育行政部门的领导和组织。为推进农村教师的专业发展，教育行政部门首先需要为城乡学校合作"穿针引线"，通

过举办"城乡学校合作宣传会"、"城乡校长见面会"等方式,使城乡学校增进对合作意义、内容、方式等问题的理解,并形成合作意向。其次,教育行政部门应加强对城乡学校合作的督查,为避免某些学校表面化、走过场等不良做法,教育行政部门可考虑把城乡学校合作纳入学校评估、校长政绩考察的范畴,以推动城乡学校合作的扎实开展。

四、弘扬尊师重教传统——社会环境视角

从社会的视角而言,教师是依存于社会环境的普通成员。农村教师的专业发展会在不同程度上受到社会观念、社会舆论、社会媒介等农村社会环境因素的影响。当前,由于某些历史原因,农村教师的社会地位还不高,一些关于教师职业的片面认识始终存在。这在一定程度上损害了农村教师提升自己专业水平的内在动力,给他们的专业发展带来了负面影响。

为此,在教育与知识的作用力日益强化的今天,我们仍要在农村地区,尤其是老少边穷农村地区大力弘扬尊师重教传统,为农村教师的专业发展创设适宜的社会环境。现时,尊师重教首先意味着要尊重教师职业的特殊性,作为一种专门职业,教师职业具有不可替代性,它需要特殊的技能技巧,教师职业的特殊性决定了教师作为专业人员,理应享有较高的社会地位。其次,尊师重教意味着要理解教师,当前,一些农村地区家长对教师有"成也萧何,败也萧何"的心理,子女考上好学校是教师的功劳,子女没考上好学校就是教师的过失,而缺乏对教师劳动成效的有限性和教师劳动过程的艰巨性的正确认识。为此,各级政府、新闻媒体,乃至学校自身都应加强对尊师重教传统的宣传,从而为农村教师的专业发展营造良好的社会环境。

五、创建学习型组织——学校管理视角

学校是教师工作、生活的场所,教师的专业发展离不开学校环境因素的支持。如何为教师的专业发展创造良好的学校环境,是学校管理者无法回避的问题。当前,一些学者所提出的学习型组织的构想,从学校管理视角给农村教师专业化带来了新的启示。

学习型组织应有一位学习型的校长。面对当前的教育改革与实践,一位学习型的农村中小学校长应能克服畏难情绪,树立改革意识,具有高瞻远瞩的眼界和强烈的事业心、责任感。作为学习型组织的领导核心,他应能和教师平等地共同分担学校领导这一道德义务,以激发所有教师为实现学校发展的美好愿景而不懈努力。

学习型组织应有合作的组织氛围。校本学习是学习型组织成员最好的发展方式。在农村中小学校,校本学习的知识来源同样很广,它产生于学校的每一位成员,一本好书、一篇好的读书笔记、一个好教案,都可以成为校本学习的一部分。而要使校本学习能最终转化为教师的专业发展,必须强调学习过程中的合作与分享。为此,学校领导者应努力与教师一起营造合作的组织氛围,大力倡导领导与教师之间、教师与教师之间的信息和情感交流,增进教师群体内部的相互理解和支持,达到全体教育者共同学习、共同发展、共同受益的目的。

第四节 农村教师的自我专业发展

农村学校变革的成败,关键在教师。教师专业素质的好坏将直接影响到学校变革能否顺利进行,能否落到实处,能否真正促进素质教育的发展。农村教师专业素质的提升,有赖于为农村教师创设一个适宜的专业发展环境。作为变革的主体,农村教师的自我专业发展同样十分重要。农村教师唯有通过教学实践,积极参与校本研究以及教学反思等活动,才能不断提升自己的专业素养。

一、基于教学实践的教师专业发展

就教师的知识结构而言,除了学科专业知识、教育学和心理学知识外,更为重要的是实践性知识。这种知识就是教师在实际的教学活动中通过不断地对自己的教学进行反思并结合相关教育理论而逐步形成的一类知识,包括情境知识、学习者的知识、自我的知识、案例知识、策略知识等。

实践性知识能够对教师的日常教学行为起到实际的指导作用,在教师的成长过程中具有重要意义。这种知识是教师通过长期的教学实践逐步形成和掌握的。农村教师可通过以下策略促进自身实践性知识的发展。

1. 加强多方面的交流和传承

不同经历和背景的教师,在实践工作中,会形成对不同问题的个人看法。这些经验、智慧以及教训,不仅为教师个人所独享,也可以和其他教师分享,促使其他教师从中吸纳对自己有益的方面,也可以在对比中不断修改、补充、完善和发展自己的教育实践性知识。教师还可以通过分享教师成长札记、定期的沙龙和讲座、观摩教学等形式加强教师之间的多方面的交流和探讨。

2. 加强多方位的思考和感悟

教师教育实践性知识的养成和习得,必须以自身的教学体验和教育实践为前提。在此基础上,教师个体应对其实践过程进行全方位的思考,并审视教学经验的有效性,探寻教育教学行为或经验中所蕴含的丰富意义,检视或发现实践性知识与理论之间的差异,剖析其原因所在,并在实践中加以检验。这样,教师不但可以积累丰富的教学经验,而且可以养成善于思考和反思的习惯。

3. 开展多层次的合作研究

在研究教育问题的过程中,教师必须树立多层次、全方位的合作研究意识,才能不断地习得并发展自己的教育实践性知识。因此,学校应出台相应的规章制度,鼓励农村教师在合作中开展教育研究,在合作中获得专业成长。需要指出的是,教师不但可以与同事合作研究,而且还可以通过各种途径寻求与校外相关组织机构、同行专家合作,如与教育专家的合作,与校外教育机构的合作,等等。

4. 进行多角度的教育叙事

实践性知识是积累和反思的结果,教师要有经常反思自身教育生活与实践的专业精神,进行经验的重组和理解。教师可以在其自身的教育叙事中,寻找那些有意义的细节,然后进行反思与分析,可以从一个新的角度来认识教育实践,还可以形成实用的个体的教育实践性知识。

5. 参与多领域的社会实践

基础教育课程改革要求课程内容和教学要贴近学生,贴近社会,所以,教师要有目的、有计划、有组织地参与社会实践活动,通过参与社会实践活动,教师可以拓宽自己的视野,提高自身的实践能力。为此,教师应该积极参与各种形式的教育考察、社会调查、社会公益活动等,这样不但可以促使农村教师走出封闭状态,还有利于农村教师进行自我调整,更新自己的教育实践性知识。

二、基于校本研究的教师专业发展

校本研究是指以学校所存在的突出问题和学校发展的实际需要为选题范围,针对学校中教育教学管理等方面所发生的问题,将学校实践活动与教育研究密切地结合在一起,大力倡导教学第一线的教育实践者积极参与,通过一定的研究争取取得研究成果,并且将研究成果直接应用于学校教育教学的研究活动。①

校本研究与教师专业发展二者之间存在着一种既互为前提又互为结果的互动关系。一方面,校本研究影响着教师专业发展模式的选择和专业自主发展意识的梳理,借助校本研究,可以对教师专业发展的核心——教师素质起着极大的促进作用;另一方面,校本研究又要受到教师专业发展水平的制约,校本研究的主体是学校教师,教师的专业素质和专业自主意识是保证校本研究正常有效进行的必要条件。同时,二者的关系还具有动态生成的性质。校本研究是一个过程,教师的专业发展也是一个教师各方面素质发展的过程。在进行研究时,教师各方面的素质也相应地会产生变化。教师素质的变革是一个过程,而不是一个突然的即时的结果,在教师素质变化的同时,也会及时地对所从事的研究产生反馈,形成一条回路。反过来,教师研究水平的提高,又会在更高的层次上促进教师的专业发展。校本研究与教师专业发展就是在这种不断地促进与反馈的动态过程中提升的。

基于对校本研究和教师专业发展之间内在逻辑的认识,我们认为,要促进农村教师的自我专业发展,在实施校本研究时应采取以下一些策略。

1. 要促使教师认识到自己不仅仅是教书匠

在校本研究中,学校要想方设法使教师正视校本研究对提高自身素质的意义。教师要在校本研究学习中,不断提升自我、完善自我,增长专业本领。教师除了要提高自身的终身学习能力、教学能力以及与时俱进的能力外,还应该加强自身的科研能力,尽快实现从教书匠向教育家的转变。其次,教师要懂得一些校本研究的形式和方法,用科学的态度和方法,如反思、集体研究等来进行校本研究,只有这样,校本研究才能有效发展。再次,教师要通过校本研究来提升自身的工作品味和职业形象。校本研究针对的是本校的问题,其效果具有很强的实用性。因此,教师完全可以通过校本研究来重塑自己的形象,可以通过校本研究形成一种新的工作和生活的方式,不断完善自我,成就事业。

2. 要重建师生关系、校长与教师关系

教师与学生的关系,不应该局限在教与学的关系。他们之间还应该是一种平等的关系。在这种平等关系的基础上,教师与学生应该建立起一种互相

---

① 郑金洲.走向校本[J].教育理论与实践,2001(6):6-9.

关爱、互相理解、互相尊重的关系。学生尊重教师,教师也应该尊重学生,要尊重学生的意愿,尊重学生的认知规律,尊重学生偶尔的错误,并在尊重的基础上自然而然地引导学生形成正确的观念,之后促使学生能内化成自己自觉的行为习惯。

在校本研究中,应倡导校长以其独特的人格魅力来感染教师,从而促使教师能自觉、主动地自我发展。由此,校长与教师应互相鼓励、互相欣赏,而不是互相埋怨。校长可以通过阅读教师的教学日志等更多地了解教师,也可以通过谈心等形式来了解教师在其成长中的感受和遇到的困难。与此同时,教师也要理解校长的难处,主动找校长汇报工作情况,主动反思自身的教学行为。

3. 为教师自我发展提供良好的空间

农村学校首先要让教师认识到,只有不断地学习才能适应社会变革,才能求得自身生存发展。学校可通过帮助教师确定一定的学习原则等方式,为教师的成长打造一个浓厚的学习和研究的舆论氛围,提升学校的教育教学能力和解决实际问题的能力。

农村学校要为教师提供多种机会。学校除了要为教师提供必需的硬件设施外,还要赋予他们进行自主科学研究的权利。学校特性决定了教师们面对的问题有很大的差异性,这就必然要求教师根据自己的教育教学情况及时地发现问题、研究问题和探索问题,必须自己成为研究的主体,促进教学质量的提升。另外,农村学校还要为教师创造各种接受再教育的条件,让教师能更多地参与各种培训,多到学校外面与其他教师和专家交流、学习。

三、基于教学反思的教师专业发展

教学反思就是教师对自己以往的教学实践进行回顾、审视、评价、探究、决策和升华,从而获得对教学有指导价值的结论和意见。[①] 教学反思是教师自觉地把自己的课堂教学实践作为认识对象,进行全面而深入的冷静思考和总结,从而进入更优化的教学状态。教学反思具有实践性、个体性、主动性和过程性等特点。

从实践层面来看,任何一名优秀教师的成长过程,都离不开教学反思这一重要环节。教学反思可以进一步激发教师终身学习的自觉冲动,不断反思会使教师不断地发现困惑,教学反思的过程也是教师人生不断辉煌的过程。

---

① 连榕. 教师专业发展[M]. 北京:高等教育出版社,2004:212.

教学反思可以激活教师的教学智慧，探讨教材外的崭新的表达方式，构建师生互动机制及学生学习新方式。以教学反思切实促进农村教师的自我成长，应该合理把握教学反思的内涵和操作方法。

1. 思想和认识上要做好准备

教师要认识到，由于经验和能力的限制，在教学中遭遇困难是不可避免的，而且这些问题往往需要别人的帮助才能解决。因此，遇到问题不可怕，最重要的是要懂得想办法来克服或者解决。由此，我们在实践中要克服为反思而反思的现象，反思不是最终目的，反思是为了解决教学中存在的一些问题，是为了提高教师的自身素质而对具体情境中的问题进行分析和探讨。

2. 要不断积累具体经验

在教学反思中，教师要不断积累经验。写反思日记是有效的方法之一。其目的是把教学活动记录下来，总结自己的经验以供日后分析、概括和验证。经验是不断积累的，为获得更多的经验，教师还可以多听课，尤其是青年教师往往经验不足，这一点显得尤为重要。教师不但要听专家型教师的课程，也可以听一些非专家型教师的课程，这样除了能学习他人积极的地方外，也可以看到他人不足的地方，从而促使自己在教学中学习好的方面，避免不好的方面。

3. 认真分析和讨论问题所在

教师积累了具体经验，还应该在同事的帮助下认真分析、讨论问题所在，积极寻求解决方法。这种分析讨论可以以教研会议、教研活动等方式进行。教师应把自己在记反思日记、听课等过程中发现的问题大胆提交集体讨论，通过讨论寻求解决问题的方法。除了同事之间的讨论外，教师还可以自己查阅相关的教育理论书籍，在理论中检讨自己的教学行为，做到理论联系实际，同时也可以让自己的理论知识得到提高。

4. 积极的验证

要知道讨论结果的有效性，就需要进行积极的验证。教师在验证过程中，可以采用对照试验的方法，也就是把讨论、分析的结果在教育教学活动中进行实际尝试，或者把讨论、分析的结果分成不同的部分去实践尝试，然后进行对照。这种对照可以是纵向的，也可以是横向的。纵向的是和自己以前的教学效果相比较，横向的是与其他同事或者专家的教学效果相比较。在这个过程中，教师有可能获得新的经验，发现新的问题，然后再进行讨论、分析、验证，这样能使教学反思活动更加顺畅地延续和循环。

第五节 以培训促进教师专业发展：洪泽县的经验[①]

众所周知，教师培训是促进教师专业发展的重要途径。近年来，淮安市洪泽县高度重视农村教师培训工作，积极创新运行机制，加大经费投入，精选培训内容，优化培训方式，严格培训管理，全县的农村教师培训工作在江苏省产生了较大影响。对此，江苏省教育行政干部培训工作简报曾予以专题报道，洪泽县因此荣获淮安市县（区）创新创优项目评审一等奖。在实践中，洪泽县的具体做法有以下几种。

一、创新运行体制

在2010年6月洪泽县教师研修中心成立之前，洪泽县全县的农村教师培训基本由县教师进修学校承担。但现实情况是，县教师进修学校在师资方面数量不足，学科不配套。学校不仅没有一名音、体、美老师，而且连非常重要的计算机老师也没有。学校还存在相当严重的教师年龄"断层"现象，可谓是老的老，小的小。部分教师教育观念滞后、知识面不宽、课堂教学能力和科研水平整体不高。尤其在经费方面，学校除人员工资正常发放外，其他方面几乎没有政府投入。

基于上述情况，县教育局曾先后多次深入苏南等先进市县（区）调研，积极探索教师培训的新模式。通过调研、考察、咨询等方式，最终决定将县教育局教研室、教科室、电教中心与县教师进修学校整合，县教育局成立了洪泽县教师研修中心。

事实证明，县教师研修中心的成立不仅实现了优质资源共享，充分发挥了"培训、研究、指导、服务、管理"等功能，还为全县教师队伍，尤其是农村教师队伍发展提供了很好的成长舞台、提升平台和发展跳台。现在，全县教师培训工作基本形成由县教育局组织人事科直接指导、由县教师研修中心具体负责的培训管理模式。

二、加大经费投入

经费投入无疑是教师培训的重要保障。洪泽县委、县政府从"科教兴县"的大局出发，全面贯彻落实省政府《关于进一步加强师资队伍建设的意见》，制定了《洪泽县关于进一步加强教师队伍建设的意见》，明确提出："要根据教

[①] 资料来源于淮安市教育局网站，一些地方有改动。

师队伍建设需要,每年安排专项经费 100 万元。"由此,县财政 2010 年安排了 100 万元,2011 年安排了 120 万元,2012 年和 2013 年各安排了 135 万元,专门用于教师培训,确保了全县农村教干、教师培训工作得以顺利进行。

此外,自县教师研修中心成立之日起,县财政除保障中心人员的正常工资外,每年还安排约 40 万元的办公经费,以推动研修中心工作的正常运转。现在,凡参加培训的教师,除免交培训等相关费用外,还可以免费享受县教师研修中心提供的午餐,从而有效地解决了农村教师因培训带来的奔波劳累问题。

三、抓实培训内容

如何提高培训的针对性、实效性,是县教师研修中心成立后一直努力思考并致力于解决的核心问题。由此,在开展问卷调查、座谈调研的基础上,县教师研修中心采取了四项有针对性的培训措施:

第一,以中小学教师 10 项、幼儿教师 6 项基本功竞赛为抓手,以赛促培训。县教师研修中心根据基本功考核内容,每年都邀请省市专家来洪泽县开设讲座、上示范课等,从而进一步提升农村教师的专业能力,促使教师更新教育理念,创新教学方法。

第二,坚持以全县中小学骨干校长高级研修班、骨干教师高级研修班为依托,全面提升农村校长、农村教师整体业务素质。其中,骨干校长高级研修班采取专题讲座与专家引领、名著导读与问题研究、个案分析与专题研讨、名校考察与现场体验等"四个相结合",实现校长与专家互动、业务培训与问题研究并重,全面提升校长科学管理学校的能力和水平;骨干教师高级研修班实行"菜单式"培训,采取课堂示范、现场点评、专家讲座相结合,辅之以课题研究,帮助教师解决课堂教学实际问题,引领教师形成自己的课堂教学风格,尽快成长为科研型、专家型教师。2010 年以来,全县先后举办了以农村教师为主体的中小学骨干校长、骨干教师高级研修班,中小学教师师德建设、班主任工作、心理健康、图书管理员、教育信息化应用平台培训,小学语数教师培训,省小学英语教师引智培训等,先后邀请了 40 余名资深专家、学者来洪泽县讲学,有效引领了农村教师的专业成长。

第三,内外结合制订培训方案。每次培训,县教师研修中心都要制订详细的培训方案。对有些学科培训,为达到更好的效果,县教师研修中心都邀请外地专家设计培训方案。如 2013 年的初中、高中学科教师全员培训,就分别委托锡山区教研室、玄武区教师发展中心进行整体规划与实施。两区均选派最顶尖的教研员及一线专家对课标与教材、备课与上课进行深度解读,重点围绕构建"自主学习"的课堂教学展开对话与交流。

第四,抓研修员自身业务培训。洪泽县在教师研修中心成立后,每年暑期都要专门开展一次研修员培训。比如2013年7月7日至10日,就邀请了著名特级教师、省教科院杨九俊院长,省教研室董洪亮主任,省教育科学规划办彭钢主任等为专兼职研修员就专业发展、课堂教学改革深化、教育教学课题研究等方面作系列讲座,全面提升专兼职研修员综合素养。

四、搞活培训形式

为搞活培训形式,县教师研修中心要求,所有培训活动应既有专家讲座,又有学员间讨论、交流。比如,全县专兼职研修员高级研修班,为保证培训效果,培训前,每位研修员须围绕教研工作中某个感兴趣的问题,制订一份课题研究方案,提前发至专家信箱,以便在学科交流时与专家互动。培训结束后,每位研修员还须撰写一篇不少于2000字的心得体会文章,保证所有研修员学有所悟、学有所获、学有所成。再如,全县幼儿教师《3—6岁儿童学习与发展指南》培训,除聆听专家讲座外,还将《3—6岁儿童学习与发展指南》的学习贯彻与园本教研、培训活动紧密结合,通过案例和问题分析等形式对幼儿各学习与发展领域的核心价值、《3—6岁儿童学习与发展指南》在幼儿园教育实践中的实际运用等问题进行深入讨论,既有30人左右的小班培训,又有上千人的大班培训。又比如,2013年3月14日,举办了全县高考作文名师辅导讲座,省高考作文命题专家、阅卷组组长、南京金陵中学语文特级教师喻旭初面对面地为全县高中语文教师及1200多名高三应届生就材料作文如何写作等问题进行交流和解答,对正在进行第二轮复习的师生很有启发。

另外,既有全县集中培训,也有深入学校进行的校本培训。目前,县教师研修中心还在积极探索"外包"培训新思路,即拟与华东师范大学、北京师范大学、东北师范大学等高校联系,分层组织名师、名校长进行"封闭"形式集中学习,充分利用师范大学的优质资源,重点加强教育理论、教育方法、教育哲学等内容培训,从而促进骨干校长、教师转变教育理念,更新教育思想,把握教育规律,更好地引领学校发展、促进教学质量提升。同时,挖掘已有名校资源与洪泽县部分农村学校"结对子",将挑选出来的农村骨干校长、骨干教师送到苏南名校跟班学习、挂职锻炼,不断提高他们的管理水平和教学能力。

五、严格培训管理

为保证培训质量,县教师研修中心十分重视培训管理工作。主要采用的方法有:一是制订详细培训方案。对培训目标、内容、对象、地点、授课专家以及相关要求做周密的考虑。二是实行签到制度。每次培训班开班时,均组织相关人员提前 30 分钟到位,负责参训人员签到。三是实行效果检测制度。每次组织各类培训,不是进行调查测试就是进行问卷调查,从而有效保证培训效果。四是证书发放制度。凡参加教师培训调查测试合格的,一律发给《教师业务培训合格证》,并记入教师继续教育档案,作为教师职称评聘、评优评先、提拔任用等重要依据。五是资料及时归档。每期培训班结束后,县教师研修中心都及时组织人员对资料进行收集整理归档,从办班通知、实施方案、培训安排到领导讲话、专家讲稿、参训人员名单,再到调查测试试卷、培训小结等,全部收集整齐,装订成册,及时存档,保证各类培训资料的齐全。

第四章　农村学校变革中的领导

"一个好校长就是一所好学校",这是人们对学校校长的普遍认识。这一说法,虽过分强调了校长在学校变革中的应为和可为,但也在某种程度上揭示了校长作用的不可替代性。农村学校的变革需要一位品质优秀、有影响力的专业领导,以发挥指挥、协调和激励等作用。由此,本章聚焦于校长领导力的内涵、校长的领导方式及其创新等问题,具体阐释校长如何成为一名好领导,以不断推动学校的健康、可持续发展。

第一节　学校变革中的校长领导力

个人品质或特征是决定领导效果的关键因素。学校变革对校长个人品质的要求和期待是多方面的,包括思想素质、业务素质和身体素质等,而领导力无疑是校长素质结构中最核心的成分。

一、领导力研究获得重视的背景

有关领导力的研究最早开始于管理学和经济学领域。领导力研究获得重视的背景主要有二:

第一,经济全球化与地方化的互动。随着世界经济日益全球化,企业需要越来越多能够站在全球化平台上思考并采取行动的领导者。全球化不仅要求领导者转变观念,还要求领导者具有全球化的"情商"。因为全球化的企业更多由来自不同文化背景的人组成,劳动力构成越来越多样,如何具有多重文化的适应能力、理解能力和交涉能力,就给领导者提出了更高的要求。由此,人们开始关注企业领导者提高领导力的重要意义。

第二,组织行为学理论的发展。组织行为学出现于20世纪30年代,是应用于管理实践的一门社会科学,旨在理解和运用社会文化背景中人的行为的理论知识,去改进组织表现,以适应当前快速变化的环境。组织行为学理论的充分发展,使人们越来越意识到领导在组织生活中的重要性。因为领导要通过与他人一道工作实现组织目标,要充分发挥下属的才能,调动他们的积极性。简言之,通过关注组织中"人"的行为实现目标,领导之领导力的重要性凸显出来。

二、校长领导力的内涵

从领导者所具备的能力方面看,美国学者詹姆斯·库泽斯认为,领导力就是领导者激励他人自愿地在组织中做出卓越成效贡献的能力。① 仁真等人认为,领导力是指鼓舞和引导他人树立并实现共同愿景的能力。张小娟认为,领导力包括崇高的人格魅力,精准的预见、判断能力,超强的沟通能力,不息的创新能力和持续的延伸能力。

从领导者与被领导者双方的互动关系看,王崇梅认为,传统的领导力就是领导才能。最新的观点是指获得追随者的能力。②王修和认为,领导力就是实施科学领导的领导者,运用领导权力影响和非权力影响在实现符合规律的领导实践中,与被领导者共同作用于客观环境并产生相应的物质力量与精神力量的总和。③

从领导力的性质分析,一些学者认为,领导力的实质是影响力,领导力发生作用的过程就是影响产生的过程。例如,李林认为,领导力的实质就是影响力,任何人都可以使用领导力,只要能成功地影响他人的行为,就可以被视为实施了领导力。领导力是一种特殊的人际影响力,组织中的每一个人都会影响他人,也要接受他人的影响。④因此,每个员工都具有潜在的和现实的领导力。影响别人行为的行为谓之领导,影响别人行为的能力谓之领导力,领导力的本质是一种人际关系,一种影响力。

从领导学自身概念范畴出发,一些学者认为,领导力是综合多种因素而产生的合力。例如,黄颖指出,领导力是指由领导职能、领导体制、领导素质等多种因素作用而产生的合力,是内生于领导场并作用于领导资源配置过程的力量,是领导主体用以应对来自领导客体和领导环境带来的挑战,并引导推动一个群体、组织或社会实现共同目标的核心力量。⑤童中贤从领导力产生的领导场及其作用于领导资源配置过程的角度来界定领导力内涵,认为领导力是一种内生于领导场并作用于领导资源配置过程的力量,它是由多种相互

---

① 李昌明. 领导力与造就优秀企业人才[J]. 经济论坛. 2005(6):75-76.
② 王崇梅,安立军. 论六赢领导力[J]. 商场现代化,2006(3):120-121.
③ 刘明辉. 论构建社会主义和谐社会的领导力[J]. 中共福建省委党校学报,2005(12):20-23.
④ 李林,童新洪. 基于项目绩效的领导力模型[J]. 现代管理科学,2005(9):65-67.
⑤ 黄颖. 和谐城市与城市领导力建设[J]. 领导科学,2006(3):40-41.

关联的力量构成的一个力的集合。①

基于以上对领导力内涵的界定和理解,结合校长在学校的地位和作用,我们可以对校长领导力建立以下一些基本认知:第一,校长领导力既包括校长的领导能力,也包括校长发挥领导、施加影响的过程。第二,校长领导力是一种影响力,但这种影响力是有前提条件的,即基于共同目标的一种影响力,而不是个体之间随意的影响作用。第三,校长领导力不等同于权力。权力是职位的产物,一个人一旦成为校长,那么这个职位本身就赋予了他很多权力,可以要求和命令他人做事情。但是,领导力并非附着于职位上,学校中的每个人都可能发挥领导力。校长领导力和校长职位权力并不等同。权力在某种程度上为领导力的发挥提供了某种便利,但滥用权力可能会导致恶劣的后果。

三、校长领导力的发挥

在学校,校长要承担的工作是方方面面的,既包括学校的基础建设、经费规划和人事安排等常规性事务,以维持学校的正常运转,又要对上级行政部门负责、对教师负责、对学生负责和对家长负责,遵守国家教育政策法令法规,合理安排课程和教学,使教师获得良好的专业发展,使学生获得高质量的教育,使家长放心,更要对学校进行切合实际的远景规划,将全校师生紧密凝聚在一起,共同推动学校的持续发展和改进。在办学活动中,校长要充分发挥其领导力,首先有赖于校长自身的所思、所想、所为。

1. 校长要树立正确的教育观

当前我国教育正处于一个重要变革时期,社会转型是当代中国社会发展的一大特征,也是当代中国教育发展面临的宏观背景。在社会转型过程中,我们往往要面临很多思想上的交锋和碰撞,甚至有很多错误的思想会在一段时期内占据上风。

分数至上就属于这种情况,分数能够代表学生在某一方面的能力,但是完全用分数来评价学生显然是错误的,为了提高学生成绩进行简单的知识训练,将学校变成重点中学、重点大学的预备科也是错误的。在实践中,有很多校长说,社会风气就是如此,不这样做学校无法生存,这种想法本身是不负责任的。作为一校之长,应充分认识到学校是"育人"的地方,必须把培养学生、

---

① 童中贤. 领导力:领导活动中最重要的功能性范畴[J]. 领导与管理,2002(4):95-97.

促进学生的全面发展作为一切教育工作的出发点和落脚点。学校要全面贯彻党的教育方针,坚持一切为了学生的发展、一切为了学生的成人成才,促进学生生动活泼、主动地发展,培养德、智、体、美全面发展的社会主义建设者和接班人。

2. 校长要重视学校能力建设

迈克·富兰曾指出,我们要把注意力准确地集中在实现可持续发展中最困难的问题上,能力建设必定会成为学校所有改进策略中最核心的部分。从现实情况看,现有的领导力和可持续发展最多是一种随机行为,我们需要能有效呈现在活动中并进行战略思考的领导力。

为此,有研究者指出,当前学校能力建设的核心是实现伴随凝聚力和信任感而产生的分布式领导。这是一种在试图突破正统的领导研究思路和基于领导者角色的研究取向中出现的学校领导思想。20 世纪 90 年代中期以后,社会变迁速度明显加快,组织怎样才能适应迅速变化的社会成为人们思考的问题。强调持续学习能力的学习型组织概念被普遍接纳,而学习型组织所强调的能力很显然不仅需要一个高效的领导者,更需要"发挥集体的智商"。因此,校长的第一要务并不是直接改进课堂教学和学生的表现,而是树立目标,培育文化,发展具有共享价值观的学习共同体,然后通过分布于组织中各个工作团队的领导"流",来改进课堂教学和学生的表现。

换言之,分布式领导强调:校长领导力的重要内容是挖掘和培养学校内其他人的领导力,使自己成为"领导者的领导者"。这样校长就无须扮演单打独斗的英雄,其重要的职责之一就是要努力把员工培养成为他们各自工作范围内的领导者。

3. 校长要从行政命令走向专业引领

校长角色有专业引领者和行政管理者两个层面,专业引领者的角色往往容易被忽视。有时候,校长没有能力直接改变教师的动机,但可以创造一种促进教师个人发展的学校内部环境,即一种支持团队建设和参与解决问题的组织结构。

首先,校长要重视调整学校的组织机构。合理的学校组织结构能使学校组织各职能部门为达成学校教育目标很好地分工和协调,通过评价、考核等控制手段及时反馈,保证目标的实现;学校的管理制度则通过强制性的规定和条例约束教师与学生的行为。校长有责任设立、控制和变革学校运行的结构、策略以及程序,以确保学校的组织循环和周期。当前,随着社会的发展,人才观、教师观、课程观等均发生了相应转变,学校原有的组织结构已经无法实现新的功能要求。此时,调整学校内部组织结构就成为校长的重要任务。

为此,校长应该有意识地发展组织的动态适应能力,使之能随机调整结构关系,以适应社会发展和变迁的需要。组织结构一旦失去了动态适应能力,最后必将导致组织的僵化与衰亡。此外,校长要主动与全校成员共同沟通与协商,削减不需要的部门或者合并功能类似的部门,同时增加必要的部门;校长要改变传统的垂直传递信息的组织沟通方式,增加横向联系与沟通;要减少学校领导层与执行层之间的间隔层次,增强组织结构的弹性,重视横向联系与沟通,强调授权,使学校成为一个重视学习、系统思考、协调合作、灵活、更具适应性的组织。

其次,校长要鼓励教师非行政性团队的创建。行政组织并非也不应该是教师的唯一组织形式,行政事务的解决只是教师日常教学生活中的一部分。由教师根据自身专业兴趣自发建立、自主形成的非行政性组织,显然有助于教师主动研究意识的养成以及合作探究精神的发展。而且,教师在这个过程中可以遵照自身的兴趣和爱好充分发挥其自主性,并不是遵照行政命令被强制参与,从参与和投入的程度以及主动精神的角度来讲,也更有利于教师专业能力的提高。

非行政性组织的范围非常广泛,比如教师学科专业交流组织,教师组织、学生自愿参加的导师工作组,形态固定的文化沙龙,读书会,等等。在行政组织和非行政组织相互交织的情况下,学校才有可能成为一个专业的学习型团队,即一个员工发展的基础组织。

4. 校长要构建紧密联结的学校文化

对于一个学校来说,构建与学校发展愿景、价值观相适宜的紧密联结的组织文化是校长在团队层面提升领导力所必需的。很多学者认为,校长的文化领导职能,就是通过领导活动的实践,塑造优质的组织文化,形成一种软规范,不断将文化的力量转化为领导力,从而影响组织成员的信念、价值观和行为,并得到组织成员的认同。此时,文化是一种具有渗透性的软领导力,一点一滴地、潜移默化地改变着被领导者。领导者需要学会构建紧密联结的、共享的、合作的组织文化,营造良好的组织环境氛围,使抽象的文化在组织中落地生根,使员工接纳并共同推进组织文化建设,使自己成为文化领导的践行者。

由此,校长首先要借助团队建设培养合作意识,同时要以文化的语言和方式传播文化,把随意的、零散的行动转化为自觉的、长期的、主动的、发挥作用的体制和机制。其次,校长要重视学校文化特殊性与一般规律的结合。因为优质的学校文化绝不是"拷贝"出来的,而是一代又一代校长在不懈的研究和探索中创造出来的,教师和学生之所以珍视学校文化是因为它是自己的,是独特的。最后,校长还应该重视在事实中考察学校的文化,直面学校文化现实,重视学校的历史传统、经典细节,以此触摸学校文化的内涵。

第二节 农村学校变革中的领导创新

有研究者认为,校长是学校行政的最高负责人,对外代表学校,对内主持全面校务,由国家教育行政部门、有关办学团体、个人任命或委派,或通过一定程序推举产生。校长是学校的行政首长,具有领导地位;校长是学校的当家人,具有管理地位;校长是学校的教师之师,具有教育地位;校长是学校的设计师,具有改革地位;校长是学校的科研带头人,具有学术地位;校长是学校师生的服务员,具有公仆地位;校长是学校的对外联络者,具有法人地位。

以上对校长角色的认知,无疑说明校长在学校具有独特地位,学校的发展变革与校长自身息息相关。在农村学校,要实现和推动领导创新,首先要求校长要有明确、恰当的角色定位。

一、校长角色的定位

当代农村学校,校长应秉持主动的学校变革负责人的总角色。所谓主动,强调校长不再是上级教育行政部门的传声筒,不仅仅是上级教育行政指令的执行者,而是学校变革中真正的发起者、组织者和推动者。所谓变革负责人,是指校长在学校变革进程中需要并且应该承担相应的责任。具体而言,农村学校校长应承担以下角色。

1. 校长应成为学校发展远景的规划者

校长要引领教师员工明确学校的发展方向,制定学校的远景发展规划。当前教育改革进入深水区,依然处于摸索阶段,校长作为一个学校的负责人,必须引领学校拨云见日,提出体现本学校特色的教育思想,明确学校的教育方向、教育理念、教育目标,消除教师的迷茫感,把学校建设成为一个新型的教师学习型组织。除校长本人外,校长还应促使每一位教职员工都参与到规划过程当中,从而使教师把学校的目标与自己的人生目标结合起来,因此,校长要充分调动起教师的积极性,动员广大一线教师参与到学校变革中来。

2. 校长应成为学校创新文化的创建者

学校创新文化就是在教师学习型组织内部,每一位教职员工都认同并共同遵循和维护的文化环境。这是一种鼓励教师进行合作学习、信息资源共享、经验交流以求共同发展和开展教学创新工作的文化环境。校长可以遵循以下四个步骤建立起学校创新文化环境:第一,开展全校范围内的批判性思考。在校长的带领下,对整个学校的教学工作、对教师自身和他人的教学活动进行批判性的思考,找出学校在教学改革工作中存在的盲区,明确学校的发展方向,建立校长和教师之间平等的伙伴关系。第二,校长与教师以及教师相互之间对学校工作和各自的教学行为进行换位思考,消除相互之间的误解,清除教师工作由独立、缄默而导致的文化障碍,促进教师的有效沟通与理解,同时为开展教师之间的协作学习做好准备。第三,针对批判思考和换位思考取得的成果集思广益,鼓励教师积极参与、探索解决问题的方法和策略,树立教师参与学校工作的自信心。第四,通过上述几个步骤营造出一种创新文化,使教师不再局限于自己的教学独立园地,以一种开放的、积极参与的、不断创新的心态参与到教学革新活动中来,进行卓有成效的教学创新工作。

3. 校长应成为教学信息化改革的领跑者

转变校长观念可以促进教师观念的转变,学校的教学就会朝新的方向发展,而与之相适应的各种制度就会为教学新方式服务。为使农村学校的教学改革工作得到更深入的发展,首先校长自己必须成为新课程教学和信息化教学的身体力行者。当前,由于条件限制,农村学校很少有专职的教学管理者,一般说来,校长本人也承担着教学工作,在很多情况下是学校的教学骨干,因此校长本人的教学行为会直接影响学校其他教师的教学行为。

新课程和信息化教育强调学生自主探究和知识建构,要求尽量给学生提供开展科学探究的机会,从而对课程资源的作用、配置与管理提出了新的要求。与城市的学校相比,农村中小学由于地理条件、经济状况的限制,课程资源的开发明显滞后,硬件设备的配置也相对缺乏,教师的思想观念相对陈旧,对于新鲜事物的接受速度较慢,利用率不高。

在这种条件下,校长一方面要尽力改善资源环境,鼓励教师和学生通过多种多样的途径获取知识,支持教师合理开发并科学运用各种课程教学资源，使教学不再局限于课堂、书本等传统僵硬化的形式；另一方面要充当现代信息化资源使用的示范者，以自己的实际行动，创设出观念新、思路新、教法新的教学环境，解除教师在利用资源中存在的各种疑惑和顾虑，通过自身的示范和对教师进行的专业培训，优化教师信息获取通道，提高整个学校教学团队的专业素质。

4. 校长应成为学校人力资源的开发者

人力资源管理理念对于促进教师的专业成长、推动教育改革有着重要意义。在推进农村学校变革的进程中，教师通常被认为是学校最重要的人力资源。

（1）人力资源的重组和优化

农村教师队伍还普遍存在学历偏低、年龄结构老化的现象。校长首先要对本校的教师队伍重新进行梳理，优化教师队伍结构，实现学校岗位的合理分配，使每一位教师都能够拥有一个展示自我、实现自己的人生目标的平台，使每一位教师都能积极参与到教学改革工作中来。

（2）学校教学工作设计

在课程管理权限下放、校本教研被充分重视的今天，学校教学设计工作的重要程度不可忽视。学校教学工作设计是指在校长的引领下，组织教职员工、学生家长以及社区专家，在来自学校外部的教学设计工作者、课程专家的帮助下，利用他们各自的优势和专业知识，改善学校课程体系结构、课堂教学设计与学校隐性文化建设的关系，设计能体现地域特色和学生特点的教学目标、教学策略以及课程实施方案、教学评价方案等。

（3）建立学校教师学习系统

长期以来，教师一直奉行"专业个人主义"、"教师中心"的传统教育观念，缺少合作，教学趋于孤立。教师学习系统的建立旨在揭示教师实现成长和发展的过程。教师的学习，不仅仅是知识储量的简单增加，只有教师的教学行为发生变化时，教师学习才真正发生。教师学习系统的建立，可以打破传统的缄默的教师文化，通过创立自主、协作、互换、互融的教师学习文化，来保障教学质量的进一步提高，促使基础教育改革能顺利推进。

二、构建科学的农村校长队伍建设机制

1. 确定农村中小学校长明确、具体的选拔标准

当前，农村校长的选拔与任用尚存在标准不明，程序不清，任期不定，调

动频繁,有比较大的随意性等问题。尽管原国家教委早就颁布了《中小学校长任职条件和岗位要求(试行)》,但是总体来看,目前设计的校长任职条件和岗位要求原则性规定多,具体指标少,缺乏对每一个指标的具体要求和衡量范围的界定。由于标准不明,校长的准入就有比较大的权力"自由裁量"的空间。多数地区校长的选拔程序没有体现教育及其校长专业化的特点,"关起门来"选拔,校长后备人选的范围极其狭窄,难以保证优秀的教师和适合的人选进入学校领导层。农村校长调动频繁,甚至免、任频繁,既不利于校长任期责任的履行,也不利于校长安心"苦练内功"以提升核心领导力。

所以,从地方教育行政部门视角看,应当立即着手建立农村中小学校长胜任模型,明确校长岗位的胜任特征,并以此为标准进行校长选拔。要拓宽农村校长后备人选的范围,校长选拔的方式可多元,但标准必须是统一的。在中小学校长准入制度的实践中,必须重视"程序公正",确保公开、公平、公正,把最具核心领导力潜质的人选拔到校长岗位。同时,必须考虑建立基于胜任模型的农村校长考核评估制度,以校长的胜任力、行为与工作绩效作为评估指标,经过科学的评估程序与方法做出评估,作为校长任用、提升和报酬的依据。

其次,地方教育行政部门要建立和完善基于胜任特征的农村校长培训制度。以往的校长培训缺少针对性,尤其是针对农村教育与农村校长的需求不够。基于胜任特征模型的校长培训制度,其培训的关注点必然指向胜任力。在培训需求的分析上,必须把校长个体与胜任特征模型中差异较大的特征列为个体最具针对性的关键内容。这样就能为被培训校长量身定做培训计划。在培训内容的选择上,以核心领导力的提升为主要内容。在培训方式的选择上,案例教学、参与式培训的方式得到校长的普遍欢迎。同时要积极探索农村中小学校长的培训与学校实践之间的有效沟通途径,将培训成果转化为校长核心领导力的提升与可持续的专业化发展。

2. 遵循成长规律,促进校长的自我提升

核心领导力作为农村校长高水平履行职责的综合能力,与校长的学习能力、领导经历以及思维方式和行为方式等因素有着深度关联。这就决定了校长核心领导力的生成与校长的成长过程深度叠加,具有循序渐进、内生发展的特点。

首先,校长要树立终身学习理念,提升专业引领能力。大多数农村校长生活在农村,相当一部分是通过"自学与自考"成才;也有些农村校长尽管受教育于城市,但常年工作在农村学校,农村经济与社会发展的文化背景不可避免地在他们身上留有印记。农村校长身上充满了现代教育与传统教育在价值观念与行为方式上的矛盾与冲突。他们了解农村,明晰农村教育的现状与问题所在,渴望用先进的理念引领农村学校教育,更渴望通过政策倾斜与制度变革,实现农村学校的彻底改观,但却未必能够准确把握住现代教育剧烈变革的轨迹。这就要求他们从主观上树立终身学习的理念,努力把先进的教育理念内化为自觉的价值追求,把课程改革理念转化为具体的教育教学行为,从而提升专业引领能力,努力把学校建设成学习型组织,把教师队伍建设成为研究型教师群体。

其次,校长要重视非权力影响力,尽量避免强化权力。管理不可避免地带有权力运作的印记。校长对学校的管理带有权力的特征,这是客观存在的。但在构建和谐社会的进程中,在以人为本的时代,要充分认识非权力影响力在学校管理中的作用,尤其是在条件和环境艰苦的农村学校,校长要用人格魅力凝聚人心,使教师认同学校发展愿景;在工作中教师以学生为本,校长要以教师为本,关爱教师,善待教师,尊重教师,欣赏教师,为教师提供发展的空间,为教师发展服务。权力就是服务,管理就是服务,这种以人为本理念的合理内核其实就是对人的尊重和关爱。而刚性化的权力实质是把人作为工具,一旦在管理中把人当成工具,校长就失去了教师的信任和尊重。

最后,领导力的提升重在实践。作为教育者的校长,必须准确定位学校组织的性质和核心价值观,指导教师的专业发展,引领学校的课程改革,引领学生的发展方向。作为领导者的校长,必须预设学校共同的愿景,决定并实施学校的变革,凝聚人心,鼓舞士气。作为管理者的校长,必须通过计划、组织、指挥、协调等行为,运用管理技术与方法,有效地运筹、组合学校的各种要素和资源,使其达到放大功效的目的。正是在复杂的学校管理实践中,校长们不断改变能力结构不均衡的态势,通过不断学习、体验并对自己的实践进行反思,才能在推动学校发展的同时,不断提升自身的核心领导力。

第五章　农村学校教学变革

我国农村教育因为受到经济发展水平、地理环境等因素的制约,尽管当前处于城乡一体化建设的大背景之下,但是仍然与城市教育有着较大的差距,教学更是存在着明显差异。众所周知,教学是促进学生发展的主要方式和途径,农村学校的变革,其关键是课堂教学的变革。因此,本章拟首先分析农村学校教学变革的价值追求,继而从实践视角,剖析当前农村学校在教学变革中存在的诸多现实问题,最后提出农村学校未来变革的若干策略。

第一节　农村学校教学变革的价值追求

价值追求是人们在价值判断基础上进行价值选择的活动。农村中小学校课堂教学有效性的价值追求,也就是思考在农村这个特定的教育场域中,农村学校的课堂教学应追求什么样的价值理念,应培养什么样的人,才能达到教学的有效性,以满足学生个体发展与社会发展的共同需要。

一、影响农村学校教学价值追求的因素

价值追求是主体的一种主观判断,总会受到主体认识能力、理解能力、文化背景、实践立场等因素的影响,对农村学校教学的价值追求,我们可从教师的价值判断、学校管理者对教育的理解与定位等方面进行归因分析。

1. 教师的价值判断

价值追求是在价值判断的基础上做出选择的结果。因此,在教学的价值追求问题上,教师对教学本身做出怎样的价值判断,直接影响着其教学价值追求的内容和方向。教师如果认为身在农村学校教学,不能实现自身的理想和人生价值,感受不到工作的意义,无法认清自己的使命,把自己的职业简单地视为谋生的方式,[①]那么教师就无法承认农村学校教学具备某种价值。如果作为评价者,农村教师过度认可城市学校所追求的课程教学的价值,则会降低对农村学校教学有效性的评价,导致农村学校不得不向城市学习,造成

[①] 周奇.试论现代教师人格塑造[J].东北师大学报(哲学社会科学版),2011(3):223.

盲目效仿城市的问题。

2. 学校管理者对教育的理解与定位

作为学校的管理者,他对教育的理解与定位,决定着学校将选择的教育目标和学校文化,如果农村学校的管理者不能正确理解教育对学生成长与发展的作用,把为上一级学校输送学生作为学校教育的定位,以成绩和升学作为终极目的,那么在其管理下的教学势必会盲目追求效率,盲目追求分数和升学率,而不顾学生的发展与学习体验,教学的有效性也会随之把成绩排名或升学率的提高作为价值追求。

二、农村学校教学有效性的应然价值追求

农村地区应根据自身特点和现实要求,坚持在实现为社会发展服务的工具价值与为人的发展服务的本体价值中,确立自身的具体而明确的教学有效性价值追求。

1. 为社会服务的宏观价值追求

(1) 使学生具备适应城市生活的能力,为学生走入城市做准备

农村教育是对现在生活在农村而将来未必生活在农村的人的教育。[①]一方面,农村人口向城市转移是我国当前的人口流动趋势,也是国家经济社会发展的需要。另一方面,很多农村学生通过自身的努力,获得升学的机会,到城市高等学府学习并继而生活、工作在城市,成为城市经济、文化建设的中坚力量。但由于农村教学有效性价值追求存在问题,导致这些成绩好的学生在进入城市以后出现负面心理情绪问题、不适应城市生活等现象。因此,农村学校教学需要为学生奠定良好的基础,为学生以后进入城市生活做好准备。

(2) 培养满足未来农业现代化需求的新一代农民

在高科技、现代化的社会,新型农民不可或缺。未来我国农村落后面貌与落后生产方式的改变,农业生产中高科技生产工具与管理方式的采用,都要求农民作为其中的一分子来参与变革,又要求农民作为使用者和生产者满足变革对素质、能力的要求。所以,未来的农民需要具备更多的科学技术知识与综合素质能力。我们当前的农村学校要承担起这一崭新的历史使命,为

---

① 郝文武.价值理性、工具理性视角关照下的农村教育问题[J].陕西师范大学学报(哲学社会科学版),2005(7):109.

有可能继续留在农村从事农业生产活动,成为新一代农民的学生,奠定农业现代化所需要的知识和能力基础。

2. 为人的个体发展而服务的微观价值追求

理想的教育,要提供给学生与时代接轨的准确而丰富的知识,培养和提高学生的文化素养,以适应不断变化的生活的要求。农村学生因为缺乏文化环境的熏陶与家庭教育的支持,获得知识的途径欠缺,多依靠学校教育来拓展知识视野。因此,教学不能因为追求时下流行的课堂教学形式与方法,而忽视学生对知识获得的需求。农村学校教学要运用灵活、恰当的形式,在知识方面为学生打开连通城市乃至世界的窗口,让学生接收到具有时代气息的知识。与此同时,因为农村学生受学习基础与学习条件的限制,对知识正误的辨识能力较弱,教师更加需要精心准备教学,丰富自己的学识,为学生提供准确的知识信息,避免出现错误而对学生未来的学习造成障碍。

农村教育要激发学生的学习动力与兴趣,使之具备终身学习能力,提高学生当前与未来的精神生活质量。在农村,有许多孩子存在学习困难,一方面是因为他们看不到学习对自己生活会有怎样的积极影响,缺乏学习动力;另一方面是因为他们学习的主动性、积极性未得到调动,没能体会到学习的乐趣。学习动机与学习兴趣是保证学生在学校期间与离开学校以后保持学习热情与志趣的前提条件。农村学校课堂教学应当重视对学生学习动机与学习兴趣的培养,让学生对学习的作用有正确的认识,对学习有积极的态度,乐于学习。"晴耕雨读"是我国古代农耕社会的最佳理想,而作为新时代的农村学生,在生活中也应当不断提高自己的素养,即便作为农民也能够有较为丰富的精神生活与文化活动。农村教育要增强学生自信心与主体意识,提升生活幸福感与个人的存在价值感。农村学生受经济条件和地域环境等影响,大多腼腆、内向,在课堂教学过程中不愿积极发言,不愿表达自身观点与感受,主体意识薄弱。农村学校的课堂教学应该重视学生自信心的建立及主体意识培养方面的工作,课堂教学模式、方法及评价都要关注到学生的心理与情感,让学生拥有积极的学习体验,在学习中获得肯定,认识到自身的潜在能力与优势,正确评价自己,增强自身存在的价值感,从而能够自信地面对未来生活中的问题。

第二节 农村学校教学改革中存在的问题

自 2001 年我国启动新一轮基础教育课程改革以来,自上而下推动,农村学校越来越认识到教学改革的重要性和紧迫性。然而,许多学者通过对农村学校课堂教学的跟踪调研,所形成的基本认识是:当前农村学校新课程的实施现状不容乐观,真正能体现新课程理念的课堂教学较少,大量的课堂教学依然面貌陈旧,尤其是与新课程标准相对应的新的课堂教学模式没有得到很好构建,课堂教学水平、教学效益处于较低的水平状态。具体说来,农村学校在教学改革中仍普遍存在以下一些问题。

一、教学目标落实不完备

众所周知,基础教育课程改革倡导课堂教学过程应充分体现师生互动、共同发展;既注重传授知识,又关注能力培养和正确情感、态度、价值观的构建。简言之,新课程强调的"三维目标"是相互渗透,融为一体的。

从实际情况看,农村学校有相当一部分教师不能很好地理解和把握上述关系,往往顾此失彼。例如,有教师认为,课改就是让课堂活起来,并且越活越好。于是课堂上忽而问答,忽而合作,忽而游戏,师生忙得不亦乐乎,课堂气氛异常活跃。过多的活动和游戏,使必要的指导写字、朗读、处理练习、指导作业等环节都没有了。这就是所谓的"课堂热热闹闹,课后一无所获,教师筋疲力尽"。

在农村学校,有相当一部分教师没有真正确立新的课程理念,他们拿的是新教材,用的是老方法,守的是旧观念。尤其是新课程倡导的目标教学,时常被许多教师束之高阁或作为一种摆设。不少教师的课堂教学无目标、无要求、无方向,走进课堂就是滔滔不绝地讲个不停。从上课一开始,学生就处在一种雾里看花的状态,不知这节课要学什么、做什么、达到什么目标;有的教师课堂教学即便有教学目标,目标的定位也不够准确和切合实际,往往偏重知识目标,忽视能力目标,淡化人文目标;还有的教师三维目标预设牵强附会,缺乏目标之间的有机联系,只是一种徒有虚名的形式,因而很难谈得上课堂的目标生成。

二、课堂教学设计偏离基础

基础教育课程改革倡导从学生已有的经验、体验及生活、实践出发,走进课堂教学。但当前,农村学校部分教师的课堂教学仍存在脱离学生的基础水平、认知规律和学习实际的现象。主要表现为:教学的切入口或则太大,或则太难,或则太高,往往一上课就把学生搞蒙了,结果是启而不发,发而不动,课堂气氛沉闷呆滞。有的教师缺乏对学生精当、精要的讲解和适时的引导释疑,缺乏开启学生智慧的方法点拨,因而很难把学生的思维引向深入,更难以让学生迸发出智慧的火花。还有的教师不注意从全局、从整体去把握学生的思维主线,引领学生思维的方向与目标,把课堂自主变成了自流与松散,把合作变成了无序与随便,把张扬个性变成听其自然,用肢体的活跃替代大脑的思维,其结果是导致课堂教学收效甚微。

三、课堂合作学习成效低

众所周知,新课改强调"合作、探究"学习形式的构建。有的教师认为:课堂教学只有频繁地组织学生合作学习,才能使课堂活起来,才算是真正面向全体学生,才能体现出合作学习的精神。于是,从现实情况看,有些农村学校教师一会儿让学生同桌讨论,一会让学生前后桌对应合作学习,一会让学生分小组交流,甚至连课桌的摆放也花样翻新,合作形式多样,气氛活跃。但透过形式看实质,由于教师给的时间短,学生发言没结束,问题没有解决,合作就停止了。更由于教师没说清合作的目的和要求,学生浅尝辄止,教师只好找少数基础好的学生在班上发言、交流,中、下等学生仍只能跟着跑。这实际上是把"话语霸权"转让给了部分学习好的学生。这种合作学习,不分年级学科及教学内容,什么都往合作学习的篮子里装,合作目的不明确,责任不清,有合作无竞争,没有真正"交流",随意性大,既耽误了学习时间,又无实际效果。

四、学生主体地位未能真正发挥

基础教育课程改革认为,在教学过程中,对话是发自内心自然生成的,是师生相互提出的,而不是教师的专利。对话中问题的呈现者也包括学生,而不仅仅是老师。学生在自主学习的过程中,自然会生成某些问题。课堂上师生真正高效的对话过程,就是问题生成与解决的过程,既有具体内容,又有针对性。

但在农村学校课堂教学中,依然有部分教师把问答等同于对话。从表面看,"双主体"都得到了体现,一问一答,或多人答,或一问全班齐答,或老师一再追问,学生大声答,学生群情激昂、声音洪亮,着实渲染了课堂气氛。但实际上,如此问答式教学,学生还是在被动地学,没有参与回答问题的学生有的仍答不上来,也不知道老师的问题从何而来,为什么这样问。特别是学生齐答机会过多,使一部分学生言不由衷地跟着起哄,学生始终处于教学的被动地位。

五、教师教学素质提高未受重视

教学改革的深入推进,教师素质的提高是关键。但从实际情况看,有的地方在推进过程中冲淡此项工作,把教师的注意点集中在课堂教学模式的"移植"、"研创"上,或不分学科、年级、师生特点等机械照搬外地教学模式,或"原创"出五花八门的教学模式。例如,某地把本地学校的近百个教学模式汇集成册,"重点"推广,教师在课堂教学中忙于套用,疲于应付模式检查,教学中丧失自我,一段时间下来即把模式抛至脑后,依然我行我素。这样不仅使课堂教学改革多走了弯路,而且使教师原有的热情、信心丧失殆尽。

第三节 农村学校教学变革的未来走向

教学是学校的中心工作,教学改革是农村学校改革的核心内容。基于对农村学校教学现状的分析,我们认为,农村学校教师应正确理解并贯彻基础教育改革理念,紧密结合农村学校教学与学生的实际,从以下几方面做好自我变革和自我创新,从而不断推动农村学校教学质量的提升。

一、构建合作文化,转变教师角色

中国传统文化的独特性,使农村教师习惯于故步自封、墨守成规,加之长久以来师道尊严形成的权威意识,使得农村学校教师在教学变革中存在强烈的文化阻力。因此,寻求文化阻力的突破,是推动农村学校教学变革的第一步。

首先,应加强教师间的合作。农村学校要为教师建立有效的合作机制,通过多种方式的互动交流使农村教师走出自我、走向开放,从而在交流困惑、分享经验中实现农村教师之间的资源共享。

其次,要转变传统教师角色,建立平等的师生关系。平等的师生关系既有助于良好课堂气氛的形成,又有利于教师主导地位和学生主体性的发挥,进而为转变教学方式提供了良好的环境。这就要求农村教师要逐步适应组织者、合作者、引领者和探究者的多样化角色,认识到农村学生自我意识觉醒并渴求自主的心理需求,给他们提供更多展现自己的机会。

二、增进认同,消解焦虑

农村教师的心理适应能力直接影响着教学改革的实施。农村教师积极主动的适应将有助于新教学方式的采用,也有利于教学质量的提高。为此,在实践中,学校首先应努力提升教师对教学改革的认同度,促使教师意识到教学改革的优越性,并在思想、情感、态度和行为上主动接受教学改革的要求。

其次,学校应想方设法提升教师的自信心,消除焦虑心理。当前,农村教师不愿改变传统教学的关键原因是对自己缺乏信心,担心自己在教师群体中的地位受到影响。而实际上,无论是新手教师还是熟手教师,都应主动顺应基础教育课程改革的新环境并谋求自身的发展。对于经验丰富的老教师而言,应该相信自己能够实现教学方式的迁移,坚信自己有能力运用新的教学方法。对于新手教师而言,应相信新教学能给自己提供展现自我的平台,而且与经验丰富的教师站在同一起点可以有更多的展现机会。

三、激发参与,落实主体

从教学工作的各个环节审视,农村学校教学改革的关键无疑是课堂教学的改革。在课堂教学中,农村学校教师最应做的是激发学生的参与热情,切实落实学生的主体地位,具体措施包括:

1. 给予自主选择的权利,变被动学习为自主学习

在农村学校,厌学是较为普遍的现象,因此,培养农村学生的学习兴趣十分重要。教师应引导学生根据不同兴趣、爱好,选择自己喜欢的内容学,学生会因为喜欢而学得更加深入,更好一些。例如,在语文课上,教师可提问:课文中的哪些内容你最感兴趣,哪句话你感受最深,哪段话你觉得描写最生动,等等。教师还应引导学生选择自己喜欢的学习方式,使学生学得更主动一些,同时教师给予关心、提示和指导,让学生运用自己喜欢的方式开展学习活动。

2. 给足自主学习的时间,给予学生发展的平台

动静结合,是理想课堂教学的基本要素。在理想的课堂教学中,应既有潜心阅读,也有热烈的体验交流;既有个人的独立思考,也有同伴之间的合作探究。在教学实践中,课堂静不下来是一大问题,或是教师担心40分钟内的教学任务完不成,或是教师自身存在重结论、轻过程的不正确认识,不想让课堂静得太久。然而,总是很"热闹"的课堂,往往缺乏潜心的思考,学生就不可能得到有效的思维训练,就不可能学有所得,学有所悟。只有充分让学生感悟、体验,才能给学生以最深刻的印象。

3. 尊重学生提问的权利,把问的权利还给学生

教学应使学生懂得,生活中的重大突破都来自于全新的发现,来自于挑战现状,而不是盲目地接受现状。而教学的创新,首先需要教师的创新。由此,教师要善于创设开放的教学情境,营造积极的思维状态和宽松的思维氛围,鼓励学生敢想、敢问,并教给学生质疑的方法。除此之外,教师还要善于处理学生提出的问题。学生的提问不能成为"民主"的摆设,即"你提你的问题,我上我的课",把学生提出的问题置于一边,不加理睬,继续按预设上课。

在课堂教学中,教师还要拒绝泛化的探究,即把学生提出的问题当作教学内容,跟着学生走,一节课以解决学生的问题为主。这种现象,既与个性教学背道而驰,也不能实现真正的知识传递。一个有功底、有经验的教师,应会对学生提出的众多问题进行必要的梳理、归纳和提炼,并与预设的问题结合起来,自然地纳入教学之中,在师生、生生对话中解决问题。

四、立足实践,注重教学反思

教学反思是教师根据自己的教学实践活动,对课堂教学、教师发展、学生发展以及师生间关系进行思考,以一定的理论知识作为指导,思考自己在教学实践中的成功与失败,采取有效的策略提高教学质量,促进专业发展的过程。

1. 提高教师自觉进行教学反思的意识

教学反思首先要求教师更新教育观念,关注最新的教育教学动态,以批判的态度反思教学,从根本上认识教学过程中的成功与不足,提高个人反思意识。为此,农村学校要注重培养教师发现问题和解决问题的意识,让教师们在合作交流中探讨问题,同时将问题归类,并做深入研究。

2. 创造有利于教学反思的外部环境

建立科学合理的教师管理制度,完善促进教师发展的评价体系,创建校园文化,是保证教师进行教学反思和提高工作效率的重要方法。营造宽松、和谐向上的校园环境、教学环境以及民主、信任、友爱、团结的同事、师生间的良好关系是承认并反思教学中的问题,虚心向他人学习的重要外在环境保证。

3. 拓展教学反思途径,灵活运用策略

教学反思的主要途径有:一是通过教师间的交流进行反思;二是通过自我教学经验的总结进行反思;三是通过学生进行反思;四是参照与时俱进的理念进行反思。针对反思的不同对象和不同情境,反思策略的选择将是随机

性和结合性的。教师针对自己的一堂课、一段时间的授课,针对他人的一堂课等,可以采用不同的反思策略。正如布鲁克菲尔德(Brookfield)所说:"教师反思自己教学实践经验的最好办法,是尽可能多地从他们所不熟悉的角度来审视自己的教学实践。"

五、加大培训力度,提升教师教学素质

教师专业素养是影响新教学方式实施的关键因素。因为专业基础知识扎实、教学能力强的教师可以更快更好地适应新课程改革。新教学方式对农村教师提出了较高的要求,因此,必须加强农村教师的培训工作。学校应尽量多为教师提供在职进修的机会,让他们加强有关知识的学习,并提高学历水平。具体而言,可从两个方面着手开展教师培训工作。

一是专家深入农村学校,增加教师的培训机会。这不仅可以节省农村学校以及教师的开支,还能使专家深入了解农村学校的实际教学情况。

二是改变以往单一的讲座式培训方式,实现培训方式的多样化。有调查显示,教师反映最有帮助、最有收获的培训方式是有专家指导的讨论与研讨,这说明参与式培训是新课程推进中必须坚持的一种重要方式。因此,专家培训应注重采用讨论探究的方式,主动倾听农村学校教师的困惑,帮助他们解决实际教学问题,从而切实提高农村教师的整体专业素养,实现教学方式的转变。

六、改革评价制度,构建评价新体系

首先,要建立新型的农村教师评价体系。发展评价作为一种过程性评价,更加注重教师的自我实现,它能通过激发内在的需求来促进农村教师的专业发展,从而使他们积极主动地参与到教学方式的转变中。具体而言,一是要注重评价主体多元化。学校应将教师的自评,与学生、同事、学生家长、学校领导等对其的评价结合起来,从而保证评价的真实性和客观性。二是要注重评价内容多元化。对农村教师的评价不应拘泥于显性的教学结果,更要涉及教学方式应用的合理性、课堂氛围的营造、知识的准备等内容。

其次,改革考试制度,建构促进学生全面发展的评价体系。教师的教学方式是和学生的学习方式相对应的。因此,学生评价方式的转变有利于教师教学方式的转变。如果学校仍仅以学生的考试分数来评价学生的学习效果和教师的教学水平,那么,农村教师的教学方式就难以获得真正转变。所以,学校要改革考试制度,形成促进学生全面发展的评价体系。比如,可以通过

学生在课堂是否积极参与教师的教学、其主体性发挥得如何以及学生在课外的学习态度如何等方面来进行评价。

第四节 打造健康课堂：岔河镇小学的经验[①]

淮安市岔河镇中心小学具有悠久的办学历史，始建于 1904 年，先后三次易址，现位于风光秀丽的白马湖畔。

长期以来，学校一直重视对学生的健康教育教学，曾在全县率先提出了"健康教育，健康成长，健康发展"的办学理念，希望每位师生身心健康成长，并以此作为该校办学治校的行动纲领和对外彰显学校特色的旗帜。

2011 年，学校根据特色项目和文化积淀，在听取多方专家、领导意见的基础上，确定学校精神为"追求健康"，学校使命为"为师生一生发展奠基"，追求办学境界为"让我们拥有健康的人生"，校训为"健康第一"，教风为"健康教育，教育健康"，学风为"健康学习，学习健康"。近年来，该校围绕"健康发展"这一核心价值追求，注重文化内涵发展，着力打造"健康课堂"，构建健康的、灵动的、智慧的课堂文化，谱写出新的学校教育教学改革篇章。

课堂是师生共同生活的体验，展示着生命与活力，更期待着健康、进步、可持续发展的未来。课堂应闪现着最真实的人生活力，流淌着最精彩的生命激情。由此，针对过去不适合儿童自主发展，不适合现代教育要求的一些落后现象，结合学校的教学实际，岔河镇中心小学提出了"健康课堂"的改革取向。其核心内涵是：充分释放儿童的潜能，让儿童更有幸福感与自由感，让儿童学会探究和创造，促使儿童生动活泼、全面发展、健康成长。其基本特征是：注重儿童主体地位，引导主动学习；注重儿童思维的训练，引导主动构建；注重课程与生活的结合，引导儿童主动运用；注重个体的差异，引导儿童和谐发展。

一、让教师心中充满健康

2012 年，适逢"县农村中小学明星学校"创建，该校借此机会加强课堂教学改革力度，确立了"还原课堂活力，呈现课堂健康"的主题，他们结合自身办学的实际，制订了《构建"健康课堂"教学实施方案》，并组织全校教师认真学习、贯彻、落实，首先让教师心中充满健康。学校构建了"健康课堂"系列活动，彰显了该校的"健康教育"文化特色，为提升学校的教育教学水平增添了

[①] 资料来源于淮安市教育局网站，个别地方有改动。

一片生机。

2012年3月初,学校明确了本年度校本教研的工作重点——走进健康课堂,并要求教师加强自我学习,翻阅教育书刊,网上查询关于"健康课堂"的相关资料,撰写读书笔记。在5月中旬,学校还组织全体教师进行了"走进健康课堂"的专题培训,由校长亲自进行讲解。这使教师们认识到"健康课堂"就是情感课堂、互动课堂、生活课堂、人文课堂。会后教师们又自发地在年级组、教研组内进行交流,谈体会、讲收获。一次次的专题培训,让全体教师真正地走进健康,走进了健康和谐、充满生机的教育教学的春天。

2012年9月后,该校开展了"随听每一位教师的每一学科教学"的课堂教学过堂活动,在随堂听课中,惊喜地发现,每个教师的身上都多了一份似火的激情与温婉的祥和,他们的举手投足间展现出的是对学生的关爱与体贴,是作为教师的满足与舒爽的豪情,更是洋溢在笑脸间的愉悦与活力,与学生亲切的交流,摸摸头,拍拍肩,是爱的传递,更是一丝鼓励与赞许。

随着教师对"健康课堂"的认识与理解的加深,教师间的"健康评价"在更新以往的师生互动评价的基础上,又有了进一步的拓展,包括"谁来听课我来选"、"谁听我的课最多"、"家长也来评一评"等评价方式,健康的教育又多了一份舒心的和谐。课堂上的师生互动,让欢声笑语洋溢在各自的脸上,教师激励性的评价,给每个孩子的心里注入了成长的肥料,让一颗颗涌动的心随着一双双小手的举起而升腾起希望的火光。此外,教研处还适时开展了"我是课堂学习小主人"、"小眼看健康"、"我是怎样健康学习的"等主题活动,让儿童还原课堂活力,感受课堂健康。

二、于教研活动中凸显健康

该校的教研活动,以教师作为研究的主体,以达到促进儿童健康、主动地发展和教师专业化成长为目的,在"健康课堂"系列活动中更是发挥了其主渠道的作用,让校本教研活动凸显健康。

首先,科学设立校本教研团队。在对"健康课堂"活动认识和理解的基础上,让教师结合实际工作进行深刻反思,审视自己的教学行为,提出在教学中急待解决的问题,真正为实现健康课堂教学服务,从而增强校本教研的实效性及教师参与研究的积极性。各团队把所提出的问题进行归纳、分类、研究,提出团队所要研究的主要问题,根据学校实际和自己所教学科、年段,有针对性地确立研究课题,并制订计划、确定课例,进行研究。

其次,自下而上,分层进行。① 个人备课:要求教师个性化处理电子教案,组内即时交流研讨。② 年级组内教研:每周每个年级组根据教材重点确定集体电子教案的内容,在组内进行研究。③ 校本教研团队活动:各教研团队除平时的教研活动外,每学期进行1至2次大型团队活动。④ 校级竞赛和展示:学期中该校的教研竞赛——课堂教学竞技确立为"我心中的健康课堂",主要形式是以校本教研团队为单位,团队成员都上课,选其中的一节进行研讨,体现本组平时的研究水平和研究过程,课堂教学竞技的基本流程是:主备教师说课(说理念、说预设、说过程等)—团队成员进行意见干预—主备教师进行教案调整—实施课堂教学—论课反思,团队成员从不同角度进行评价,再次修改,最终达到同伴互助的作用。

最后,构建充满活力的健康课堂。课堂是在校内生活中学生与教师交往最多的场所,课堂教学的每一课都是师生生命的一部分,都应有积极的情绪体验,使学生在课堂活动中有安全感,创设一种平等互助的课堂参与氛围,引发师生之间、生生之间思维的碰撞,鼓励学生敢于发表自己的见解,增强主体意识。该校积极实践淮安市十大教学模式之一——"自问自探"教学模式,先着力语文学科,后全面展开,从过去只关注预设的教案,只关注教师自己怎样教,转变为在关注教师教的同时,更关注学生的学,关注学生的独特感受、真实想法。为充分体现课堂的"活力",教师针对学生在课堂上的真实再现,适时地调整自己的教学策略和方法,进行"二度设计",用自己的智慧,最大限度地激活课堂,使课堂充满健康。这样的教学实践,既促进了教师队伍的成长和学生的心理健康,又创设了一个处处充满爱的健康校园氛围,用实际行动丰富了健康课堂的内涵。

三、在展示平台中传播健康

1. 集体备课展示

该校一直把校本教研的落脚点放在集体备课上,也就是向集体备课要质量,要效益。具体办法是"面向一周,点抓一课",利用每周四铺开一周的教学内容,精抓一节重点课进行示范性研究,从而达到对教学任务从宏观的认识到微观的把握。具体要求是,全校参与备课,轮换担任中心发言人和主备教师,中心发言人的责任就是"面铺一周",总体把握四个点:"统一目标重难点,能力培养着眼点,教法学法选择点,校本教研主题落脚点"。主备教师的责任就是"点抓一课",重点精确把握五个字"精、清、准、趣、活",也就是"语言设计精,环节流程清,教学重点准,教学过程趣,教法学法活"。在两位教师备课的过程中,同组教师也要参与研究,提出自己的观点,最终达成共识,形成一个从总体脉络上准确、完整、清晰的教学思路。整个展示过程,更多的是教师间的默契,在言语间、在举手投足间呈现出的那份和谐,正是我们健康课堂的外在体现。

2. 健康学习展示

在结合健康课堂基础上,该校将视野延伸到大自然、大社会,让生活真实打磨掉枯燥课堂,还原课堂活力,在健康文化的引领下,通过举办让儿童动手动脑,具有创造性的健康教育活动,增强儿童自信,养成乐于交往、享受快乐的良好品质,提高儿童敢于创新、积极探索的能力。比如,开设健康学堂,作为学校少先队红领巾社团活动的重要场所,分阶段、阶梯式塑造具有健康形象、健康心灵、健康行为的乡村少年;开展健康创新活动,班班有特色活动,开展象棋、跳绳、火柴棒贴画等十多种特色项目活动,更好地发展学生的健康创新能力;举办校园文化节,通过每年"四大"文化节,即健康读书节、健康艺术节、健康科技节和健康体育节,为全校学生搭建了一个展现自己健康创新成果的舞台。这让家长、领导为之惊叹,并引起省、市、县有关媒体的关注……

总之,追求健康课堂,就是让教育回归自然,还原课堂活力,岔河镇中心小学还将在这条充满希望的道路上一直走下去。

第六章　农村学校管理变革

管理是由计划、组织、指挥、协调及控制等职能为要求的活动过程。在人类社会中,管理活动无处不在,无时不在。学校作为社会组织的一个有机体,其成功与失败,管理是否得当,无疑是不可回避的重要因素。

从现实情况看,农村学校变革中存在的诸多问题,与农村学校的管理活动同样息息相关。因此,在本章我们需要透视农村学校变革中存在的管理问题,继而找寻推动学校管理的创新之路。

第一节　农村学校变革中的可能矛盾

农村学校在变革和发展过程中,经常会出现各种问题与矛盾。究其原因在于,相对于其他社会组织来说,学校是个复杂系统,学校的变革与发展充满着复杂性与不确定性。通过对学校变革中各种问题与矛盾的剖析和探究,可以为现实的学校变革和发展带来某些启示。

一、学校变革的复杂性

造就学校变革与发展的复杂性和不确定性的原因主要来自四个方面:首先,学校教育活动是一种复杂的社会实践活动。它要求作为活动主体的教师以自身的知识、学问、个性和品质去影响另一活动主体——学生,而这种影响的实际效率高低,不仅取决于教育者的专业素质、受教育者的身心准备,还受到外在的教育教学条件,乃至各种社会、家庭因素的制约。

其次,学校是一个复杂的特定社会组织。在学校,时时处处演绎着千姿百态的教育活动,这些教育活动绝不是单纯的线性关系,其间既有单一的师生关系、师师关系、生生关系,也有群体性的师生关系、师师关系和生生关系;而且,在当代,随着学校社会地位的提升,学校与社会的关系日益密切,能对学校生存和发展产生影响的社会力量也日渐增多,这些社会力量与学校之间,以及学校内部的各种力量之间,交织成一张复杂莫测的学校关系网络图,学校发展往往表现为各种内、外部力量相互博弈与妥协后所形成的合力。

再次,无论哪一个国家,学校教育总是浓缩了该国的一切社会与文化的元素,学校变革不能游离于国家的社会历史与文化传统之外,它在一定程度上受制于国家的政治、经济、文化体制。

最后,变革过程本身复杂,难以控制,在许多情况下变革的前景是"不可知"的。正如迈克·富兰所言,对于任何一项教育变革而言,要列举参与其中的力量、可预测又无法避免的影响因素、不可预测又无法避免的因素,以及上述因素间相互作用所产生的其他反应,只能得出一个结论,那就是"没有人能够计算出这种相互作用"①。因此,迈克·富兰认为,有成效的变革就是不断探索认识,虽然"知道没有最终的答案"。

学校变革与发展的复杂性和不确定性告诉我们,在学校发展过程中,出现问题与矛盾是正常的,发展总是与各种问题和矛盾相依相伴。对于学校发展的研究者和学校变革的实践者来说,最重要的是能够从宏观上、整体上把握各种问题与矛盾的症结,充分认识这些问题与矛盾的内在逻辑,从而找到一条能有效平衡各方面问题与矛盾且具有自组织更新机制的学校发展路径。

二、学校变革中的可能矛盾

1. 学校发展取向与市场需求取向

改革开放以来,我国教育事业的发展有目共睹。在基础教育领域,能否接受教育的问题不再是普遍性的社会问题,现时的教育条件已基本上能满足绝大部分适龄儿童接受九年义务教育的要求。然而,基础教育领域内的供需矛盾并未因此缓解,而是在矛盾的方向上发生了转化,即由先前的能否接受教育的矛盾演变成能否接受优质教育的矛盾。当前,随着人们经济收入的不断提高和独生子女家庭结构的形成,全社会正涌现出一股强大的呼唤优质教育的潮流。在社会主义市场经济体制的宏观社会背景下,这一潮流日渐孕育发展成一个以追逐优质教育为特征的教育市场。

对于广大中小学校来说,教育市场的形成给学校的跨越式发展带来了新契机。众所周知,学校的发展离不开教育资源的积聚,在计划经济体制下,学校获取教育资源的途径是单一的,大多依靠上级地方政府的教育拨款,在各级地方政府财力相对有限的前提下,中小学校难以获得充裕的教育资源以促进自身发展。而教育市场的形成使得这种教育资源的短时间迅速积聚成为可能,教育教学质量高的学校可以凭借自己良好的社会声誉占领生源市场,

---

① [加]迈克·富兰.变革的力量——透视教育改革[M].北京:教育科学出版社,2000(29):35.

吸引大量的学生择校就读,并形成学校发展的罗森塔尔效应。为此,类似"以市场满意为宗旨,做响学校质量品牌"的口号逐渐成为某些学校变革与发展的行动指南。许多农村学校同样希望通过品牌效应,建立具有竞争力的生源市场,通过生源市场建立有实力的经济资本,再通过经济资本,建立更具有吸引力的学校品牌,以实现学校品牌与生源市场、生源市场与经济资本、经济资本与学校品牌的良性互动。

然而,学校变革与发展的取向是否直接等同于市场取向呢?对于此问题,笔者认为,这关键要看教育市场与学校发展之间是否存在信念和价值观的一致性。首先从教育市场这一层面看,市场需求主要表现为对优质学校资源的追求。对于普通教育消费者而言,权衡优质学校的标准有简单化的特征。在现实生活中,教育消费者所关注的重心往往集中于,某某小学今年有多少学生考上了重点初中,某某初中有多少学生考上了重点高中,而某某高中又有多少学生考上了名牌大学。在教育消费者看来,考上重点学校的升学率越高即意味着学校的教育质量越好。笔者曾接触过一所小学,在教学改革之前,学校考取重点初中的升学率很高,其生源市场也就很好,但教改之后,升学率有所下降了,其生源市场立刻趋于疲软。由此可见,市场需求导向在很大程度上就是升学率导向,尤其是升重点学校的比率。其次,从学校发展这一层面看,学校发展的内涵通常是丰富和多维的。学者们通常认为,学校发展应包括外延发展和内涵发展,外延发展主要指学校规模的扩大,而学校的内涵发展则包括教师发展、学生发展、文化发展、管理发展等多种表现形式。当然,学校发展有其本质和基点,那就是学生的发展。"学生成长需要是学校变革实践的起点,促进学生成长是学校变革的基础性价值追求"。学校发展的种种表现形态,如学校办学条件的改善、教师的发展、管理水平与效率的提高,都是为学生服务、以学生发展为终极目标的。学生发展才是学校发展的根本取向。

由此可见,市场发展取向与学生发展取向在信念和价值观上并不具有完全的一致性,以市场为发展取向并不一定能实现学生的最优化发展,而以学生为发展取向又不一定能实现学校品牌(社会声誉)的提升。对于广大农村中小学校而言,以何种取向作为变革与发展的方向常常成为两难的抉择。

2. 学校决策与校长决策

在学校的变革与发展过程中,学校变革者需要把学校的办学思想、发展理念转化为变革策略,以确保学校变革的有序进行。因此,这些变革与发展的策略由谁来决定,是实际操作过程中无法回避的一个问题。

从理论层面而言,教师是学校教育活动的直接承担者,是学校教育者的主体。而学校的各个职能部门、各类管理人员的职责在于为学校教育活动的顺利实施提供保障,为教师能正常开展教育教学工作服务。因此,对于农村学校的变革与发展问题,尤其是关于教育教学的改革问题,教师应拥有至关重要的决策权。然从现实层面看,校长作为学校的管理核心,在学校的变革策略问题上常常居于关键地位,甚至于出现校长决策等同于学校决策的极端情况。

导致出现这一情况的主要原因还在于现行学校管理体制的缺陷。自从20世纪80年代中期,我国中小学校全面推行校长负责制以来,地方政府日渐趋向于宏观调控管理的模式,逐步把具体管理权限下放到所属各中小学校。但就学校内部而言,这种权力下放仅是把原属于地方政府的权力集中到学校的管理高层,尤其是学校校长的身上。随着岗位责任制、教师聘任制等学校改革措施的推行,以校长为核心的管理高层的管理权限进一步增大,这在一定程度上加剧了学校原本存在的科层制特征,造成学校管理高层和普通教师之间的分离,而且一般说来,学校规模越大,这种特征就越明显。当前,导致农村中小学校校长权力剧增的另一原因是,学校其他相应监督管理机制的弱化。从制度上而言,学校党支部负有监督的职责,学校教职工代表大会负有重大问题决策的职责,但从现实操作的过程看,这种监督和决策往往流于形式,其实际效力是非常弱的,以至于在学校一些重大问题的处理上,时常出现校长的个人决策取代集体决策的情况。

由此,在对待农村学校如何变革与发展的问题上,学校内部常存在二元结构现象,即校长与教师在策略认识上的不一致。校长习惯于从管理者的视角出发,倾向于以如何提高管理效率为基点制定改革策略;而教师习惯于从普通组织成员的视角出发,倾向于以如何有效维护自身利益为基点来确立改革策略。因此,通常出现的情况是,校长所倡导的改革策略是教师们所反对的,而教师们所主张的改革策略又是不被校长采纳的。

3. *学校变革与教师受益*

变革意味着各种力量的重组和各种利益的重新分配。有学者曾从利益视角,对教育改革做过类似分析,认为在教育改革过程中,存在绝对阻力和相对阻力之分。所谓绝对阻力,是指社会上每一个人都可能遭受一定的损失,从而都具有抵制教育改革的动机;所谓相对阻力,是指社会上的一部分人、一部分利益集团在教育改革的过程中受到物质或精神的利益损失,他们为了维护自身的既得利益而抵制或反对教育改革,从而构成阻力。① 对于学校变革而言,也同样存在利益重新分配的问题。每一次学校变革,哪怕是微小的学校变革行为,都会在某种程度上对某部分人的实际权益带来损害。而学校作为由多种成员组成的社会组织,其变革应该得到绝大多数成员的支持,以形成一种变革的合力。倘若这些组织成员之间不能建立起彼此信赖合作、彼此尊重理解的关系,那么,任何变革都难以转化为发展。

从学校内部来说,教师是学校的利益主体,教师在变革过程中的利益得失情况将在很大程度上影响到学校变革的成效。那么,学校变革能否使教师从中获益呢?对于此问题,从变革的长远性看,若学校变革是有成效的变革,且最终带来学校的发展,则学校变革应能使所有教师从中获益。但从变革的短时性看,许多变革措施会对教师群体的暂时利益带来负面影响。有时候可能是全体教师利益受损,如变革措施带来的教师工作量加大问题。有时候可能引发教师群体内部暂时利益不均衡现象,部分教师暂时获益(包括物质上和精神上的),而部分教师利益受损,如学校竞争型的分配制度改革(每个人相互竞争,看谁最佳),在学校经济蛋糕固定不变的前提下,部分教师的收入增加很可能意味着另一部分教师收入的减少。从现实的层面看,教师的整体利益受损,则可能导致教师群体成为学校变革与发展的巨大阻力。而教师群体内部利益不均衡问题,加之教师劳动的个体劳动特征,以及同事间的人际关系的相互隔离性,又往往会引发教师群体内部的冲突和对立。

4. 学校变革与学生受益

在我国,反观近三十年来的基础教育变革,从 20 世纪 80 年代的主体教育到 90 年代的素质教育、创新教育,乃至于新世纪初的基础教育课程改革,确立学生在教育活动中的主体地位、尊重学生的生命个体、充分激发学生的主动积极性是这些教育变革的共同之处。在这些教育变革中,教育变革的理论者把学生视为变革的潜在受益者,变革是为学生服务的,变革的着眼点在于学生的学业成绩、技能和态度的提高和转变。然而在实现这一转变的过程中,

---

① 马健生.教育改革阻力的利益性质思考[J].教育科学研究,2002(12):35-38.

种种外部技术手段却被奉为圣典在教育教学活动中加以推广使用。在变革理论者的大力倡导下,多媒体教学、小班化教学、生活化课程等诸如此类的变革措施,接二连三地在中小学校的教育舞台上粉墨登场。事实证明,这些外部的技术手段只能暂时给学生带来耳目一新的感觉,却难以真正唤起他们对学习的正确认知,也难以真正唤起他们参与学校教育活动的主动性和积极性。在调查中,学生所表现出的观念滞后、参与行为不足等问题,无疑论证了利用外部技术手段改变学生的被动地位、唤起学生的主体意识的局限性。同时,这也向我们揭示了导致学生在教育变革中错位"知行"的根源还在于教育变革的实践者,即学校管理者和教师自身的问题。

对于教育变革的实践者而言,"学生是教育活动的主体"的命题已成为不证自明的公理性认识,但对于"学生如何才能成为教育活动的主体"、"学生是不是教育变革的主体"、"学生如何才能成为教育变革的主体"等命题,许多学校管理者和教师的认识依旧是混沌与不清晰的,正是这些模糊不清,甚至是自相矛盾的认识,促成了变革实践者在教育活动与变革活动中的错误言行,并最终使得学生成为教育变革中的保守主义者与"沉默者"群体。

从总体而言,导致学校管理者和教师存在认识问题的原因主要有二:第一,教育变革实践者主观意识的缺陷;第二,教育变革实践者在与学生沟通中客观存在的问题。

就主观方面来说,首先,变革实践者自身对教育变革持矛盾心态。在学校管理者和教师看来,当前的基础教育变革过于充斥浪漫主义色彩,严重脱离我国的教育传统,而对于农村学校的生存发展而言,满足社会的升学需求仍是第一位的。因此,他们中的大多数虽然在思想上赞成素质教育的理念,但在实际的言行中却依然以"学习至上"、"升学至上"为"月标"。教育者是学生认知的重要来源,变革实践者的片面言行必然导致学生错误观念的产生。其次,变革实践者仍然没有摆脱对学生的传统认识,即学生是未成年人,学生是教育的对象。在许多学校管理者和教师眼里,学生是未成年人,意味着学生的身心发展还不成熟,意味着学生对教育活动、教育变革的意见和建议多是幼稚、无理、可笑的;学生是教育的对象,即意味着学生是无知者和被塑造者,而教育者才是教育活动的先知与权威。因此,在教育变革过程中,"他们很少想到学生作为变革过程和组织生活的参与者,很少真正把学生的角色提高到学校组织成员的位置"。当他们在理论上认同变革需要充分调动学生的积极主动性时,在选择变革的方法、内容、途径时,又常常忽视倾听学生的声音。

从客观层面来说,教育变革的实践者要真正走进学生的世界是极其困难的。教育者与学生毕竟分属成人世界和未成人世界,两者之间有着不同的知识、经验和文化背景,难以达到双方的无障碍沟通和交流。因此,在学校中,学生常常抱怨教师的不关心,而与此同时,大多数教师又工作非常努力,表现出对学生的深切关注。在教育活动和教育变革活动中,许多教师正是出于感知学生世界的困难,而疏于了解学生对学校、班级及自身学习的见解和看法,也不愿主动和学生探讨、交流书本之外的教育理念问题。

第二节 农村学校变革中的管理创新

学校变革与发展过程中可能遭遇的种种问题告诉我们,学校变革首先要解决的问题是学校组织的变革问题,面对学校组织内外部环境的变化,学校应对自身的组织结构、管理方式等进行调整、修正和革新。

一、合作型学校:农村学校变革的新组织取向

国外学者对合作型学校的倡导,可以为我国农村中小学校组织结构的变革,提供某些参考和借鉴。

1. 创建家庭—学校组织,协商学校发展

学生家长在学校声誉塑造中的作用是不言而喻的。"没有一个公民组织能比家长在公众意见上起到更大的影响"[1],只有得到学生家长的支持,学校才能取得更显著的进步。因此,学校应该主动和学生家长建立良好的协作关系。从现时的情况看,一些中小学校建立了家长委员会,也定期召开了学生家长会,但在信息的交流上还大多限于教师和家长之间在学生个人信息上的沟通,诸如,相互介绍孩子在学校与家庭中的表现等方面。

事实上,成功的家庭—学校协作关系不仅包括与家长信息交流,让家长熟悉学校,更重要的是让家长在学校的变革与发展中承担责任,与校长和教师共同协商学校的办学目标和办学方向。因此,农村学校可考虑牵头成立家长委员会、学校和家长会议、家庭—学校协会、家长研讨会、班级和年级委员

---

[1] [美]托马斯·J.萨乔万尼.校长学:一种反思性实践观[M].张虹译.上海:上海教育出版社,2004:175.

会等各种类型的家庭—学校组织,并通过适当的活动方式,让学校领导与教师了解家长是如何思考和行动的,家长对自己孩子的具体期望是什么;同时,也让学生家长了解学校有关教育教学质量的观点,对学生发展的认识,学校为学生发展制定的教育方略,通过这种协商和讨论,最终取得在学校发展方向上的共识。

2. 创建领导者共同体,决策学校变革

从学校内部来说,有效的学校变革需要领导与教师达成建设学校发展的共同愿景,并共同为实现这一美好愿景而不懈努力。因此,"校长和教师应该平等地共同分担领导这一道德义务"①。

针对当前我国农村中、小学校普遍存在的决策集权化、行政化倾向,学校可考虑把年度性的教职工代表大会转变为定期性的教工会议,并使之在事实上成为学校的最高决策机构,以实现学校的重大决策均通过团队授权。对于规模小的学校而言,教工会议应吸收全体教职员工参与;对于规模较大的学校,学校领导者可考虑把教师划分为若干教师基层小组,由小组预先对学校的重大决策进行讨论,形成意见,再提交教工会议讨论,形成决策。

3. 创建教师学习型组织,促进人际互动

有效的学校变革尤其是教学变革需要领导者与教师之间以及教师群体内部的相互理解与合作。针对学校变革过程中可能会引发的教师暂时利益受损或教师内部暂时利益不均衡问题,创建教师学习型组织显得十分重要。为此,农村学校的领导者应努力与教师一起营造合作的组织氛围,通过建立知识的生产与分享系统,大力倡导领导与教师之间、教师与教师之间的信息和情感交流,增进教师群体内部的相互理解和支持,从而达到全体教育者共同学习、共同发展、共同受益的目的。

二、正确认识与集聚学校变革中的学生力量

当代的教育活动,早已从旧时的社会边缘地位一跃而成为社会生活的中心,社会政治、经济、文化的发展都离不开教育的推动。教育的作用是如此巨大,教育的发展必然涉及社会方方面面的利益,学校外部的政府、社区、学生家长以及学校内部的管理者、教师和学生都是其中的利益相关者。为此,学

---

① [美]托马斯·J. 萨乔万尼. 校长学:一种反思性实践观[M]. 张虹译. 上海:上海教育出版社, 2004:175.

校的发展表现为所有的利益相关者的合力,而任何一类利益相关者的不支持或反对都会给教育的健康发展带来负面影响。

教育变革同样需要所有利益相关者的支持和参与。作为教育活动主体的学生,由于身心发展尚未健全,他们不可能成为变革的发起者,也难以成为变革的自觉者。但作为变革实践者的学校管理者和教师必须要正确认识到教育变革中学生参与的重要意义。学生是一支重要的变革力量,学生不仅仅是受教育者,同样是学校生活的主体之一,没有学生参与的学校生活是不可想象的。当学生充分发挥其在变革中的主动性时,不仅课堂教学和班级建设会呈现出丰富多彩的状态,学校的文化气质,学校生活的形态和性质都会更富有灵气和生气。在教育变革活动中,"学生参与"不仅是教育变革顺利实施的重要条件,其本身还是现代教育理念的充分体现。现代教育理念以民主、平等为核心,倡导尊重学生的生命个体,要把学生当作真正意义的人来看待。而"学生参与"的观念清晰地揭示了现代教育活动中师生互动的本质特征,即师生双方在人格上平等,师生在双方权利和义务上对等。

当前,对于学校管理者和教师来说,要促使学生参与教育变革,真正唤起学生在教育活动和教育变革活动中的主体意识,其先决条件是建立一种鼓励和保证学生参与的外在机制,这种外在机制的关键在于明确学生的应有权利。学生是人,是社会的重要成员,我国《未成年人保护法》明确规定,在校学生和社会上的未成年人,除了某些政治权利外,他们享有社会成员所拥有的一切正当的权利和权益,包括隐私权、知情权、选择权和表达权。而学生的称谓,又赋予这些在学校学习和生活的未成年人以特殊的身份和地位。在我国现行的各种教育法律、法规中,作为教育者的教师的基本权利已得到明确,并正在实践中逐步加以落实。然而在教育境域中,学生在参与学校的教育教学活动时,能拥有哪些特殊权利,却还是不明确的。对此,笔者以为,从教育变革的视角出发,要真正推动学生参与农村学校变革,至少必须赋予学生以下一些权利。

1. 变革的知情权

在传统思维的定势下,教育变革的实践者往往自信地认为,一切变革都是为了学生发展的,一切变革都是有利于学生成长的,却忽视了学生是具有独立人格的主体,其有权利知道即将发生在自己身上的种种教育变化。赋予学生变革的知情权,目的是在教育变革实施前,让学生了解教育变革的原因、内容、措施以及预期的结果等。学生对教育变革的认知,不仅会消除学生面对变革所可能产生的种种茫然和不适应,还会激发学生由认同变革理念而转化为主动的自我变革行动。

2. 变革的意见和建议权

变革是指向学生成长需要的,在成长的过程中,学生需要何种形式、何种内容的教育,作为当事人,学生自己最有感触。因此,由变革理论者、实践者按照自身设想制定的各种变革措施是否切合学生的需要,是否有益于学生发展,应该如何做出改进,学生最有发言权。

3. 适当的教育选择权

在当代,学校变革追求学生发展的个性化、多元化,强调给予学生必要的"行动自由"和"心灵自由"。在教育活动中,学生是具有独特性的生命个体,他们有着不同的成长背景、兴趣爱好和发展需求。因此,要促使学生广泛地参与教育变革,要唤起学生在变革中的主体意识,还应该给予学生适当的教育选择权。这种教育选择权,主要指学习的选择权,教师可在一定范围内让学生自己选择学习目标,自己选择学习内容,自己选择学习形式,自己选择评价对象及方式。此外,在有条件的农村中小学校,学校管理者还应逐步扩大学生的选择权,使学生具有一定范围内的课程选择权、班级选择权和教师选择权,甚至是校长选择权。

对于学校管理者和教师而言,明确了学生在教育活动和教育变革活动中的应有权利,尚只是建立一种鼓励和保证学生参与的外在机制,而要最终使学生的参与落到实处,还有赖于建立起一种鼓励和保证学生积极参与的内在机制。这种内在机制指的是,教育变革实践者对自身"行为"的重塑,即学校管理者和教师不仅要在思想上认识到学生参与变革的重要意义,不仅要明确学生在教育变革中所拥有的正当权利,更为重要的是要把这些认识自觉地转化为相应的言行。在学校变革活动中,变革实践者的言行一方面应充分尊重学生的权利,注重为学生创设更多行使自己权利的机会;另一方面,还应加强培养学生的权利意识,既要让学生知晓自己有受法律保护的正当权利和权益,还要让学生学会珍惜自己的权利,能恰当地运用自己的权利。

三、构建教师的民主参与机制

农村学校的运行和变革,不能缺少人与人之间的相互理解、沟通和对话,不能没有对每一位教师和管理人员参与学校管理权利的尊重。民主意味着对不同个体、不同层面、不同维度的尊重,意味着在相互的对话中,在实践的改革中,不断创造出新的发展空间。农村学校的管理变革,不能没有民主机制的建设。

教师民主机制的建设,可以从最容易被忽视的教代会制度的加强开始。民主机制建设还应该体现在日常的会议制度改革中。农村学校的管理变革,应改革传统的、上传下达、布置工作式的会议方式,形成以解决本校发展中的现实问题为中心的会议方式,在会议中,集聚多方的意见,汇聚改革的力量,凝聚教师和管理人员。

教师民主机制的建设,应渗透在制度建设的全过程中。制度建设的过程,需要有多次的互动,需要给不同的意见以发表的机会,需要在互动的基础上,形成促进农村学校转型的新制度。换言之,一个充满民主气息的学校制度,是教师参与建设的制度,是为全校师生发展而服务的制度,更是在改革过程中不断更新的制度。

教师民主机制的建设,还应该让教师深刻体会到民主的深度内涵,体悟到实现民主的渠道之广泛。在实践中,学校不仅要强调重大决策经过教代会举手表决的民主,更强调在实施过程中,教师也应该要有保留发言权、评价权的民主。唯有如此,学校的制度、条例、规章和建设,才可以在运作中持续地听取群众的意见,适当改进,逐步完善。

第三节 以管理推动跨越式发展:赵集中学的经验[①]

赵集中学位于淮安市淮阴区赵集镇,是一所全日制初级中学,占地 37 亩,校舍面积 9800 平方米。近年来,在淮安市农村教育现代化建设的推动下,学校的实验室、网络教室、多媒体教室、图书室、体艺设施均达到合格标准,学校的办学条件日臻完善,学校已创建成为"合格初中、市示范初中、市常规管理先进学校、市课程改革先进学校、市体育艺术 2 + 1 项目先进学校"。随着教育教学质量的不断提升,学校在老百姓中的口碑有所转变。为了更好地提高办学效益,努力办一所让赵集人民满意的学校,该校以提高教学质量为中心,不断强化学校的各项管理,努力推动赵集中学的跨越发展。

---

① 本节作者朱成林,系淮安市淮阴区赵集镇初级中学校长,资料来源于淮安市淮阴区教育局,有改动。

一、重抓教师队伍管理

1. 加强师德师风建设，打造一支爱岗敬业、为人师表的教师队伍

每学期开学初，学校均会组织全体教师学习、巩固区教育局下发的《加强和改进师德建设工作的实施意见》等文件。结合《淮阴区中小学教师师德规范十条》要求，与教师签订《赵集中学教师师德规范承诺书》，并将师德师风建设与日常的教育教学管理、教师的晋职评优、绩效考核结合起来，按性质、分类别定期予以通报与公示。另一方面，学校注重发挥师德反面典型的警示作用，为所有教师划出一条师德的红线，从而增强教师自觉践行师德规范的内驱力。

2. 制订教师专业成长计划，搭建多层平台，引领教师专业成长

学校充分发挥名师、骨干、学科带头人的引领示范作用，以骨干教师为核心，借助他们的思想引领和力量凝聚，着重培养精诚合作的教师团队精神；鼓励年轻教师实行跟班听课制、定期汇报制，大胆地将年轻教师放在重要的管理岗位上磨炼，从而激发年轻教师的工作热情、干劲，同时也为整个教师队伍注入活力，激发竞争力。

3. 全面推行学科导师制、师徒结对考核制

为推动教师队伍整体的发展和优化，实现由点到面，由个体到整体的协调的发展，学校全面推行学科导师制、师徒结对考核制，改变过去对教师单一的评价机制为多元评价机制。学校坚持单项评价与综合评价，定性评价与定量评价，结果评价与过程评价，自我评价与他人评价相结合，力争通过多维评价，提高教师评价的客观性、公正性，从而实现教师队伍整体优化与素质提升。

二、细抓学生教育管理

1. 切实加强学生良好行为习惯的养成教育

作为初中学生，其心智尚处于不断发展阶段，可塑性强，因此，良好学习习惯的培养十分重要。基于此，学校一方面组织学生学习、讨论《中学生守则》与《中学生行为规范》，帮助每一位学生明确国家、社会对现代中学生的要求与规范。另一方面，制定适合校情、班情、生情的《一日常规》，促使学生能共同遵守，律己律人，相互监督，共同进步。

2. 贴近学生身心特点，加强不同年级的分类指导

为推动学生教育管理的个性化，使学生教育管理工作能更贴近不同年龄段学生的个性特点和学习特点，学校为不同年级的学生教育管理工作确立了相应的工作重点,即七年级重点抓规范、感恩教育,八年级重点抓自主、责任教育,九年级重点抓理想、拼搏教育,力图通过对不同年级的分类指导,提高学生思想教育的针对性、实效性。

3. 加强学生"有效学习"的方法指导,培养自主学习能力

为培养学生的自主学习能力,学校采取了以下几种方式来强化对学生的学习指导:一是安排教师作学习方法的专题讲座;二是组织方法科学、成绩优异的学生做经验介绍;三是加强学科学习小组建设,开展结对一帮一助学活动,提高学生学习的效率,实现教师教学的有效延伸。

4. 开展丰富多彩的校园活动,丰富学生的校园生活

学生的成长,课堂是主渠道,但并非唯一渠道,学生的课余、课间、课外活动,甚至是学校的一花一草一木,都能对学生的成长发挥润物细无声的促进作用。为此,学校十分重视学生校园活动的规划和设计,主要方式有二:一是全面按照区教育局的要求开展大课间活动,教师全程指导,学生全员参与。二是组织各个学科的兴趣小组,正常开展各种活动,尤其是发挥学校音、美特色,让校园里增添一双双发现美的眼睛,一支支表现美的画笔,流淌着歌颂美的声音。实践表明,这些活动不仅丰富了学生的校园生活,而且丰富了学生的精神世界。

三、实抓教学流程管理

教学工作是学校的中心工作,教学管理是学校管理工作的重心所在。为此,学校以修订完善教师绩效考核方案为契机,结合校情,贴近实际,制定出切实可行的,利于新课程实施及师生共同发展的教学流程管理制度,保证教育教学工作健康有序进行。

1. 抓实备课环节

学校在备课上坚持阅签备案制,确保教师不备不上,杜绝无案进堂、上后补备现象。坚持备课蹲点领导点评制,蹲点领导就目标定位、重难点确定、内容取舍、程序安排、方法选择、教学准备、板书设计、作业布置等各环节严格把关,落实好教师的二次备课,确保备课既符合课程规范,又体现教师个性特长。

2. 提高授课质量

学校要求教师严格执行课程标准,提高授课质量。具体说来,有四项管理措施:第一,加强时间管理,严禁教师缺课,杜绝教师私自调课;第二,充分挖掘各种教学资源,为我所用;第三,高度重视多媒体辅助教学,以提高课堂

教学容量,增强教学的直观性与形象性;第四,关注学生的个体差异,营造轻松和谐的学习氛围,鼓励学生积极主动参与,激活学生思维,每节课让每个学生都有收获。

3. 优选精评作业

为保证学生作业布置与作业批改环节的质量,学校始终重视对学生作业的管理和引导。一是学校制定出各学科作业量化指标,予以严格检查并与绩效挂钩。二是组织相关人员对教师布置的作业进行评价,力求使学生作业做到难易适度、题量适中、题型多样、批改及时。三是加强作业与考试的联系与研究,以保证教师选题的典型性与代表性。四是加强作业的规范化要求与指导。五是认真抓好作业的反馈,及时补救知识缺陷、能力不足等问题。

4. 落实分层辅导

辅导是教学的重要环节,可以前置,也可以后移,视教学需要而定。辅导坚持面向全体、分层要求、分类辅导,确保不同能力的学生都得到应有的发展。辅导不仅要落实在知识上,还要落实在方法指导、端正态度、习惯养成上。所有教师的辅导课均要求备课,不求形式上的完整,力求内容上的实在,从而提高辅导实效。

5. 精心组织测试

组织测试工作,学校主要改革措施包括两方面:一是做好毕业班与非毕业班的同步测试,加强教情、学情的阶段性反馈。二是精心组织测试命题工作,从而为诊断教学、补偿教学提供真实依据。

第七章　农村学校内部制度变革

制度,是组织维系其存在的基石。在学校变革发展中,制度是维系组织生存发展的社会规范和行为规则,是分析学校变革条件的关键性要素,它提供了独立于行为主体之外的客观准则,可以拓宽学校变革研究的视野,为学校变革提供了一种方向性期望。

因此,从制度层面去分析和研究农村学校变革,是一种旨在立足于学校变革现实的、更具理性特征的研究思路。

第一节　制度在学校变革中的功能阐释

制度作为研究领域,在政治学、社会学等学科创始者的研究中已经出现,最丰富的制度研究在社会学。而作为一种研究方法的制度分析和制度研究,最早出现于新制度经济学领域,之后迅速被引入社会学、教育学等学科领域。合理运用制度视角去分析农村学校变革问题,首先应正确认识制度的内涵和构成。

一、制度的形态和内涵

制度的最初形态,按照英国哲学家托马斯·霍布斯的说法,是人们为了自身的安全而不得不订立的契约。霍布斯认为,在人的自私、趋利避害的自然本性的驱使下,整个社会表现出"每个人对每个人的战争"[1],所以,为了避免不必要的纷争和伤害,人类不得不制定一个基本法则对行为做出约束。而今,制度的形态已经发展得非常完备,规约与引领行为的制度无处不在,我们无时无刻不处在制度的规约之下,而且一些制度的规约已经成为我们的一种习惯,甚至是一种生活方式。

美国的政治学家 F. L. 普瑞尔教授指出:"就制度(institution)得由一些'有形的'东西代表而言,它可以是具体的实体(如工厂、银行、集体农庄或狩猎、采集队)。另一方面,虽然制度必然影响观测对象的行为,但它可以是抽

---

[1] [英]托马斯·霍布斯. 利维坦[M]. 黎庶复,黎廷弼译. 北京:商务印书馆,1995:94.

象的、无形的,或不易被察觉的(如价格机制或物质配置机制)。它可以正规化,并通过颁布法令来完成;也可以非正规化,借助于默契来达成。它可以是狭义的,也仅涉及几项活动(如获得许可证,允许出口的规则和程序);也可能包罗万象,涉及众多的活动(如一国的财产法)。"①可见,制度是个复杂的概念,这个复杂不仅表现在制度范围的广博繁杂、制度表现形式的奇特,而且表现在制度与价值观念、意识形态、文化传统之间繁复交错的关系。

首先,从表现形式来看,只要是能够对人的行为和观念构成规约的有形的或者无形的规则,如法律法规、规章制度、风俗习惯等,都可被称为制度。其次,从性质来看,一种制度必须具有某种普遍性和稳定性,在团体内是为成员所共享的一种行为方式或者行动模板;必须有一定程度的认知基础,或者根植于人群的习惯或风俗,维护共同的观念和预期,且被共同的观念和预期所维护;所体现的不仅是成员思想认识与行为的基准,而且融入了价值判断和道德评价。那么,构成学校变革之基础的制度,同样具备上述特点。有形的教育法律法规、学校规章制度,无形的影响学校变革、教育发展的非正式规则,都属于制度基础的范畴;而这个制度基础同样必须建立在一定的价值判断之上,拥有必备的文化认知基础,表现为在某种范围内普遍适用的规则。

二、制度构成的复杂性和层次性

首先,现实社会中的制度有层级之分。诺斯曾把一个社会的制度分成三大类型:第一类是宪法规则(宪法秩序),这些规则是制定规则的规则,这类规则确立了社会基本存在如生产、交换和分配以及在此基础之上的政治、法律和社会的基本秩序;第二类是操作规则(宪法安排),这是在宪法秩序框架内所创立的一系列操作规则,包括法律、规章、社团和合同等;第三类是规范性行为准则,主要是指特定文化背景下的习俗、意识形态、伦理道德、宗教习惯等。在这三类制度中,外延最广泛的是规范性行为规则,这一层次的制度安排是国家宪法秩序形成的基础;而宪法规则是第二层次的制度安排;在宪法规则之下,为宪法所保障和制约的各层次、各领域的法律法规、制度章程等则是第三层次的制度安排。

规范性行为准则也即观念因素和文化因素,被视为制度的核心与深层次部分。在哈耶克的认识论思想中,传统观念、文化背景被认为对规则的形成

---

① F. L. 普瑞尔. 东西方经济体制比较研究指南[M]. 钱玮译. 北京:中国经济出版社,1989:14.

与选择发挥决定性的作用。任何制度,都深受观念因素和文化因素的制约,具有明显的集体决定意识倾向和历史、文化继承性特征。不同的文化传统与历史背景,造就了国与国之间不同的宪法规则。在意识形态与文化传统基础之上的宪法规则是社会中一切其他法规、规则的"母法"。从社会的现实情况来看,更广范围的制度规范总是为在其之下的制度提供生成的依据和保障,任何一项具体社会制度都可归属于特定条件下的基本社会制度的下位概念,任何一项具体社会制度的生成,也都必须以遵从、不抵触在其之上的制度规范为首要条件。学校变革必须符合社会对学校、对教育的基本认识,遵从国家的宪法秩序、教育基本方针。

我们可以把与学校相关的制度分为宏观与微观两类,社会的基本制度以及学校与社会、学校与政府的基本关系准则,属于宏观的范畴,学校内部的制度则属于微观的范畴。宏观范畴的制度规范事实上就是制度环境,而微观的制度规范可称为制度安排。宪法秩序、基本体制与教育的根本方针政策、基本制度构成了学校制度环境,它决定了变革的深度与成本(良好的制度环境下,学校变革可深入开展且成本低)。学校内部的各种具体的教育行为规范、办事程序和运作机制,如教学管理制度、学生管理制度等学校内部的各种规章制度共同构成了学校制度安排,它们直接影响着学校变革的进程和变革成果的巩固。

其次,从组织层面分析,制度有正式和非正式的区别。波兰尼认为,知识一部分是明示的,还有一部分是默会的,而后者对于前者具有决定性的作用。在制度中,有一部分制度可以明确界定,并通过书面形式写下来,如各种法规和章程;有一些不可以明确界定,只能通过习惯遵从或意会或默认,如习俗和惯例等。前者被称为正式制度,后者被称为非正式制度。正式制度是人们有意识创造的一系列政策、法律、规则。非正式制度则是人们在长期交往中无意识形成的,它主要包括价值信念、伦理规范、风俗习惯、意识形态等因素。从制度的实际形态来看,一项完整的制度安排不仅包括正式制度,而且也包括非正式制度。若不考虑非正式制度部分,正式制度即使存在也是毫无意义。因为这些正式制度是嵌入在非正式制度安排中,任何简单剥离两者的意图都是徒劳的,这种嵌入关系决定了相关的正式制度安排和非正式制度安排只能作为一个制度整体来理解。正式的、成文的规章制度(正式制度)虽然形式更健全、更完善,但一般被认为是组织制度的表层。深植于组织成员的观念与无意识行动中的非正式制度,被认为是组织制度的实质。在组织的实际运作过程中,非正式制度不仅比正式的规章制度更经常地被用来解决组织的事务,而且会作用于已经变革的正式制度部分,还有可能导致这些部分的异化。在社会或组织的变革中,我们经常看到移植来的先进制度出现"水土不服"的现象,原因就在于忽视了作为整体的制度所包含的复杂的嵌入关系。

研究作为学校变革基础的制度,需要在了解社会对学校的心理认同、对教育的一般看法等集体意识的基础上进行。成文的、正式的教育法律法规、方针政策、规则条例,与沉淀为社会或学校的集体意识中的教育思维与行为模式——这些思维与行为模式可能是作用于个体的教育行为上的信念,可能是一些惯例,也可能是心照不宣、不可言传的潜规则——共同构成了一个制度整体。

最后,从正式制度的实际效用分析,制度还有文本制度和现实制度之分。一般说来,正式制度有较明确的规定,能够用书面的形式表述出来。在现实中,大多数正式制度是以文本的方式存在的,所以我们把这些制度叫作文本制度。然而,制度上升为文本,仍只是一种名义上的制度,运行中的制度才是实际的,文本制度与现实制度两者之间并不相等,甚至有时相去甚远,名实完全不符。因此,人们判断一个组织的制度是否有效,除了要看文本制度是否完善外,更主要的是判断这个组织的制度实施机制,即现实制度是否健全。离开了完善的实施机制,任何制度都会形同虚设。

制度内在构成的层次性和复杂性启示我们,以制度为对象的分析方法也应具有层次性的特征。在研究中,我们既应重视对观念因素和文化因素的分析,把它们作为制度分析的基础;又要强调对宏观政治、经济、文化制度的分析,以明晰它们对各种具体社会制度产生的影响。在对学校制度安排的分析中,既要做好对其正式制度的分析,又不能忽视对其非正式的规范性行为准则的分析。而且,在研究中还应充分认识制度执行过程的复杂性,始终注意对制度实施机制的分析。

鉴于宏观政治、经济、文化等制度(正式或非正式制度)对农村学校变革的影响,我们已在前面做了简要分析,因此,本章主要集中讨论学校内部制度的状况及其对农村学校变革发展的推动抑或制约作用。

第二节 农村学校内部制度分析

在学校组织内部,我们通常所能感知到的制度存在,并非单指某类规章制度,而是具有相当丰富的内涵和包容性、由多种形态和类型的制度有机结合而成的系统。从制度的存在状态来看,学校内部制度有正式制度和非正式制度之分。因此,对学校制度变革的分析也将按照此分类进行。

一、内部正式制度分析

根据其适用对象,我们权且把正式制度划分为两大类,即关于学校组织运作的制度和关注教育教学的制度。在此,我们对学校内部正式制度演变的分析也大体沿着这一思路展开。

1. 关于学校组织运作的制度变革

学校组织运作是指对组织的管理以及对人员之间关系的调整。在农村中小学校,与学校组织运作相关的制度主要包括领导体制、行政组织系统和师生管理制度。

(1) 学校领导体制的变革

学校领导体制是确立学校内部领导的组织原则,反映管理领导力量的地位作用、权责范围以及彼此关系的一种组织制度。[①] 随着政治体制改革中"党政分开"思想的贯彻和落实,伴随着《关于教育体制改革的决定》、《中国教育改革与发展纲要》中相关规定的实施,校长负责制逐渐在我国广大中小学校内部得以贯彻实施。

从理论层面而言,"校长负责制"并不是一个单一性的概念,而是一个结构性的概念。它应是"学校在上级宏观领导下,以校长全面负责为核心,同支部保证监督、教工民主管理有机结合,为实现学校工作目标,充分发挥行政管理功能的学校领导关系的结构体系"[②]。在校长负责制的逻辑框架内,校长必须至少处理好两方面的校内关系:第一,校长与党组织的关系,党组织在学校中对校长发挥着保证和监督作用;第二,校长与教职工代表大会的关系,校长负责并不排斥教师群体对学校的民主管理,教职工代表大会在学校管理中发挥着审议、咨询、监督和沟通的作用。

从实践层面来看,校长负责制的贯彻和实施,促成了农村中小学校领导工作的重大变革。校长负责制保证了校长在学校管理中的核心地位,明确了学校管理工作的职责分工,解决了过去集体决策时存在的办事拖沓、效率不

---

① 阎德明.现代学校管理学[M].北京:人民教育出版社,1999:125.
② 张济正.学校管理学导论(修订本)[M].上海:华东师范大学出版社,1990:132.

高、无人负责的积弊。但是,校长负责制也给一些农村学校带来了新问题。其中,最为主要的问题是校长权力的膨胀问题。在学校,由于校长的个人权限过大,校长负责制在实际运作过程中,党支部的保证、监督和教职工代表大会的民主管理常常流于形式,无法形成对校长权力的有效制衡,从而造成对校长滥用权力的行为监管不力。

(2)学校行政组织系统的变革

在农村中小学校,存在着多种类型的机构,有政治性的、行政性的,也有群众性的、学术性的。不同的机构纳入了不同的人员,行使不同的职能。但在这些机构中,行政组织系统最受关注,也最为重要,它是学校组织系统的主体。

近三十多年来,从总体情况来看,国家教育制度对农村中小学校行政组织系统内部的机构设置、职责任务、相互关系等方面的规约并无太大变更,基本上沿袭了《中学管理规程》和《小学管理规程》中有关学校行政工作的规定。因此,对于多数农村中小学校来说,其内部行政组织系统虽不断进行微调,但一般变化情况不大。

但就在多数学校保持其行政组织系统平稳运行的同时,我们也注意到,一些农村中小学校,尤其是规模较大的农村学校也从其发展的特殊性出发,对自身的行政组织系统做出了某些调整。综合看来,这些调整措施主要分两种模式。一种模式是变"单线式"管理体制为"两条线式"管理体制。在笔者走访的某农村中学,其内部管理路径就明确划分为两条。第一条管理路径:校长→年级管委会→级部→教师,主要负责教师、班级和学生的常规管理,属日常事务型管理;第二条管理路径:校长→教学副校长→各学科教研室→备课组→教师,主要负责教师日常教学和教师的业务素质提升,属专业型管理。而学校通过每周一次的教学行政例会,再把年级管委会和学科教研室的工作协调起来。另一种模式是变分散型组织结构为综合型组织结构。一些农村中小学校在实践中觉察到,学校的中层机构设置得太多太细,导致权责不清,经常出现"管理盲点",因此,这些学校把原来的教导处、总务处、校长办公室等职能机构合并为校务办公室来统筹管理,既减少了组织机构的功能交叉、重复又互不沟通,也突出了学校的教育、教学中心。

从上述学校对组织行政系统变革的思路来看,应该说,上述每一种变革方式都有相当的合理性,它们是这些学校的变革者在实践感悟的基础上,所形成的有一定针对性和特色性的变革策略。然而，对于这些制度变革措施所产生的实际效果及其可推广性却应该慎重考察。笔者曾对"两条线式"的学校管理体制做过调研，从调研结果来看，喜忧参半。多数农村学校领导认为，学校行政组织系统的变革确实有效解决了规模与管理之间的矛盾；但也有相当多的教师认为，这种两条线式的管理体制将教师置于多头管理的境地，严重制约了教师的专业自主性。而对于一些学校所采用的综合型组织结构来说，把多个机构合并为一个，只是名称和形式上的不同，实际上他们仍然各行其是，各自为政。

(3) 教师管理制度的变革

"振兴民族的希望在教育，振兴教育的希望在教师。建设一支具有良好政治业务素质，结构合理，相对稳定的教师队伍，是教育改革和发展的根本大计。"①在学校教育活动中，教师要保证其能规范地、创造性地完成教学任务，必须同时具备主、客观两方面的要求。在客观上，教师应具备从事相应教育教学工作所必备的素质；在主观上，教师要具有从事教育教学工作的热情和责任心。由此，通常说来，教师管理制度主要可分为两类：即旨在提高教师素质的内部制度和旨在激发教师工作积极性的内部制度。

第一，提高教师素质的内部制度变革。建设一支高素质、高质量的教师队伍，是我国近三十多年来制定教育政策时一贯坚持的重要目标。实现这一目标主要经历了两个阶段：前一阶段，提升教师学历、促进教师学历达标是师资队伍建设的工作重心；而在后一阶段，促进教师专业发展成为师资队伍建设的工作重心。在早期，中小学校通过物质奖励、时间调配等方面的规定，支持教师参与自考、函授或脱产进修，以成为学历合格的教师。在后期，在大多数教师已具有合格学历的前提下，"校本研修"开始成为提升教师素质的重要途径。"校本研修"着眼于真实的教学情景，关注教育实践，把教师的日常教学与研究、学习、提高结合在一起，因此，这一时期的管理制度倾向于对教师参与校本研究的内容、形式、时间保证、成果检查等方面做出规定。同时，根据《教师法》、《中小学教师职业道德规范》等国家与地方政府的相关政策，多数农村中小学校也都制定了本校的师德规范以使教师的言行符合其"教师"的身份。

---

① 中共中央国务院.教育改革和发展纲要[Z].1993.

提高教师素质不仅是社会的要求,也是学校自身的需求。一些农村中小学校从解决提高教育质量与教师素质发展落后之间的矛盾出发,有针对性地制定了一系列旨在提高教师素质的制度。"导师制"就属于这样一种制度,其目的是促进新教师迅速成长。导师制的通常做法是,给每一位新教师配备一位工作认真负责、教学能力精湛的老教师作为导师。导师不仅在教学过程中为新教师承担着示范与榜样的角色,还对新教师的教学全程进行帮扶和监控。而且,为进一步促使导师制落到实处,一些农村学校还规定,对师徒二人的教学业绩进行"捆绑式"考核。

第二,激发教师工作积极性的内部制度变革。经济领域中"按劳分配"制度的确立,直接促成了有关改革学校内部分配制度、激发教师工作积极性的教育政策文件的出台。《教育改革和发展纲要》要求:"在分配上按照工作实绩拉开差距……运用正确的政策导向、思想教育和物质激励手段,打破平均主义,调动广大教职工积极性,转换学校内部运行机制,提高办学水平和效益。"为此,大多数农村中小学校在国家政策文件的指引下,纷纷建立了相应的教师内部管理制度,试图将教师的工作业绩与收入、荣誉、职称晋升、岗位聘任等相挂钩,从而促使教师努力提高教育教学之质量。从类型上看,此类教师内部管理制度主要有教学奖励制度、教学惩罚制度、岗位津贴制度等。

教学奖励制度和教学惩罚制度,一般来说,直接指向教师的教学效果,往往是根据教师教学业绩的高低尤其是学生考试成绩的好坏,通过某种量化的计算方法,给予相应的奖励和惩罚。从奖励的方式来看,主要有奖金、荣誉称号、优先晋升等;而惩罚的方式则主要包括罚款、警告、工资下浮甚至劝离教学岗位等。岗位津贴制度是目前农村中小学校采用较多的,旨在提高教师工作积极性的教师管理制度。从某种意义而言,岗位津贴制是对教学奖惩制度的扬弃。岗位津贴制注重对教师德、能、勤、绩的全方位考核;另外,取消了惩罚性措施,改以正面激励为主要手段,对所有教师根据其工作业绩的大小,分别给予相应"浮动制"的津贴补助。

无论是致力于教师学历达标的教师进修制度还是激发教师工作积极性的校内奖惩制度,都存在一个共同的并且很突出的特点,那就是力图通过制度条件的改变来指引学校教师的专业发展,以外部的刺激带动教师素质的提高。应该说,当教育迅速扩张,而又面临师资质量不高的挑战时,这种变革思路是很适用的,它可以促使教师迅速地转向以适应新的要求。但是,教育所需要的不只是各项外在技能指标都合乎标准的教师,更需要有一颗爱心、能在学生的心灵上播下优良种子的教师。教师的专业知识和教学技巧固然重要,但教师所具有的人格魅力与社会良知以及在此之上的与学生的情感互动更为关键。

对教师发展的关注不能局限于教师的外在改变,更要关注教师的内在转变。健全教师专业发展的制度,不是健全对教师的外在控制手段,而是健全教师专业发展的制度保障,把教师看作自身发展的主体。社会政策和学校制度所提供的只是一个促进教师专业发展的平台,提供教师学习、合作、培训的机会,教师的发展还需要倚重教师自身的力量。在目前教师队伍稳定的情况下,教师管理制度应转变为教师专业发展制度,以激发教师自身的发展动力,提高教师对自身职业价值和社会责任的认识,提高教师对自身发展的内在需求。

(4) 学生常规管理制度变革

学生常规管理制度包括诸多方面,其中形之于文字的、正式的制度规范,有学生守则、学生日常行为规范、班级管理制度、生活管理制度等。总体来说,近些年针对学生的管理制度基本没有变化:偏执于对学生的要求,无视学生的权利;在班级管理中采用与学校组织一样的管理方法——科层制。为了使学生成为追求真善美的人,成为社会的合格公民,学生管理制度无不从道德发展和行为习惯养成对学生提出要求。此外,在许多农村中小学校,学生在班级中的地位不平等现象较为严重,班级中地位较高者是学习成绩优异、受到教师青睐的优等生与职位大小不等的班干部,他们是亲教师群体,而学业失败者、行为不良者是学生中的末流,另外就是处于这二者之间的中间"阶层"。学校是因为学生的受教育需要而存在的,但在学校场域,学生的弱势群体地位一直都是事实。

2. 指向教师教学与学生发展的内部正式制度变革

当前,国内学术界在讨论现代学校制度时,"往往对产权、投入、市场等问题给予了过多的关注,而对学校的核心工作——教育教学却关注极少,对学生身心发展的问题关注极少"①,从理论逻辑上看,这种做法似乎有本末倒置之嫌。学校是育人的场所,促进学生发展是学校教育的本体功能,而学生的

---

① 褚宏启.我们需要什么样的现代学校制度[J].教育研究,2004(12):67-72.

发展又主要取决于教师,因此,构建有利于教师教学和学生发展的制度应居于学校制度体系的核心地位。但是,从现实的情况来看,有关教师教学和学生发展的制度建设之所以比较落后,除了有思想认识的局限性之外,还与教师教学和学生发展的复杂性有关。众所周知,制度强调的是统一性和规范性,然而在学校教育活动中,教师的教学却带有鲜明的专业自主性,他们在一定范围内有权选择教学内容、选择适合自己和学生的教学方法,有权决定教育教学的过程和环节;学生的发展也带有鲜明的个别差异性,在发展过程中,每一位学生都有自己的个性特征、兴趣爱好、生活习惯,他们自我成长的方向和路径是各不相同的。因此,对于中小学校而言,建设关注教师教学与学生发展的制度似乎是个两难的选择:既要彰显制度的统一性和规范性,又要尊重教师的专业自主性、创造性和学生发展的个别差异性。

虽然学校在有关教师教学与学生发展制度的建设上,存在诸多的现实问题,但总体而言,近三十多年来,农村中小学校在此方面的工作还是取得了一定进展。这些进展主要表现为以下几点。

(1) 教学制度的完善与创新

所谓教学制度,就是人们在长期的教学实践过程中形成和创造出来的规范教学主体行为、整合教学系统结构的那些具有普遍性、稳定性的规则体系,既包括师生的教学行为规则,也包括学校的教学行为规则。[1]教学制度制约着教学活动的性质、各种教学资源的获得途径和使用效率,从而也制约着教学活动主体之间的关系性质。[2]因此,教学制度不仅是教学活动的外在制约性力量,也是教学活动得以改变和提升的动力。目前,农村学校教学制度的完善和创新主要表现在以下几方面。

第一,传统的教学常规制度的逐步完善。从内容上来看,教学常规制度的包容性很大,备课制度、课堂教学制度、学生学习制度、教学工作检查制度,等,都属于教学常规制度。对于这些制度,许多学校长期以来停留在经验操作层面,即此类制度大都以口头化、惯例化的形式存在,这就使得在执行制度的过程中出现两种情况,一种是缺乏明确依据,导致制度执行中的失真问题。例如,真正的传帮带制度(老教师指导新教师)可以让新、老教师通过互相的

---

[1] 安珑山.论教学制度[J].西北师大学报(社会科学版),2002(5):132-136.
[2] 徐继存.教学制度创新与基础教育课程改革[J].教育研究,2004(7):8-12.

沟通、交流，使老教师的有益的想法和经验得到传递，促进新教师的快速成长，但是流于形式的传帮带制度并没有让新、老教师之间进行真正的合作，他们并不了解彼此的想法，仍是孤立的"单干户"。另一种情况是，一些烦琐而不必要的检查制度不仅没有激发教师的积极性，反而分散教师的精力，压抑教师的创造性。为此，许多农村中小学校开始逐步加强教学常规制度建设，在对现行的教学常规制度反思的基础上进行了更新。一方面，从确保教学管理科学性、规范化的视角出发，注意将那些尚停留在非正式制度层面的教学常规制度文本化，使之更完善，并真正发挥对教学的指导作用；另一方面，从教学工作的特点出发，以促进教师的专业发展为目的，废止了一些不必要的检查制度，为教师的个性化、创造性教学留出了空间。

第二，适应学校发展需要的教学制度得到一定创新。质量是学校的生命线，一些农村学校管理者充分认识到，好的教育教学质量需要有好的制度，尤其是好的教学制度来保障。因此，这些学校不仅重视对传统制度的完善和修正，而且还结合教育教学活动的特殊性，创造出某些富有成效的新制度。例如，"集体备课制"就是一项出自中小学校，并业已得到推广的教学制度。在我们走访的某农村中学，其集体备课制度就规定：其一，学校下属的每个教科室成立若干个备课组，每个备课组每周举行一次集体备课活动，每次备课都有主讲人，主要讨论教师在备课过程中产生的对教学内容的认识和理解问题；其二，同一备课组在平时要集体备课，做到教学四统一，即统一教学目标，统一教学重点，统一教学进度，统一教学反馈；其三，备课组要积极组织组内听课、评课，积极公开承担对外公开课；其四，备课组要积极组织组内教师从事教育科研，撰写教学论文。再比如，一些有条件、思想活跃的中小学校陆续开始建立校内教育科研制度，以引导教师能积极结合自身的教学实践，去从事一些力所能及的教育科研活动。

课堂教学改革是教学制度改革的关键性议题。课堂教学是师生之间富于个性、充满活力的互动过程，对教师如何教、学生如何学不宜做出硬性的规定。然而，我们仍然需要一些课堂教学的指导原则，以实现对师生课堂教学行为的引导。例如，强调教师启发引导，调动学生学习兴趣；强调发挥学生主体地位，给予学生较多的自主空间；强调既教书又育人，对学生进行思想品德教育；强调多鼓励，少批评，帮助学生建立自信；强调及时反馈调节，不断改进教学。

完善教学制度的关键不是制定更多的规则去约束教师的教学自由和学生的学习自由,而是提高教师素质,赋予教师更多的教学自主权;尊重学生的个体价值和独立人格,使他们在较为宽松的环境中自主地学习。学校最核心的活动——教学活动,不仅是学生由不知到知的认知发展,而且是学生学习如何处事、怎样做人的情感与个性发展[1],这种发展在教师的精神世界与学生的精神世界的对话中进行,而对话的高质量,取决于教师的内在修养和自觉努力,而非用制度对教师施加外在强制的约束。

(2) 学生评价制度的多元化

每个学生都是一个整体,是有着多种丰富内涵的整体。那么学生评价所关注的也应是作为整体的学生,而不是学生身上被刻意突出的某一部分。基础知识与基本技能并不比情感、态度与价值观更重要,相反,人格与意志上的优势可以弥补基础知识与基本技能的欠缺,而人品中的缺陷却是任何东西都弥补不了的。学生评价的本质就是测度、甄别、诊断学生的身心素质个体差异的一种社会活动,它是学生行为的导向性尺度,如果这种导向性尺度不能全面地、客观地(与随意相对)评价一个人,而仅以学业成绩、考试分数作为衡量一个人的未来发展、判断一个人的价值的标准,那么这种评价不仅不能起到引领学生成长的作用,反而会引错路,让学生的成长误入歧途。学生评价不仅含有事实判断,而且含有价值判断,我们不但要判明评价结果"是什么",同时要关注评价结果"应当怎样"。我们的教育目标是一个包含了多种素质要求的整体结构,实现教育目标的过程是一个动态而复杂的过程,学生评价所要反映的也应是一个内涵丰富的整体,随着这个整体的动态发展,学生评价也要着眼于人的可持续发展,它为学生做出的是一种发展性的、过程性的评价,而不是终结性的评价;教育中的人是富有独立性、自主性与创造性的主体,学生评价既应体现社会的标准与尺度,反映社会对个体的要求,又应体现学生的个性特长,努力使评价为学生的个性发展提供一个宽松的环境。简而言之,学生评价的标准不应是单一的、简略的操作模式,不应忽视人的个性特点而单纯以共同性来衡量、判断一个人的价值。

考试是学生评价中的一个最为常用的评价方法。考试对当前的教育教学来说,被着重发挥的是它的选拔、甄别与淘汰功能,而它对教学的反馈与激

---

[1] 赵承福.我的创造教育观[J].山东教育科研,2002(12):1-4.

励功能却被搁置一旁。即使是考试的选拔功能——囿于考试的形式与内容中的缺陷——也没有被合理地、让人信服地发挥出来。目前的一些考试只能检查基础知识和基本技能，不能向学生提出思维方面的挑战，没有空间展示学生对问题的分析、推理与解决，更不能反映学生对所学知识的应用能力。义务教育阶段考试的目的是为每个学生都能获得良好的发展创造平等公正的机会和条件，完善所有学生的学业，发现学生的缺点并改进之，而不是甄别不适合当前教育模式的学生并淘汰他们。"学生评价关系到培养什么人的问题，它既是一个教育理论问题，也是一个实践性很强的现实问题。"[1]当前的形势急切地需要改革学生评价制度，而如何把一些理论上较为先进的认识融合进当前的学生评价制度中，使学生评价制度能够发挥引领学生全面成长的作用，是一个关键性的问题。

在当前基础教育课程改革的背景下，一些农村中小学校所进行的考试制度改革的主要特点包括如下几点。

一，面向全体学生的考试应该正视学生之间的差异，针对学生的不同情况，采用分层考试、分项考核的方法，使考试适合不同层次学生的发展。

二，试题的编制与社会生活相融合。孤立的知识点只有与真实的社会生活相结合才能显示它的巨大教育力量，否则学生面对被斩头去尾的公式、定理与概念所能感受到的只有单调、死板和郁闷，还有困惑：费尽心计记下来的这些条条框框究竟有什么用途？知识只有在被使用的情况下，其价值才被揭示出来，也只有当知识在被使用的情况下，它的力量才能显示出来。

三，试题增加适当的灵活性，给学生自由发挥和选择的空间。我们以往的考试陷入了一个固定的模式之中，学生只要熟悉了这种模式，针对这种模式加以反复操练之后就能获得高分。一方面这种反复操练的应试愈演愈烈，简直到了"弄虚作假"的地步；另一方面这种考试模式无法检测出学生的真实水平，学生无法展示自己的能力，而灵活的、不设置唯一答案的题目，因为没有固定的模式可以遵循，既可以考察学生的真实水平，又可以给学生一个自由选择和表述个人观点的空间。

四，采用多种考试方式相结合的方法以尽可能地对学生的综合素质加以测量。单一的闭卷笔试封闭了学生的思想，而综合采用不同的考试方法有助

---

[1] 李润洲.学生评价模式探析[J].中国教育学刊,2003(5):55-56.

于学生的全面发展,也有助于发现学生的特长。当前,除传统笔试外,还采用口试与答辩、课题研究、实践操作等方式来进行考试;在笔试中,一些学科实行部分开卷与部分闭卷考试相结合,学生可以带一些参考资料进入考场;考试除了检查教学大纲的基本要求之外,还为学生提供一些表现个人能力的机会,如作品与方案设计、写短文或试写小论文等。

"学生的素质是由多个部分构成的,存在于 N 维空间的不规则结构。仅从一个角度测试的结果,无论如何也只是对结构的平面映射图形,不可能显示出素质的结构层次。"①要对学生进行全面的评价,对学生的素质进行全面的衡量,就不能单纯使用考试这一种评价方法。考试这种评价方式应与其他的学生评价方式相结合。如现在某些中小学所使用的成长记录袋就是一种较好的评价方式。成长记录袋收集的是能够反映学生学习过程和结果的资料,包括学生的自我评价、最佳作品(成绩记录及各种作品)、社会实践和社会公益活动记录、体育与文艺活动记录,教师、同学的观察和评价,来自家长的信息,考试和测验的信息等。

一言以蔽之,重视评价的激励和诊断功能,"用积极的眼光,从多个角度去评价学生,发现学生的优点,让每个学生在自尊、自信中快乐地成长"②是学生评价的根本要义。

二、内部非正式制度的变革

人们在研究学校制度时,通常关注的是正式制度,其实,如果没有隐含在各种教育行为、管理行为中起教化作用的非正式制度,正式制度在学校内部力量整合与行为规约中所能发挥的作用是很有限的。有学者认为,当今的学校应该"充分发挥习俗、规范、仪式、价值观、信仰、学校文化或学校氛围、隐蔽课程的作用,因为它们往往比正式制度具有更好的潜在约束作用,更能节约交易费用,从而更有利于学校发展"③。就如难以对文化做出统一的界定一样,也很难给非正式制度下一个确切的定义,人们对它包括哪些现象的看法并不一致。但可以肯定的是,非正式制度是一个与正式制度相对的概念,是一个体制外的领域。"尽管人们用不同的方式称呼它,如'非正规制约'、'文化网络'或'文化潜网'等,但其内涵均是局限在社会普遍认同,没有、也无须

---

① 臧铁军.素质教育与考试改革[J].湖南教育,1998(8):32-33.
② 赵德成,李灵.新课程实施中的学生评价改革[J].中小学管理,2003(6):35-37.
③ 盛冰.社会资本与学校变革[J].比较教育研究,2005(9):27-30.

被国家法规政策制度化的社会现象。"①虽然非正式制度不具备法定的效力，但它以惯例和习俗的形式，以弥散性的方式存在于每一个学校组织成员的思想观念中，成为组织文化的重要组成部分。非正式制度对行为的规范，不在于强制，而在于引导，在于特定背景下人们的自觉听从。学校的非正式制度存在于学校的日常生活中，人们对它的掌握不需要经过特别的训练，在耳濡目染的工作与学习中会逐渐感觉到它的存在，熟知它的特点。非正式制度是支配组织运作的潜在力量，是一种存在于人们心中的信仰。探讨学校的制度体系，不仅要从正式制度的视角去解析学校各种文本制度的内涵，还需要从非正式制度的视角去寻觅那些深深根植于学校领导者们和教育者们内心深处的东西。

　　从20世纪八九十年代起，我国中小学校的内部管理，开始经历由前科学化、前制度化管理转向科学化、制度化管理的阶段。在这一转变过程中，受国家"依法治国"思想和企业"制度增效"措施的影响，学校管理者逐渐认识到"依法治校"的重要性。于是，许多农村学校管理者从学校管理规范化、制度化的基点出发，为确保学校的各项事务、各种活动都能做到"有法可依"，开始致力于学校的内部正式制度建设，大有制度越多越好之倾向，这也在一定程度上造成了学校忽视非正式制度的存在与作用。

　　近些年来，学校制度建设中的"唯正式制度取向"开始有了一定程度的转变，非正式制度建设逐步进入学校管理者的视域，成为他们工作中关注的重要内容。这一转变的实现，首先归功于国内教育理论界对"以人为本"理念的大力弘扬。过去，在传统教育思想文化中，学校场域中人的主体地位并没有得到充分重视，以至于在学校工作中，形成学校管理者——校长及其中层领导，与学校被管理者——教师和学生之间的对立态势。显而易见，在学校内部，领导层与教职员工之间的控制与被控制关系，并不符合教育活动特殊性的要求。因此，"以人为本"理念越来越得到学校管理者的广泛认同。而要在实践中贯彻"以人为本"的思想，加强学校的非正式制度建设无疑是最佳选择。

　　从农村中小学校有关优化非正式制度建设的具体实施来看，应该说，不同学校的具体做法各异，各具特点，不同的学校有不同的措施和风格。但从

---

① 丁钢.历史与现实之间:中国教育传统的理论探索[M].北京:教育科学出版社,2002:128.

总体而言,农村中、小学校的非正式制度建设有如下一些共同取向。

第一,关注学校共同教育价值观的培育。共同的信念和价值观是学校凝聚力的基础,为学校的正常运行提供了潜在、无形的支撑。学校管理者也越来越重视对学校个体共同价值观的培育。很多中小学校都在醒目的位置,以标语的形式张贴本校崇尚的价值观,如"勤奋,求实,创新,进取","一切为了学生,为了学生的一切","教育为学生的一生幸福奠基",等等。同时,学校也注重通过各种不同的仪式向学生传递教育信息,如升旗仪式不但是对学生的爱国主义教育,成为光荣的升旗手也带给学生很多的自尊和自信。

第二,关注学校教师的精神世界和家庭生活。在传统教育观中,教师经常被假设为一心为公、毫无私利的"慈善家",他们是乐于"燃尽自己,照亮别人的蜡烛",是不食人间烟火的圣人。这种教育观的错误根源即在于把教师予以"神"化,而无视教师作为"人"的这一本质属性。事实上,教师也是社会的普通成员,他们有七情六欲,有各种物质和精神上的追求。因此,为促进教师能有更多的精力和饱满的热情投入教育教学工作中去,学校管理者开始由以往的对教师工作情况的关心,逐步转向对教师工作时间之外的生活、休息和娱乐的关心,立足于解决教师在工作之外所遇到的多方面的困难,从而为提高教师的工作积极性创造条件。

第三,关注教师群体中的弱势小群体。现时,在整体社会生态系统中,教师群体并不是一个强势文化群体,他们工作职责繁重,却收入相对较低,总体社会地位不高,应对各种突发情况的能力也较差。由此,在教师群体中,常常会有部分教师由于疾病、家庭变故等原因,而出现生活贫困或精神压力过重等问题,致使他们成为教师群体中的弱势小群体。从现实层面来看,学校对这些弱势群体成员的关注和支持,既可以帮助他们及时摆脱困境,也可以促使所有教师感受到学校的人文关怀,以激发每一位教师的工作热情。

第三节 农村学校变革中的内部制度缺陷

当前,伴随我国基础教育事业的改革和发展,农村学校的内部制度建设越来越得到重视。但由于管理者的思想认识局限,农村学校的许多现行内部制度仍然存在不少缺陷,这些缺陷不仅有碍学校制度体系本身的优化,而且也在事实上成为学校实现由量变到质变、由外延扩张向内涵发展转化的桎梏。

一、学校内部正式制度的问题

目前,农村学校制度安排所存在的种种问题,使得学校在有序、稳定的表象背后,是失衡与无序,是不安、不满的暗潮涌动。

1. 制度缺失

檀传宝教授曾从教育制度层面,对制度的缺失情况进行了界定。他认为,当前,教育制度的缺失主要有三种情况,即完全制度缺失、不完全制度缺失、隐性或实质性制度缺失。① 所谓"完全制度缺失",即指我们完全没有某方面的制度;"不完全制度缺失"指的是虽然有某方面的制度,但相关配套的制度没有跟上,或者有法不依,造成制度的完整性无法实现;而"隐性或实质性制度缺失"是指表面上某方面的制度十分齐全却毫无效果,实际上是无。

在此,我们对制度缺失的理解,与檀传宝教授有所不同。本书的制度缺失是指制度体系中不存在而在理论逻辑上本应该拥有的某些制度。所以,我们把制度缺失理解为上述的完全制度缺失,而把檀传宝教授所说的不完全制度缺失、隐性或实质性制度缺失归为制度缺陷与制度执行中失真的问题。

从实际调研的结果来看,大部分农村学校的规章制度都较为健全(至少表面上是这样)。但是,仔细翻阅他们的制度文本,就会发现他们过分强调制度的规约性和刚性,把各种要求强加给教师和学生,而对教师和学生的权益保障和维护、对学校管理层的权限监督却很少提及。换言之,学校相对缺少鼓励性制度和民主性制度。

鼓励性制度在方法上强调利益诱导。通过利益(不仅包括经济上的收益,也包括心理上、精神上的满足与充盈)的驱使,推动学校成员向着预期的方向发展。鼓励性制度所产生的推动力量,就如同一只无形的手,深刻地影响着教师的教学,但又不干涉教师的教学行为;它既通过利益调整,来蕴含正式制度的规约,同时又注重对教师、学生的诱导,激发他们的变革热情,促使他们自觉地产生变革的意愿。

民主性制度主要指民主参与管理制度和民主监督制度。民主参与管理或者民主监督制度,体现的是群体之间的平等与权力的制约,在近十余年来的各类教育政策文件中频繁出现,也是完善中小学校"校长负责制"的重要组成部分。从横向比较而言,在一些发达国家,民主管理学校的途径是很多的,

---

① 檀传宝. 制度缺失与制度伦理[J]. 中国教育学刊,2005(10):10–11.

如校务公开、校长选任、家长参与、学生参与、社会监督等，都可以是民主管理学校的有效方式。但当前在我国，通常能体现民主管理学校的唯一形式就是校教职工代表大会。而且这种唯一的形式，还经常性地由于某些原因，无法正常发挥其应有的作用和功能。

2. 制度缺陷

对农村学校的变革和发展造成严重障碍的，还包括现行学校内部制度中所表现出来的种种缺陷。

首先，学校内部制度缺陷表现为严重的功利化取向。学校组织的社会性，决定了学校的生存繁荣与其能否满足社会需要之间存在密切的关系。受我国传统文化的影响，长期以来，学校不仅被视为法定的"教化"、"育人"场所，更被广大学生和家长视为提升社会地位、获得向上流动机会的工具。因此，出于对自身生存、发展的考虑，学校往往把满足学生与家长的期望作为办学的优先价值取向。近年来，随着我国市场经济体制的逐步建立，教育市场日渐孕育成熟，学校传统的社会价值取向显现出新的发展特征，即以教育市场的需要办学。市场是趋利的，教师能否实现专业发展，学生是片面发展还是全面发展，都不在市场的考虑之列。教育市场的这种天性加剧了学校搞"应试教育"的程度，也深化了学校走"应试教育"的决心。学校必然以这种功利化的取向作为办学的指南、管理的方针。

目前，我国大多数农村学校都建立起较完备的教学评价制度、岗位津贴制度以及教师聘任制度。其本意是为了促进竞争，激发教师的教学热情。然而，由于制度专注于教学成绩的对比，强调对教学结果的量化，并与教师收入的高低（差距较大）、教师校内岗位的竞聘直接联系起来，致使班级与班级之间、教师与教师之间的竞争陷入一种不良的境地。为追求高分数，反复的测验、讲解和课后辅导，成为一些教师的通常做法。与此类似的是，学校制定的学生评价制度、奖励制度，也同样注重对结果的评价，尤其是对学生考试成绩的评价，致使学生之间的竞争蜕变为相互间纯粹的考试成绩的比拼。

其次，内部制度中人文关怀的缺乏。凡是制度，都具有强制和他律的特点，它需要运用一定的强制手段，依靠外力来约束人的行为，使人的行为符合相应规范的要求。但同样都属于规范人、约束人的制度，其本身还有刚柔之分。刚性制度强调命令和禁止，明确规定制度适用对象不应该做什么，对违反者通常会给予相应的惩罚；而柔性制度则讲求建议和劝导，制度中蕴含着人文关怀和对制度适用对象的理解，一般没有强制性的处罚措施。学校制度的主要适用对象是教师和学生，他们是有思想、有一定知识水平的主体，若一味地在制度中凸显刚性成分，很容易诱发他们的抵触情绪，致使制度在执行过程中失去预期的效用。

目前，农村学校内部制度中人文关怀内容的不足是一个较突出问题，许多制度的刚性化成分过浓，过分强调命令和禁止，并辅以较严厉的处罚措施。例如，某中学的"导师制"，其本来目的是促进青年教师迅速成长，但在制度中，不仅包含大量"必须"、"否则"之类的似乎不容商榷的语言文字，而且在对青年教师行为规范要求的每一条细则后面，都用小字注明，违反本规定将给予多少经济处罚。又如某中学的"学生一日常规"，其中也一味地强调命令和禁止，而缺乏从学生的视角出发，没有考虑到过分的规范要求所可能给学生的适度自由、独立性带来的损害。从实际对青年教师和学生的访谈来看，这种缺乏人文关怀的制度恰恰就是遭受否定和批评最多的制度之一。

最后，内部制度中的公平失衡。公平是民主与理性的表现，是人类社会所特有的概念和范畴。公平的学校制度不仅能够表明学校是民主与理性的场所，还能够激发教职员工的工作热情，且有利于学校合作文化的形成。目前，一些农村学校的内部制度表现出较明显的公平失衡现象。例如，某农村中学制定的岗位津贴制规定，学校教职员工的岗级由校考核委员会严格按照"考核标准"来确定。考核标准共包括12项内容，分别是：① 职称；② 学历；③ 教龄；④ 近六年内任教初三届次；⑤ 是否学科带头人或骨干教师；⑥ 是否受到过国家、省、市、县表彰；⑦ 是否学科教学、教研业务领导；⑧ 近三年教学实绩；⑨ 学生参加竞赛获奖；⑩ 教师业务评优获奖；⑪ 承担并完成各级教科研课题；⑫ 其他反映教学实绩和知名度的材料。从以上12项考核标准，我们可以初步归结出，该中学在确定教师岗级时所表现出来的两大潜在取向：第一，资历取向。一般说来，工作年限长的教师其职称普遍较高，因此，他们在职称和教龄两项上的得分要远高于青年教师。第二，职位取向。考核标准的第⑦项应是职位取向的显性表征，它直接规定了相应职位可以获得相应加分；而第⑤⑥⑪⑫项则可谓是职位取向的隐性表征，因为在学校里面，通常而言，校中层以上领导成为学科带头人、骨干教师或受到各种表彰的概率要远多于普通教师，他们主持或承担较高级别课题的可能性也要远高于普通教师。由此可见，普通教师、青年教师在学校的某些内部制度（尤其是涉及利益分配的制度）中，常常会遭遇不公平问题，居于相对不利的弱势地位。

3. 制度过剩与过度

制度过剩与过度表面上似乎与制度缺失相矛盾，其实不然。正是因为控制性制度在学校大行其道，把教师和学生置于被管理、被控制的地位，对教师和学生提出过细的要求，学校缺少鼓励性的、引导性的、民主性的制度，才出现了制度过剩与过度的现象。

学校是社会中的一个特殊组织。从社会学的制度理论角度看，学校组织的特殊性主要表现在，学校在事实上是一个带有"松散耦合"特征的系统。"教无定法"的客观存在，致使学校内部既缺乏协调，也很难对教学进行控制。因此，在教育教学活动中，教师必然具有较大的专业自主性。

然而，在现实中，一些农村中小学校基于管理科学化、规范化的考虑，存在着制度越多，学校教育效能就越高的片面认识，以至于出现学校内部正式制度过剩的现象，反而给教师在教育教学活动中的自主和创新造成障碍，给学生的学校生活带来不必要的麻烦。

例如，我们在调研中走访的某农村学校，其内部制度文本十分健全，但在这些规章制度中，有些制度内容的规定是完全没有必要的。例如，在"备课规范"中，学校统一规定："所有教师应严格按照目标教学模式备课"，如要做调整，必须经学校教务处审批。在"课堂教学规范"中，学校规定所有教师的课堂教学过程都应该按照"导标、亮标；述标；测标、补标；布置巩固练习及要求预习新的教学内容"这一步骤来进行。显而易见，学校对教学模式和教学过程的统一化要求，是与教师的专业自主权相违背的，严重制约了教师教育创新工作的开展。

在农村中小学校，某些内部制度由于制定的过程存在问题，或制度内容本身存在缺陷，从而导致制度的适用对象从一开始就产生抵触情绪，对制度不认同、不接受、不遵守。例如，某农村中学出台的"末位淘汰制"，在执行过程中就引发了严重的制度抵制现象。因为按照"末位淘汰制"的规定，学校要把考评成绩位列每一学科组末位的教师，劝离教学岗位。学校管理层推出"末位淘汰制"的本意也许在于调动教师的主动积极性，激发教师爱岗敬业的职业精神，然而，既然有排名就必然有人位列前茅，也必然有人居于末位，而这里面的原因又是很复杂的。

4. 制度执行失真

制度是确保学校各项活动能正常、有序开展的基本手段和方式。它包括制定和执行等阶段，其中，执行是实现制度目标最直接、最重要的阶段。当前，在农村中小学校，其内部制度在执行的过程中，经常出现执行活动及结果偏离制度目标的不良现象。这种制度执行发生偏差、走样的现象，我们统称为"制度执行的失真"。

从现实的情况来看，目前农村中、小学校存在的制度执行失真现象，根据其表征的不同，可以划分为以下两种类型。

其一，制度敷衍。在学校内部制度的执行过程中，一些制度执行主体没有严格、规范地按照制度的有关规定去进行操作和实施，致使制度执行并未真正落到实处，成了空架子。在中小学校的内部制度中，制度敷衍是制度执行失真现象中最常见、最具代表性的。例如，在访谈过程中，我们目睹了某农村中学"教学工作检查制度"的实际执行情况。按照该学校规定，每到星期五下午，教师应把本周的教案上交所属学科的教研室主任，以备检查、评定。在短短的十分钟时间内，我们看到某教研室主任就完成了下属近十位教师教案的检查、批阅、签字工作。另外，在对学校教代会制度的调查中，三分之二的教师表示知道这么一回事但从未参加过，校领导也表示教代会并非定期召开，代表的产生仅由校中层领导讨论决定。从笔者走访的几所学校来看，这种敷衍性的制度执行行为，并不是这所学校的个别做法，而是一种普遍现象。

其二，制度歪曲。制度执行主体对某些内部制度的精神实质或部分内容有意曲解，致使原制度在实质上被篡改成与原制度不一样的"新"制度，新旧制度之间表面一致，但实际在内容、结构、目标和性质上已经发生了根本性的变化。在学校内部制度体系中，制度歪曲现象大多发生在教育教学制度方面。诸如，某农村小学制定的"兴趣活动制度"，明文规定周一到周五下午的第三节课、周六全天为学生兴趣活动时间，在规定的时间内，学生可以在教师指导下，根据自己的兴趣爱好，自愿选择参加学校组织的各项活动，但从调研中收集到的信息来看，几乎所有学生都选择自己的任课教师作为指导教师，指导教师也很少安排和指导真正意义上的兴趣活动，而绝大多数的兴趣活动时间，被用于补课、讲解习题、考试等本该在正常教学时间进行的活动上。

二、学校内部非正式制度的不足

在学校制度中，非正式制度之所以占有重要地位，不仅因为非正式制度与正式制度安排之间存在的嵌入式关系,而且因为非正式制度对提高学校工作效能的积极意义。在学校内部,良好的非正式制度,能转化为学校的非权力影响力,使师生员工发自内心地愿意为学校的变革发展贡献自己的心力,自觉地互相合作以实现学校的变革目标。但是,在学校中,由于社会传统的惯性以及学校自身的积弊,非正式制度呈现出来的并非全是积极因素,相反,由于它的隐蔽性和累积性,它带给农村学校变革的压力可能会更持久。

1. 关系的滥用

关系是社会成员由于互动而形成的联结①。我国在传统上就是一个非常注重关系的社会,梁漱溟先生说:"人一生下来,便有与他人相关系之人(父母、兄弟等),人生且将始终在与人相关系中而生活,如此则知,人生实存于各种关系之上。此种关系即是种种伦理……家人父子,是其天然基本关系,故伦理首重家庭。父母总是最先有的,再则有兄弟姊妹。既长有夫妇,有子女,而家族戚党亦由此而生。出来到社会上,于教学则有师徒;于经济则有东伙;于政治则有君臣官民;平素多往返,遇事相扶持,则有乡邻朋友。随一个人年龄和生活之开展,而渐渐有四面八方若近若远数不尽的关系。"②关系可以消除我们的陌生感,可以给我们的生活带来很多的便利而避免不必要的麻烦,"有关系好办事"已经成为至理名言。一个人的关系网的壮大也就意味着这个人的能量的增加。记得一位农村中学校长曾戏言:"关系就是生产力。"此话虽有不妥之处,因为"关系"并不能直接创造生产力,但也在一定程度上揭示了创设和谐的内部关系,对于组织的生存和发展意义十分重大。良好的组织内部关系可以协调好组织内部的人际关系,促进群体间、个体间的密切支持和配合,从而有利于组织工作效率的提高。

关系本来是在人与人的交往中所必然要出现的,但是,在我国却普遍存在着关系的滥用,置社会的制度、法规于不顾,走路子、托人情的现象比比皆是。农村学校也不例外,学校内的某些成员在面对一些敏感问题时,往往不是按照学校的规定进行,而是利用关系去获取。表面上学校成员在资源、机会面前人人平等,实质上由于各人的社会背景、在学校中从属的小团体、占据的地位优势和人际关系的不同,导致他们拥有的资本(如文化的、经济的、社

---

① 庄西真.关系——一个社会学的分析框架[J].教育理论与实践,2005(7):9-13.
② 梁漱溟.中国文化要义[M].上海:上海人民出版社,2003:92-93.

会的、符号的)不同,在学校网络中具有不同的位置,而位置的不同决定了资源分配上的不同,决定了他们受到机会垂青的概率大不相同。"由于这些资源分配不均,个人和群体在权力上就是不平等的,虽然他们以一般人类方式行动的能力是平等的。权力不平等来源于资源不平均,这种资源使行使权力——包括扩大资源本身的权力成为可能。"①由于学校成员所拥有的关系的不同,资源和机会就不会在他们之间公平地分配,而所拥有的资源与机会的不同进一步加剧了他们之间的分化。一些领导评优、评先进年年有份,而一些埋头苦干、不懂或不屑于钻营取巧的教师却与各种奖励基本无缘。在关系的滥用中,学校的规章制度形同虚设,重要的权利和资源分配被权力主体所左右。人情大于法理,相应的制度规定并不等于秉公办事的原因在于,尽管正式制度明确表达了特定职位和角色的行动规范和准则,但是由于学校中的职位和角色是由活生生的人来担任的,正式制度无法规定实践中的特定的关系网络的种类和质量,而不同种类和质量的关系网络会对学校实际运行产生不同质的影响,②而关系是互惠的,在关系两端的人可以进行投桃报李的交换。

2. 形式主义作风

一般说来,我们把某种事件或某种东西,流于表面,不解决实际问题,叫作"形式主义"。"形式主义"表面上在解决问题,实际是在对问题进行拖曳,或者掩盖问题,假做、造做或小做。

当前,一些农村学校的非正式制度建设,也存在着许多形式主义的做法。从表面上看来,学校所沿袭的一些惯例和习俗,在一定程度上确实使教师和学生从中受益,但事实上,学校师生对此并不认同。究其原因,还在于形式主义的症结,学校领导并没有真正为教师和学生考虑。学校所强调的某些人性化措施,在教师和学生们看来,是为领导自己装点门面,显耀自己的政绩,是特地制作出来的,而并没有使关心、合作走进学校生活,也没有拉近学校领导层与教师群体的关系,其结果是华而不实,浪费了学校原本有限的人力、物力、财力。

---

① 盛冰.社会资本与文化资本视野下的现代学校制度变革[J].教育研究,2006(1):46-49.
② 刘能.等级制和社会网络:社会场域中的权力和交换关系[J].人大复印资料社会学,2004(6):23-26.

第四节 农村学校制度建设——袁集小学的经验

淮安市袁集乡中心小学位于江苏省淮安市淮阴区袁集乡袁集村。近年来,袁集中心小学立足教育原点,遵循"生命与健康、权利与人格、个性和发展"三个不能超越的原则,确立"为学生的幸福人生奠基"的核心理念,树立课堂培养技能、阅读提升境界、运动强健体魄三个观点,推进构筑理想课堂、建设书香校园、实施阳光运动三大工程,形成了较为深厚的办学底蕴,取得了较为丰硕的教育成果。为推动学校办学的健康、可持续发展,袁集中心小学形成了较完备的制度设计和制度安排。下面我们拟对该校的内部制度体系进行简要的剖析。

一、学校章程

在农村学校中,学校章程设计并不多见,袁集中心小学却有自己的学校章程。学校在章程中明确提出了学校的发展愿景:全面提高教育教学质量,建设有特色、全区一流、全市有一定影响的学校。提出了学校的办学宗旨:严格遵守宪法及相关法律、法规和国家政策,遵守社会道德风尚,满足社会需求,利用现有办学资源,为国家培养现代化建设所需的高素质人才打下良好的基础。在章程中,学校还明确提出了学校对校风、教风、学风的应然要求:即以民主、和谐、求真、向上为校风,以踏实、严谨、创新、进取为教风,以乐学、静思、自主、合作为学风。

二、学校规范化管理制度

袁集中心小学的管理制度主要包括校园管理制度、校舍管理制度、卫生管理制度、学生管理制度、教学场所管理制度、安全工作制度、校长接待日制度、校务管理制度、后勤管理制度、档案管理制度、教学管理制度等。其中较有特色的做法主要体现在教学管理与学生管理制度中。例如,在教学管理制度中,要求严格按照规定开齐开足课程,要创造性地开设地方课程和校本课程;要建立科学的学校评价制度,不以考试成绩和升学率作为衡量教育教学工作的唯一标准。在学生管理制度中,要求学生每天在校活动总量不超过6小时,家庭作业量不超过1小时;要求坚持全员育人,学校对内要健全党团、少先队、班主任制度,对外要健全与家庭、社会的联系、合作制度。

三、管理人员岗位职责

为规范管理人员的行为,袁集中心小学建立了较全面的管理人员岗位职责制度,涉及校长、总务主任、少先大队辅导员、教导主任、德育处、教导处、教研组长、教科室主任、班主任、安全处主任、舞蹈室、阅览室、图书室、实验室管理人员等对象。

在各项岗位职责规定中,学校始终强调管理人员是权责统一体,既要拥有相应权利,同时又要承担应尽的职责。以校长工作职责为例,学校首先强调了校长全面负责,校长拥有决策权、人事任免权,财务审批权和招生管理权。同时又对校长提出了具体要求:校长要负责制定学校的管理制度、发展规划;要全面主持学校的教育教学工作;要组织和领导德育、体育、卫生、劳动教育等工作;要协调校内外的关系,推动学校教育、家庭教育、社会教育的协调一致、相互配合。

四、教师发展制度

袁集中心小学建立的教师发展制度主要包括:教师职业道德考核制度、集体备课制度、校内绩效考核制度。

在教师职业道德考核制度中,规定了教师职业道德考核的内容和标准。主要考核内容有:依法执教,爱岗敬业,热爱学生,严谨治学,团结协作,尊重家长,廉洁从教,为人师表。

在集体备课制度中具体规定了实施原则、集体备课的程序、集体备课的活动要求。其中不乏亮点,主要表现在:第一,诠释了集体备课的意义,认为集体备课能把个人才智转化为集体优势,通过教学信息的交流与互补,在课前对教材、对学生、对教法、对学法、对课程资源等进行充分的准备与整合,可以达到共同提高教学质量的目的。第二,提出了合作原则。认为一种思想与另一种思想交换,可以形成两种思想,要求教师合作探究,形成研讨氛围,发挥团体效应的优势。

在教师绩效考核制度中,学校十分注重考核内容的全面性。把教师绩效考核的内容划分为六个方面,并给每一部分内容确定了具体且相对合理的比重。分别是:师德师风,占10%;出勤,占10%;工作量,占10%;教学质量,占30%;教学常规,占10%;校园安全,占20%。

五、家校联系制度

袁集中心小学的家校联系制度主要包括家长会制度和家长学校制度。其中家长学校制度更能体现特色性。主要措施有:家长学校必须定期开课,主讲教师必须提前备课,讲究教学方法,不断拓宽家长学员的知识面;家长学员应按时上课,做好学习笔记,写好学习心得,能用所学知识教育好自己的孩子;学校要帮助家长学员订阅《家长》杂志,以家教名人为榜样,学习科学的家教方法。

六、特色制度

在袁集中心小学,最有特色的学校制度,莫过于少年军校制度。学校充分利用学校的社区环境资源,通过与附近的解放军某部队合作,共同创建了小学少年军校。

在少年军校制度中,学校能充分认识到少年军校是一种在教育理念、教育内容与教育方式上与一般学校教育并不完全相同的特殊教育管理形式。它具有自己的许多特点和优势,努力实现军校教育与学校教育的有机结合,使其成为学校教育的必要补充和发展。基于此,学校在军校章程中提出创建军校的目的是:以育人为根本,全面贯彻执行教育必须为社会主义现代化建设服务,必须与生产劳动相结合,培养德智体等方面全面发展的社会主义事业的建设者和接班人的教育方针,全面贯彻执行《中共中央、国务院关于深化教育改革、全面推进素质教育的决定》,努力为实施科教兴国战略和实现中华民族的伟大复兴奠定人才基础而贡献力量。

在军校管理制度上,学校提出,军校是学校与社会诸方面教育资源共同创办的一种新型教育组织形式,特别要处理好少年军校和相关社会组织的关系,少年军校和少年儿童的关系,少年军校和学校教育的关系,少年军校和部队建设的关系,少年军校与社区的关系。

在军校教育的内容和方式上,学校提出:第一,要坚持以学军教育(学习解放军的好传统、好思想、好作风和国防教育,增强国防观念,了解国防知识,激发爱国热情,立志保卫祖国)为主要内容;第二,要突出"五自"的学习、培养、实践和锻炼,军校特殊的集体生活和教育方式,最有利于培养学员自学、自理、自护、自强、自律的意识和能力。第三,要突出体验教育。要让学员们在军校的教育活动中去亲身经历和体验每一次教育的全过程,去感受自身成长与成功的快乐与自信,去树立一种团结、顽强、坚韧的民族精神和品质,去锻炼未来建设祖国和保卫祖国所需要的强健身心与体能。

第八章 农村学校文化变革

教育的本质是使个体社会化的活动,这种使个体社会化的活动,是通过文化的传承和创新来实现的,正如人们所言:教育就是"文化化人"的过程。而学校,其存在是作为实施教育的主要机构。这也就是说,教育这种文化化人的活动,需要借助学校来加以实施和实现。由此可见,学校与文化有着不解之缘。

在农村,学校无疑是文化的高地。说其是高地,不仅表现在学校所从事的是高尚的文化教育活动,更表现在农村学校作为教师集聚的地方,这些教师在农村地区担负着"知识分子"的角色,对当地文化的发展发挥着重要的引领作用。因此,从文化视野揭示农村学校变革,其根本目的在于提高学校文化的质量和水平,促使学校更好地承担文化育人的功能,同时也更好地对所在区域的文化建设发挥示范性作用。

第一节 学校文化的内在意蕴

文化是个极其丰富的范畴,不同研究者对此有不同的认识和见解。揭示这些认识和见解,有助于我们更全面、更深刻地把握学校文化的内在意蕴。

一、学校文化的界定

对学校文化,目前理论界还难有统一的认识和标准。给作为文化下位概念的组织文化下定义,学术界也存在较大争议,而争议的根源在于定位的出发点不同。概括说来,目前有关组织文化的界定有两个基本出发点:其一,描述分析,主要揭示组织文化的基本要素。例如,范国睿认为,组织文化是某一特定组织所独有的、为所有组织成员共同持有的价值、信念、规范、基本假设与行为形态的综合体系。[1] 周三多认为,组织文化是指组织在长期的实践活动中所形成的并且为组织成员普遍认可和遵循的具有本组织特色的价值观念、团体意识、行为规范和思维模式的总和。[2] 其二,功能分析,强调组织文化

---

[1] 范国睿.学校管理的理论与实务[M].上海:华东师范大学出版社,2003:309.
[2] 周三多.管理学——原理与方法[M].上海:复旦大学出版社,1999:359.

的整体性和结构化。如,威廉·贝格斯认为,组织文化就是一个基本模式的假定,即某一组织在尝试着解决外在适应和内部整合过程中出现的种种问题时,发明、发现或者开发出一种基本模式,并且这种模式相当有效,因此,它被作为一种正确的方法传授给新的成员,去思考或感受与之相关的一些问题。

毋庸置疑,学校是社会的基层组织。依据对组织文化定义和内涵的解析,我们认为,在组织学的视野中,一般说来,学校文化应是指"一所学校在长期的管理和教育教学实践中积淀下来的,为全校师生所共同认可和遵循的价值意识、基本信念和行为方式"。

二、学校文化的内涵

文化是一个内涵极为丰富的概念。目前,国内学术界对组织文化内涵的理解,主要有三种基本观点,即两元说、三层次说和四层次说。

"两元说"认为,组织文化是由组织中物质文化与精神文化两个方面因素综合而成的。物质文化指的是有形的、可见的东西,又称外显文化、硬文化或表层文化。精神文化指的是无形的、看不见的方面,又称为隐形文化或深层文化、软文化等。

"三层次说"认为,组织文化由三个层次内容组成。第一层次是文化的外显部分,是外显的、物质形态的东西。较深一层的第二层次,称为制度文化,指组织的规章制度、公约、纪律等制度形态的东西。最深层次为核心层,称为精神文化,指组织的价值观念、信念、理想等精神形态的东西。国外学者的"三层次说"在层次的划分上稍有不同,同时还关注到层次间的联系。例如,舍恩·爱德加把组织文化描述为一个三层次的、每一层次间又可以相互支持、相互沟通的概念体系。在舍恩的模式中,所有人工环境和创造包括各种技术、艺术和看得见听得到的行为模式,为组织文化的第一层次,也是组织文化的显示层面;而在文化显示层的底下,是组织的价值观,这种有关组织的价值观在多数时候是内隐的,但有时也会被编码成文字语言,以哲学陈述或信条的方式出现;第三层次是文化的实质:"那些不以为然的、无形的、出乎意识之外的假定"[1],这些假定通常处于沉默和无意识之中,除非经某个询问程序才可被唤至表面。

---

[1] [美]罗伯特·G.欧文斯.教育组织行为学[M].窦卫霖等译.上海:华东师范大学出版社,2001:197.

"四层次说"认为,组织文化由四个层次构成。第一为物质层,是一种物质形态的表层组织文化,优秀的组织文化可以通过重视产品的开发、服务的质量、产品的信誉和组织生产环境、生活环境、文化设施等物质现象来体现。第二为行为层,即组织行为文化,包括组织经营活动、公共关系活动、人际关系活动、文娱体育活动中产生的文化现象。第三为制度层,主要是指对组织和成员的行为产生规范性、约束性影响的部分,是具有组织特色的各种规章制度、道德规范和员工行为准则的总和,制度层规定了组织成员在共同的生产经营活动中应当遵守的行为准则,一般包括组织的领导体制、组织机构和管理制度等三个方面。第四为精神层,即组织的精神文化,主要是指组织的领导和成员共同信守的基本信念、价值标准、职业道德和精神风貌,精神层是组织文化的核心和灵魂。

简而言之,组织文化作为组织行为研究的新领域和新视角,在理念认识上呈现出百花争鸣、百花齐放的发展态势。但是,剥去这林林总总理念认识的语言外壳,我们认为,目前有关学校文化的研究可能存在以下几点共识:第一,学校文化是影响组织发展的重要因素;第二,在学校内部,文化无所不在;第三,学校文化的表现形态有显在的,也有内隐的,但无论是显在还是内隐的,文化并非事物本身,而是事物所内蕴的某种意义和价值;第四,无论哪种层次的学校文化都可以通过某些方法或途径加以识读;第五,学校文化具有鲜明的个别差异性,不同组织存在不同表现形式的组织文化。

学校文化是组织文化的有机组成部分。在本章,为凸显研究的专注性,并依据学校文化的特殊性征,我们秉承当前教育理论界对学校文化内涵的基本认识,姑且把学校文化划分为物质文化、精神文化和制度文化。

三、学校文化的实践价值分析

1. 组织文化的价值

组织文化涉及分享期望、价值观念和态度等内容,它对个体、群体及组织都有影响。组织文化除了提供组织的身份感之外,还有稳定感。具体来说,组织文化的意义和价值包括以下几个方面:

(1) 整合作用

传统的科学管理法或科学管理职能约束住员工的行为,但不能赢得员工的心。而强有力的组织文化,却能成为激发员工积极性,使员工全心全意工作的动力。在一个富有凝聚力的组织文化中,组织价值观念深入人心,员工把组织当成自己的家,愿意为了组织目标共同努力,贡献自己的力量,使得员工和组织融为一体。组织文化能从根本上改变员工的旧有价值观念,建立起新的价值观念,使之适应组织正常实践活动的需要。一旦组织文化所提倡的价值观念和行为规范被接受和认同,成员就会做出符合组织要求的行为选择,倘若违反了组织规范,就会感到内疚、不安或者自责,会自动修正自己的行为。从这个意义上说,组织文化具有很强的整合作用。

(2) 提升绩效作用

管理学大师彼得·德鲁克(Peter F. Drucker)说过:"企业的本质,即决定企业性质的最重要的原则,是经济绩效。"瑞士洛桑国际管理学院(IMD)对企业国际竞争力的研究显示,组织文化与企业管理竞争力的相关系数最高,为 0.946。而科特和赫斯科特经过研究认为:组织文化在企业运行发展中能发挥以下作用:一是组织文化对企业长期经营业绩有着重大的作用;二是组织文化在下一个 10 年内很可能成为决定企业兴衰的关键因素;三是对企业良好的长期经营业绩存在负面作用的组织文化并不罕见,这些组织文化容易孳延,即便在那些汇集了许多通情达理、知识程度高的人才的企业中也是如此;四是组织文化尽管不易改变,但它们完全可以转化为有利于企业经营业绩增长的组织文化。

(3) 完善组织作用

组织在不断的发展过程中所形成的文化积淀,通过无数次的辐射、反馈和强化,会不断地随着实践的发展而更新和优化,推动组织文化从一个高度向另一个高度迈进。也就是说,组织文化的不断深化和完善一旦形成良性循环,就会持续地推动组织本身的上升发展,反过来,组织的进步和提高又会促进组织文化的丰富、完善和升华。国内外成功组织和企业的事实表明,组织的兴旺发达总是与组织文化的自我完善分不开的。

(4) 塑造产品作用

组织文化作为一种人类的创造物,它最好的表现形态是企业的产品。当企业的产品都浸润了组织文化时,其产品的生命力将会是其他任何企业不可以相提并论的。组织文化对于塑造企业产品有极为重要的作用,企业依据组织文化进行产品设计、生产和销售,只有符合企业文化的产品才能在市场上立足立稳。反过来,企业产品的畅销则会使消费者进一步了解企业的组织文化,这是一种相互促进和发展的关系。

2. 学校文化的价值

从总体而言，学校文化既与组织文化的意义和价值一脉相承，同时也与学校作为育人机构的本质属性相结合，处处彰显出学校文化的特有性征。具体说来，学校文化的意义和作用有以下几点。

（1）学校文化是产生与传播先进文化的基础

无论文化被赋予多少种含义，作为一种通识性概念，文化中内含的文明、高尚、智慧、优雅谦和、通情达理等美德均是人们的共识。因此，我们有理由说，文化是人类文明与科学的象征和代表，是人类美德和智慧的表现。学校是精神文明传播与精神文明创造的重要阵地，是人类文化的神圣殿堂。各类优秀文化、先进文化能否得以保存和发展，学校所发挥的作用无可替代。然而，学校文化是学校的生命和灵魂，学校能否积极承担优秀文化、先进文化的传递和发展工作，与学校文化的状貌息息相关。由此，我们认为，学校文化是各类优秀文化、先进文化存在和发展的基础和前提。

（2）学校文化对学校师生员工具有示范作用

学校文化建设旨在营造一个健康向上的学习与做人的环境。而在求学与做人的过程中，对学生影响最大的通常是教师，教师是学生的主要模仿对象。教师的政治思想、道德品质、文明修养、治学态度、生活方式以及人生观、价值观，都会对学生产生潜移默化的影响，甚至影响其整个生命过程。教师在教育教学过程中不仅要教好书，更要育好人；不仅做传授知识培养能力的严师，更是一个求真求实求诚、品质坚毅、情操高尚的人师。好的榜样是思想品质的具体体现，具有生动、鲜明的形象示范作用。此外，校园中随处可见的书画、墨迹、雕塑等人文景观，也会对生活于其中的学生、教师产生潜移默化的教育示范作用。

（3）学校文化推动学校管理改革

学校的发展与办学效益的提高，离不开学校管理的改革和创新。从现实情况看，任何卓有成效的学校管理改革的实施，首先源于理念变革。这种理念即是学校文化的重要组成部分。换言之，学校文化的表现形态首先是理念文化，这是学校文化的灵魂。在学校的改革和发展中，学校文化虽然看不见、摸不着，可是它有着巨大的作用力——文化力，对内起着统一思想、凝聚人心的作用，推动着学校的改革和发展，使学校充满生机。

(4) 学校文化促进学校教师队伍建设

在当代组织学的视野中,文化管理作为一种新型的管理方式,已逐渐被人们所认同和接受,其理念也开始在社会各级各类组织中得以践行。所谓文化管理,就是贯彻"以人为本"的管理思想,其核心为对学校员工价值观的导向。以文化管理的理念加以推导,我们认为,实行学校文化管理的核心价值观是:学校要依靠人,学校要尊重人。而学校文化,正是使学校从制度管理向文化管理迈进的载体。任何学校一旦确立了要依靠师生、要尊重师生这样的全新价值观,师生员工有了主人翁感,由此而发挥出来的创造性和积极性,即文化力是巨大的,有利于教师良好职业道德的形成,有利于教师教学技能的提高,有利于教师不断探索进取,促进教师的成长。

(5) 学校文化有利于学校形成发展变革的力量

学校文化是由学校成员共同创造的群体文化,优秀的学校文化寄托了学校成员的理想、希望和要求,使学生群体产生强烈的内聚力量和激励力量。个体对群体有强烈的认同感、归属感、自豪感,使他们感到个人的工作、学习、生活等任何事情都离不开学校,将学校视为自己的家园,认识到学校利益是大家共存共荣的根本利益,从而以学校的生存和发展为己任,愿意与学校共甘苦、共命运。学校文化越发达、越成熟,学校对个体的吸引力、凝聚力、激励作用就越大。

(6) 学校文化有利于建立学习型社区组织

学校是一个文化教育机构,除了对内承担学生的培养教育和教育科研工作外,还将对周围产生文化辐射作用,学校文化能对学校周边的组织与居民群众产生重要的影响和熏陶作用。学校可以通过为社区开展多种学习活动、派出学习骨干和辅导员深入社区等方式,有力地促进社区各项学习活动的深入展开,促使社区逐步建设成为一个学习型组织。

第二节 农村学校物质文化建设

学校文化是由学校全体或部分成员共享的价值、信仰、规范等组成的意义结构。它是一张"意义之网",控制着网中成员思考、感知和行为的价值取向。[1] 学校文化是教育改革的深层次决定因素,在学校变革中,学校文化的建

---

[1] 谢翌,马云鹏.学校文化的反思与重建[J].比较教育研究,2005(8):25-28.

设和转变始终处于深层变革地位。当前,学校文化建设已成为学校领导者的普遍认识,越来越多的学校领导者把文化建设视为学校整体改革的一个不可或缺的环节。然而,从现实情况看,农村学校文化的三种类型——物质文化、精神文化和制度文化依然不同程度地存在问题和缺陷。培育和改造学校文化,已成为农村学校变革进程中刻不容缓的工程。

一、物质文化建设的意义

学校物质文化是学校文化的表层或外显层,是由学校教职员工在教育实践过程中创造的各种物质设施,它们能给人以感官刺激和情感熏陶。优秀的学校物质文化一般是通过学校标志、学校环境、学校文化设施等物质表现形式来体现的。在基础教育学校,物质文化建设的意义主要有:

学校物质文化是完成教育过程所必不可少的首要因素。从表面分析,物质文化为教学、科研、师生员工的娱乐等活动提供了物质基础;从深层分析,它又是学校精神文化的母体。师生在良好的物质文化条件下学习工作,物质本身的价值会以文化因素形式融入人们的活动之中。

学校物质文化是学校教育价值观和价值取向的反映。例如,根据学校传统、培养目标和整体规划,建立主题雕塑和纪念碑、纪念亭等,可以达到对学生进行中国传统文化教育和校风、校训教育等目的,使学生的思想在与其反复对话中不断得到升华,形成积极的文化价值观念。

学校物质文化具有审美的功能。校园里的各种建筑,或者各种雕塑、绿化、办公室或教师的装饰与设计等,都是同学校师生员工一定思想结合起来的有机体,它们反映了我们的智慧、情感和理念,不仅能培养和提高自身的审美意识、鉴赏能力,也提高了学校师生员工创造美的能力。

学校物质文化是一种潜在课程,是教育行为的体现。物质虽然不能直接与人对话,但它以独特的方式展示着其作用。优美、整洁的物质文化环境,对青少年的健康成长起着重要的作用。优美、健康的学校物质环境对学生进行行为规范引导,可以起到道德教化或理性教育所不能达到的效果,增强学校德育工作的针对性和实效性。

学校物质文化代表着学校的规范程度,体现着重视生命的意识。又如在学校的楼梯、走廊张贴指示标志或画上线路标志,规范引导学生的行为和秩序,体现出学校物质环境建设对学生深刻的人文关怀以及学校管理的规范程度。

二、农村学校物质文化现实

当前,伴随各级政府教育经费投入的逐步增加,农村中小学校的办学条件,尤其是硬件设施得到很大的改善。但是,物质条件的不断改进,并不意味着学校物质文化的发展和繁荣。因为物质文化并非我们目睹的学校办学设施本身,而是物质中所隐含的内在意蕴。当前,农村学校物质文化所存在的问题主要涉及三方面。

1. 学校建设规划不科学

所谓规划,意即进行比较全面的长远的发展计划,是对未来整体性、长期性、基本性问题的思考、考量和设计未来整套行动方案。当前,农村学校普遍物质文化建设规划意识不强,突出表现在学校物质建设的"应急性"特征上,学校管理者对学校发展缺乏长远规划,学校的教育教学设施建设完全是为满足学校规模扩张需要的被动式举措。正是这种应急式的建设举措,在许多农村基础教育学校,我们可以识读到学校物质文化建设的某些不足:学校布局较为凌乱,功能区划分不清晰,缺乏整体感,建筑的格调、色彩不统一,等等。

2. 学校资源配置不合理

教育是社会公益事业,它不仅能使接受教育的个人获益,更能促进国家的稳定、民族的团结和社会的进步。作为教育机构的学校,其办学的逻辑起点之一就是教育公平,即要在办学活动中确保学生的受教育权利平等和受教育机会的均等。从现实情况看,要确保每一位学生都能在教育中得到公正的对待,公正就决不能仅仅限于学生这一主体。在笔者看来,要确保学生能真正享有教育权利的平等和教育机会的均等,至少还应把教育公正拓展到学校和教师。

当前,农村学校在资源配置活动中,存在诸多与教育公平相背离的现象,这种资源配置的不合理现象主要表现在:在办公资源与教学资源的分配上,存在重办公资源、轻教学资源的问题;在行政人员与教师的办公资源的分配上,存在重行政人员办公条件的及时解决、轻普通教师办公设施的改善问题;等等。

3. 学校建筑没有凸显文化内涵

学校是一个文化场所,其文化的意蕴不仅表现在文化传播与文化创新等精神文明活动上,也表现在学校物质文明建设的方方面面。然而,目前一些农村中小学校在设计校园建筑与布置安排校园环境时,只注重外观的美观以及实用,而没有充分考虑如何借助这些建筑设计去充分体现"学校文化"与众不同的特有内涵,从而忽视了建筑设计本身所可能承载的教育意义。

三、农村学校文化建设的策略思考

1. 抓好校园整体规划,提高学校文化品位

近代教学论体系的奠基人夸美纽斯曾在《大教学论》中指出:"学校的本身应当是一个快意的场所,教室清洁明亮,饰以地图、图表和伟人的照片;并有可供游戏、散步的空地,可供观赏的花园,使学生来到学校就感到快乐。"①因此,现代农村学校建设应精心做好学校校园的整体规划。这种规划设计应遵循两个基本原则:第一,应秉持精简节约的原则,对那些可以进一步利用的建筑进行整修,在扩建、整修过程中要注意各个建筑的风格色彩,注重建筑的整体协调性,突出学校校园的整体美及和谐美。第二,应秉持美化环境的原则,抓好校园的绿化,突出校园的绿化美。第三,应秉持因地制宜的原则,不同学校可以根据自然环境和经济实力等情况,有不同的、适合自己的规划设计。

2. 科学合理配置校园物质文化设施

科学合理配置校园物质文化设施旨在提高教育资源的使用效率,推动教育资源分配的公平公正。针对当前农村学校校园物质文化设施配置的问题,学校主要应做好三方面工作:一是解决校园整体物质设施的配置问题。对于中小学校而言,主要是指教学楼、办公楼、实验楼、学生宿舍等的合理建设,学校应确立长远发展目标,重视远期建设规划工作,对基础设施的布置和安排能着眼于学校的未来。二是强调以广大师生员工为服务对象而设计校园物质设施。即校园物质设施的建设要本着为师生服务的出发点,充分考虑到师生员工的实际情况和切身需要,为他们的学习、生活、工作提供最大可能的便利。三是解决校内物质设施在不同人员间的分配问题。为此,学校要秉持公开、公平、公正、节约的原则,对于办公物质设施的购买应加大财政审批的力度,并且能够在校内做到公开透明,促使普通师生员工在校内物质设施的使用和享有上居于平等地位。

3. 追求科学性与艺术性的统一

农村学校物质环境建设要力求科学性与艺术性的统一。所谓科学性,是

---

① [捷克]夸美纽斯.大教学论[M].傅任敢译.北京:教育科学出版社,1999:151.

指学校物质环境建设要整体设计、科学规划,要从本地自然环境和条件出发,要根据学校的办学传统和培养目标以及学生年龄结构特点等具体情况确定学校的景观、绿化及建筑风格。所谓艺术性,是指学校物质环境建设要尽可能体现艺术美,要给予学生心情的愉悦和视觉的美感。例如,有条件的学校应绿化、美化校园,不具备绿化条件的学校也要加强校园环境建设,使整个校园干净、整洁、美观、有序。

4. 要注意调动全校师生参与的热情

良好的学校物质文化不可能自然形成,它是在学校全体师生的共同努力下形成和发展起来的,调动全体师生的参与热情,是保证学校物质文化建设水平的重要动力源。为此,学校要加强对物质文化建设的领导,各级管理者都要把学校物质文化建设作为学校建设的重要工作来抓,研究方案,制定规划,采取措施,组织实施并检查落实。学校要充分调动广大教师参与校园物质文化建设的意识和能力,充分发挥他们在校园物质文化建设中的示范和表率作用。学校还要把学校物质文化建设纳入对学校的综合督导评估体系,通过评价机制促进学校文化物质建设。

第三节 农村学校精神文化建设

学校精神文化,是指一所学校在一定的社会历史条件下,为谋求生存和发展,达到既定的教育目标,在长期的文化创造过程中积淀、整合、提炼出来的,反映学校广大师生员工共同的理想目标、精神信念、文化传统、学术风范和行为准则的价值观念体系和群体意识。

学校精神文化就其内涵来说,是一所学校在长期发展过程中逐渐形成的共同的价值取向和心理诉求,是一所学校在各种环境下得以发展壮大的精神支柱,是激励全校师生为实现美好目标积极进取的精神动力。从其外延看,学校精神文化体现在全校师生的思维方式、行为方式和生活方式之中,体现在全校师生的共同理想信念、道德品格、价值准则和性格特征之中,体现在学校的全部生活和文化之中。

一、学校精神文化的价值取向

明确学校精神文化的价值取向,有利于把握精神文化的方向,进而能对农村学校精神文化的建设发挥正确的导向作用。当代学校精神文化的价值取向具有以下特征:

1. 时代性

学校精神文化具有先进性，能够在不同的办学历史时期吸收各种社会文化与时代精神，体现社会主流文化所代表的民主、科学的价值规范，表现出与时俱进的时代特征，进而成为社会主流价值与时代精神的代表。现代学校要与时代精神相和谐统一，则必须具备科学精神、民主精神和创新精神的多元成分。

第一，科学精神。现代学校是传授和学习科学知识的场所，以科学的态度传授和学习科学知识是现代学校生活的主旋律。教师要以科学的态度、科学的方法传授科学知识，更要培养学生掌握和应用科学研究的方法，养成科学探究的态度，培养学生科学研究的能力。第二，民主精神。民主的内涵遍及学校行政管理、教学管理、教职工参与决策、课堂管理、学生参与学校管理以及学生生活的自主管理等诸多领域，民主精神是现代学校精神文化的重要特征。第三，创新精神。创新是一所学校不断进步的灵魂。现代学校处于社会变革日益加快的时代，学校作为一个传递既存文化与知识的地方，要以一种开放的态势，形成一种开拓进取、不断革新、积极向上的心理气氛。学校师生要在尊重科学、实事求是的基础上，养成敢于创新的精神。

2. 民族性

学校精神文化既要顺应时代潮流，不断更新，与时俱进，也必须立足民族传统文化的根基。中国传统文化是中华民族在五千年的历史发展过程中，由于特殊的自然环境、经济形势、政治结构、意识形态的作用而形成的文化积累，其中蕴藏着深厚的文化精华。例如，在中国传统文化中明确地倡导刚毅奋进、积极进取的人生态度；倡导"先天下之忧而忧，后天下之乐而乐"的国家民族意识；倡导"以德治国"、"修身为本"的重德精神等，这些民族精神均是我们中华民族的精神脊梁，农村学校要立足优良传统，继承我们的民族精神。

3. 独特性

学校精神文化是一所学校区别于另一所学校的根本所在，每一所学校的学校精神都具有特定的个性特征。尽管各级各类学校的学校精神都具有共同之处，如求是、求实、求真精神等，但是由于各个学校历史传统的不同以及具体工作中的指导思想、学校所在社区环境等方面存在的差异，导致不同学校形成独特的学校精神。独具特色的学校精神文化，是一所学校保持竞争力的动力之源。如果学校精神文化不能体现出学校的基本个性,就有可能使自己的学校文化埋没于平庸之中。针对当前学校精神文化逐渐泛化的倾向,每所学校都应结合自己学校的历史传统和现实发展,寻求适合本校发展的独特的精神空间,建设个性鲜明的精神文化。

4. 人文性

精神活动是人的生命活动的最高形式,只有精神文化才能真正体现出文化的生命特征。离开了人的生命意识,任何文化的思考都没有真正的教育价值。在以人为中心的时代,学校精神文化还应呼唤人文精神,这种人文精神就是提倡关怀人、尊重人和以人为中心的世界观和价值观,其主要内容是要重视人的生存环境、人的价值与尊严、人的情感生活和和道德理想。

二、农村学校精神文化的误区

当前,对学校精神文化建设的高度关注,反映出中小学校的管理者和社会各界对学校高质量发展的深层期待。但是,一些农村学校在学校精神文化建设中,也有一些误区,不免让人感到担忧。

1. 以企业精神为学校精神文化

一些农村学校秉持借鉴企业精神、把企业精神融入学校精神文化的思想,以拿来主义的态度,把一些企业精神文化直接用于学校精神文化。显而易见,学校和企业是两种不同的社会组织类型,其巨大的差别是不言而喻的,而首要的就是两种文化的终极目标不一样,一个是育人,一个是盈利。

2. 以成绩为学校精神文化

学校创建精神文化的根本目的是营造良好的育人环境,从而更好地培育人才。可是有些农村学校进行精神文化建设时却脱离了这一根本目的,带有明显的功利性。其表现之一是某些学校将学校精神文化视作学校领导的政绩;其表现之二是某些学校将学校精神文化视作学校的一个卖点,企图通过绚丽的文化包装占领教育市场,达到招徕生源的目的。

3. 以活动为学校精神文化

当前,有些学校误认为,学校精神文化就是校园文化活动。由此,学校热衷于开展各种主题活动,科技节、体育节、艺术节等各种节日一应俱全;文学社、管乐团、合唱团等学生社团十分活跃。而实际上这些所谓的"文化活动"更多地注重的是表面的形式,是热闹的气氛和盛大的场面,其中蕴含的文化因素十分有限。

4. 以文件为学校精神文化

一些学校以为,文件是精神文化的载体和应有体现。为此,有的学校将学校的规章制度汇编成册,有的学校则编出了自己的校本教材,还有的学校编辑出版了不少诸如学生作文、教师论文等书籍,如此等等。有了这许多成文的东西后,不少学校便以为学校精神文化已经形成,于是这些厚厚的印刷品常常成了他们炫耀学校的文化资本。

5. 以口号为学校精神文化

一些农村学校认为,学校有无精神文化,主要体现在学校有没有自己的校训、校规和学校的精神标语。于是想方设法编制一些宣传口号、宣传标语,并以此作为精神文化富有的象征,而没有深度考虑这些口号标语在本校的适切性,也没有切实把这些口号、标语作为指引学校办学的方向和目标,作为凝聚学校师生发展力量的催化剂。

6. 以领导之言为学校精神文化

在一些农村学校,由于校长在学校中的特殊地位,及其在学校文化建设中所发挥的他人所无法替代的核心作用,据此认为校长的文化底蕴、价值取向、个性气质以及处事方式等事实上就代表着学校精神文化的方向、特点、水平,并由此把校长的所思所言直接解读为学校的精神文化。

四、建设农村学校精神文化的主要对策

1. 重视校史研究,创新学校文化

每所学校的发展是都蕴含着宝贵的经验财富和丰富的文化底蕴,也是一所学校发展的历史根基。然而,从现实情况看,有许多好的学校历史经验却陷入"被遗忘的角落",到今天都已经流失掉了。

为此,在农村学校精神文化建设中,"校史文化"应成为一个重要组成部分,成为全体师生员工共同的精神家园。有关学校精神文化的考察应从精神文化的定义转向"过去的重大事件"及"现在流行的故事"。尽管理论研究可以通过概念来想象、区分或设计不同的学校文化,但对每一所学校而言,如果不清楚学校发展史及其现实,便无法提炼学校精神和构建学校文化。所以,每所学校的校长都应认真了解本学校的发展史,学习创始人的办学思想,总结前人的办学经验,要重视教育的继承和创新,传承本学校独具特色的办学理念。同时,要让教师与学生了解学校发展史,使他们感受校史文化中的精神力量。在此基础上,要努力创新,不断提出学校发展的新愿望和目标,在创

新中前进。

2. 明确办学理念，塑造学校形象

农村学校精神文化建设必须秉承正确的办学理念、先进的办学思想，包括对教育意义和功能的理解，对人才、质量标准的看法，对师生关系、教学关系的观念等等。学校精神文化看不见、摸不着，可是它有着巨大的凝聚力、推动力和生命力。学校领导应该要有先进的办学理念。办学理念不仅仅是口号性的词句，不仅仅是把诸如培养学生创造精神和实践能力等词句抄到学校的文件中，而是要把这些新的、代表文化发展方向的先进的理念转化成为具体的、大家公认的观念，融入学校实际教育教学中，使其在学校自己的土壤里生长起来，形成学校具体的可操作目标。学校形象是学校整体素质与文明程度的综合表现，良好的学校形象代表学校的信誉、教育教学的质量以及师生员工的素质，塑造良好的学校形象，能够赋予学校师生员工崇高的荣誉感，增强学校的向心力，并使学校获得良好的社会效应，是学校宝贵的无形资产。

3. 在生命体验中理解并建构学校精神文化

精神文化生活是人的最内在的本质。但它不是一种能够从日常经验的活动中获得的东西，它绝不是我们的自然禀赋，而是长期文化积淀的结晶。正因为它积极深刻而内在于人的心灵，所以我们只能用我们的生命体验去唤醒它、激扬它、建构它，而无法从别的学校或他人掠夺它、搬运它、移植它。

体验是精神文化走进师生生命并加以理解构建的基础，也是理解、建构精神文化的基本方法。生命不是靠逻辑理性来触摸的，而最能表达和感受生命存在的直接方式是人的体验性。生命必须通过内心体验和直觉去把握，这就要求我们在构建精神文化时，一方面要注重师生在学校活动中的参与性、过程性、情境性、现场性，从课堂教学、集会、文化活动等学校教育整体的每一个空间，关注生命流动过程中周遭世界的各种社会生活与学校生活的实践时空，关注师生在实践时空的经历与感悟，关注师生的情绪、意志，让师生以交往理性的姿态深入倾听、实践、感受、体认、领悟精神文化。另一方面，要注意对体验的规约和领导，自觉摒弃后现代教育观对理性的遮蔽，将理性与非理性统一起来。我们提倡自由的主体体验，但不放纵想当然的自然体验，以为体验并不是生命的全部，人是理性与非理性的统一。

4. 在师生生活中理解并建构学校精神文化

精神文化的建构过程也就是赋予学校生活以意义的过程。根据胡塞尔和哈贝马斯阐发的生活世界理论,意义建构必须要回到现实世界之中。学校教育本身就是一种文化生活。在文化中生存是每个师生必然的生存境遇与方式,师生应首先是学校长相厮守的生活者,而后才是工作者和学习者。这是建构学校精神文化对师生最合理的定位。为此,我们应以生活的态度和方式理解并建构精神文化。其实,这也是在生命体验中生长的必然。

师生生活是精神文化存在的最为生动、最为稳定、最为基础、最为重要的载体,是精神文化具体真实的反映和表达,它能超越学校建筑和制度等物质和管理的表象,说明学校实际中精神文化的真实情况。它虽然没有直接的理论价值,但具有人的生命意义与精神的占据,最能说明学校精神文化状况。因此,了解学校的精神文化的发展,首先应着眼于对学校师生生活的考察,而不是参观校园或翻看规章;构建学校精神文化也应致力于对师生生活的塑造、养育和培植。

为此,一方面,我们要丰富师生生活内容,并注重文化生活的陶冶。雅斯贝尔斯认为,"文化陶冶是交流、唤醒和自我实现的中介"。文化作为一种生活,陶冶是文化与生活相沟通并内化为人的精神的桥梁。生命哲学认为生命不可规范约束,但生命可以陶冶。文化陶冶适于人的生长过程,因为陶冶所打开的是一个充满着可能性的、开放性的、柔软的、情意与认知水乳交融的、自由的心灵星空。

另一方面,我们要加强对师生生活方式的引导、改造和提升,同时结合学校课堂教学、管理制度等所有方面,将精神文化建立在学校整体教育的架构之中。我们传统教育"重智育轻德育"、"重教书轻育人"。教育教学必须首先成为师生的一种高尚的、丰富的生活体验。同时,制度建设也应作为一种政治力量影响师生的思想行为。我们批判传统的制度建设,但并不排斥其作用,而是意在揭露传统制度中对师生精神的压抑、冷漠和对立。教育中无数师生的暴力事件说明,暴力根源于制度对人性的泯灭,而非师生心灵本性。因此,我们要着眼于学校教育整体,从学校教育的全方面探索精神文化的建构途径。再者,要立足学校既有的文化传统,并结合先进的、时尚的文化理念,不断吸收,丰富和提升价值观、情感态度和生活内涵,从而为精神文化提供源源不断的营养。

第四节 农村学校制度文化建设

一般说来,学校制度指的是为了指导和约束学生的行为和与学校有关的组织、机构、人员等行为而制定的教育法律、政策、规章等成文的规则体系。

学校制度文化相对于学校制度而言,是一个更为隐性、更为广域的文化概念。对于学校制度文化的内涵,当前学术界主流观点认为,学校制度文化是人类史领域中有关学校规范文化的一个层面。它不仅具有学校制度的政策性、严肃性、规范性和权威性,还具有文化所特有的整体性、内隐性、稳定性和教育性等。简言之,学校制度文化是学校的组织机构和存在于学校中的现实学校管理制度的总和,它反映学校中人与人之间的关系,是学校这一特定的社会群体所特有的主观心态。

一、学校制度文化建设的基本原则

制度具有规约与促进的双重功能,制度是学校改革与发展的主线,学校制度文化的建设和培育应遵循以下基本原则。

1. 以师为本

毋庸置疑,在基础教育学校,教学质量的好坏决定了一所学校的发展与否及程度高低。由此可见,教学是学校的中心工作,其余所有工作都是为了这一中心服务的。要想搞好教学,就必须调动教职员工和学生的积极性,而要做到调动教职员工和学生的积极性,就必须有相关方面的学校制度的支撑和保证。

当前,建设"以人为本"的学校制度文化,已成为众多基础教育学校的共同期盼。对此,我们的理解是,"以人为本"首先要以教师为本。教师是育人的导师,他们用人类高尚的道德去塑造学生的灵魂,引导学生养成良好的行为习惯,并对学生传授丰富的科学文化知识。在学校管理中,我们要充分认识教师工作的特点,发挥教师在学校管理中的主导作用,真正树立起以教师为本的管理思想。

以教师为本,要求我们在工作中营造宽松民主的氛围,让广大教职员工参与学校管理,增强教职员工作为主人翁的责任感、紧迫感和荣誉感。以教师为本,要求学校管理者注重学习型团队的建设,学校要适应未来的挑战,就必须重视培养教师的业务能力,更新教师的知识,挖掘教师的潜力,就必须建立一支学习型的教师队伍。

2. 以生为本

众所周知,以人为本的终极目标是实现人的全面发展,而传统的学校管理与制度设计,却大多关注学校近期目标的实现,忽视了学生的全面发展。

因此，在学校制度文化培育中，要始终坚持以学生为本的基本原则。

以学生为本，首先要摒弃传统教育重智轻德的错误思想，要克服学校德育简单化、形式化、表面化的倾向，通过灵活多样的教育方法，提高学生的思想道德素质，让他们学会如何做人，懂得该做什么样的人。以学生为本，要求学校树立尊师爱生的良好风气。尊师与爱生是相互促进的两个方面，教师通过对学生的尊重与关爱赢得学生发自内心的尊重与信赖，而学生对教师的尊重与信赖，又可以激发教师更加努力地工作，为学生营造良好的心理气氛和学习条件。以学生为本，要求学校管理者重视学生个性的和谐发展。学生个性的和谐发展，指的是个性的全面发展与全面发展的独特个性两个方面。学校管理者和教师要强调学生个性发展的全面性，避免对学生求全责备。全面发展不等于同步发展，在较短时间里掌握所有的知识技能，发掘个体的所有潜能那是不现实的，而应立足于学生全面发展的基础上，充分培养和发挥个性特长。

3. 以校为本

立足学校实际，建设学校制度文化非常重要。每个学校都有自己的历史，都有自己独特的文化积淀、习惯和传统，又有客观条件的限制，比如学校资金等，尤其是本校教职工和学生的特点。所以，他校建设制度与制度文化的经验模式只能提供参考和借鉴，每一所学校都要立足本校发扬制度建设的特色。由此，学校管理者要根据学校的实际形成办学理念。办学理念是学校的灵魂和统帅，是学校发展的指南。只有在办学理念的指导下，学校的办学目标、培养目标、教师队伍建设以及发展目标才有明确的方向。没有明确、科学、务实的办学理念，学校是不可能实现可持续发展的。

具体来说，学校办学理念应是国家教育方针和素质教育精神、现代教育思想的集中体现，是学校办学历史与经验的科学总结和概括，是学校发展方向的指引和前景的展望，是学校全体教师集体智慧的结晶。学校办学理念既要符合学校实际，反映学校发展的过去、现在和未来，又能得到全体师生及社会的认可。也只有那些根植于学校生活、贯穿于学校发展全过程并被全体师生所承认、追求的办学理念才能成为学校的灵魂，才能融入学校的血肉、传统与文化当中。只有确定正确的办学理念，学校所制定的规章制度才能贯彻下去，形成本学校特有的制度文化。

二、农村学校制度文化建设的问题剖析

鉴于制度对学校的改革和发展是如此重要，在农村中小学校，制度与制度文化建设通常为学校管理者所认识和重视,以至于有学校管理者认为,"制度创新是学校工作的最大创新"。但是,从现实情况看,许多农村中小学校的制度文化建设依然存在不少问题,主要有以下一些方面。

1. 学校制度以效率优先为其价值导向

近年来,为了提高教育效率,一些中小学校在制度设计上纷纷抛弃了教育的本真追求,把管理企业的那一套制度规范全盘照搬到教育领域,使"效率"成为教育管理者追求的终极价值,一再要求教学工作、课程设计等必须以"效率"、"成本效益"等为其价值取向,考核上明显讲究"数字化"。显而易见,这种过分依赖考核的制度安排,主要是用定量的方法考核教师,而忽视了定性的方法,显然是有缺陷的,会造成教育工作中只见分数不见人的现象,从而影响学校制度有效性的发挥。因为教师的隐性工作通常是难以计量的,比如,教师在课后对学生的思想引导、家访活动等。教师的任务不仅仅是传授知识,还要承担着育人的重担,学校对教师工作的考核过分地依赖量化的方法及其所彰显的制度文化,在教育教学活动中常导致"上有政策,下有对策"的现象。

2. 学校制度忽视教育的本质,过分强调标准化

"从发生学的角度看,制度是人创造的,是属于人的,是人的制度"。① 学校制度的终极目的应当是促进人的发展,教学制度不过是一种手段,我们利用它是为了实现教育的目标。但是在学校制度与学校制度文化的控制下,"标准化成为管理者提高教学效率和教育质量的手段和形式,用分数衡量学生,忽视学生的个性差异,忽略学生在不同领域的其他天分,忽略其求新、求异的思维和创造力的培养"②。标准化的要求不仅涉及学生评价,同样也体现在教师的评价制度中,显然,这样的评价体系违背了公平和民主。最终,个体的发展会被淹没在各种统计数据中,于是,师生便为迎合这些形式化指标而疲于奔命,使人与工厂流水线的产品一起进入流通领域。

3. 学校制度的落实力度有待加强

制度旨在规范人的活动,是为了加强管理,提高管理效率和实现管理目标,制度一旦制定并正式实施,便具有权威性,具有法律的约束。但是,在现

---

① 李江源.论学校制度创新[J].人大复印资料教育学,2002(9):27-30.
② 春燕.学校制度文化建设的缺失与策略[J].四川工程职业技术学院学报,2010(3):87-91.

实生活中,学校制度的落实上存在力度不够的问题。有的条文制度出来只成为一种摆设,只针对组织中的某些群体实施。因而制度才得不到教师的认可和理解,制度缺乏执行力度,继而会在一定程度上破坏学校的管理秩序。除此之外,还有一种情况会造成制度的难以执行,就是当学校的制度承诺没有兑现的时候,学校的教职工就会产生被欺骗的感觉,从而会逐渐丧失对学校管理者的信任,并影响到制度管理的效率。

三、农村学校制度文化的改革策略

1. 回归教育的本质

随着现代社会的飞速发展,管理者一定要意识到制度本身不是目的,它是顺利实现目标的手段。对学校而言,管理的目的就是为了学生的成长和教师的进步,所以,在管理的过程中要实施人性化管理,即学校管理制度以人为中心,注重回归教育的本质,要尽最大努力将学校目标和个人目标有效地结合,增强学校的凝聚力,从而促进师生的全面发展,充分调动师生的积极性、主动性和创造性。

首先,以人为本的学校制度,对师生的管理应该从控制约束走向激励与协调,不能光是用冷冰冰的刚性约束,因为教师和学生不是物化的对象,而是具有丰富情感的活生生的人。所以,制度要充分考虑师生的需要,不要出现以罚代管现象,不要将惩罚当作学校约束人的唯一手段,管理者在处罚的同时,应考虑到师生的认同、归属、荣誉等情感需要,认识到处罚只是一种手段,不是目的,目的是为了促进人更好地发展。

其次,以人为本的学校制度,在注意提倡学校制度的统一性和标准化的同时,还应当注意到个体的差异性,即对不同的师生采取不同的管理和评价方式,促使具有不同发展基础和发展客观条件的师生,能最大限度地实现个体的良性成长。以人为本的管理制度,还需要领导者树立"服务"意识,能够建立起领导者和师生的平等的意识,经常深入教师中去,与教师多沟通,理解教师的思想动态,关心他们的生活,认真听取教职工的意见和建议,对合理的建议及时采纳。

2. 贯彻"人道"思想

所谓"人道"思想,是指制度应该体现和表彰作为主体的人的价值尊严。冯契先生曾说:"道德的主体是人,以道德的准则处理人与人的关系,一个一个的人都是主体,都是目的。"①所以,在制度文化建设中,要肯定人的尊严,这就是所谓的仁爱原则。

在目前,就制度规范而言,仁道观念要求在制度建设中摒弃以往制度中压抑人性的不合理成分,一定要设法克服制度对人的异化,充分了解师生的各种需要,或借助物质或精神鼓励的激励因素,调动组织成员的积极性,激励对他们而言是一种刺激,让自己的员工觉得工作有意义和精神满足。

用"仁道"精神贯注在学校制度中,就不能以既定的教育模式来塑造教育者,不能以某种生活模式作为唯一正确的模式,让受教育者模仿和顺从,不能以标准化的知识来填充人的心智,否则,受教育者的生活就不是自己主宰的,他就丧失了自我的本真性,受教育者不能真正地实现精神的自我创造。在学校制度中贯注"仁道"观念,那么每一位管理者在与别人相处时,就应把自己置于他人的位置,设身处地地为他人着想,然后才能真正体会到要他人接受的规约是否足够正义公平。

3. 提高制度的执行力

提高学校制度的执行力,其目的就是要保证制度在制定和实施过程中的公正性与民主性。只有公正合理的制度才能获得大多数人发自内心的认可,才能使遵守规范成为人们自觉的行动,最大限度地发挥制度的作用。为此,在制度的制定过程中要充分地体现民主,制度体现的利益主体越是广泛,该制度就越公平公正。换言之,这就要求广大教职员工以及学生能够平等参与,尽可能地保证参与到其中的人都能表达自己的意愿,并保证参与者的观点能起到一定的作用。由于学校管理主体的教师属于知识阶层,他们的身份和经验决定了他们不仅有物质要求,而且更重要的是精神追求,因此,学校管理者应当正确引导他们参与到制度制定和学校管理中,这样的学校制度才是民主的、现实的,是师生自主要求的反映,而不是学校单方面意志的表现。

第五节 校园文化建设:刘老庄小学的经验②

刘老庄乡中心小学位于江苏省淮阴市淮阴区刘老庄乡。长期以来,学校秉持"让每一个学生都拥有成长的快乐,让每一位教师都享受职业的幸福"的办学

---

① 冯契.人的自由和真善美.上海:华东师范大学出版社,1996:125.
② 本文系淮安市刘老庄乡中心小学的校园文化建设经验总结,资料来源于淮安市淮阴区教育局,有改动。

理念,致力于建设健康向上、丰富多彩的校园文化,学校文化气息浓郁,文化内容浑然一体,并以此促进学生身心健康发展、提升学生的人文道德修养。

为形成健康向上、朝气蓬勃、各具特色的校园文化氛围,学校于2009年开始校园文化的创建工作。几年来,学校将校园文化建设作为优化资源配置、规范办学行为、增强教育效能、全面推进素质教育的重要工作来抓,在创新校园文化活动内容,拓展校园文化活动领域,规范校园文化活动模式等方面进行了有效的尝试和探索,具有刘老庄小学特色的校园文化体系正逐步形成,学校提高了办学品位,丰富了办学内涵,有效地促进了教师、学生健康和谐发展。

校园文化建设工作是全面实施素质教育,促进内涵发展的重要举措。因此,在上级教育行政部门的统一部署和领导下,刘老庄乡中心小学上下齐心协力,共同打造文化校园。基本建设思路是:一是结合实际,将校园文化建设纳入学校发展和建设的重要议事日程,成立了以校长为组长的校园文化建设领导小组,结合学校中长期发展目标,分别制定了《校园文化建设整体规划》和《校园文化建设实施方案》,并逐层分解,落实到学校有关部门。二是牢牢把握校园文化建设的内涵,把加强校园文化建设作为提升学校品位,积淀文化底蕴,凝聚教师人心,净化学生灵魂,形成文明风尚,提高教育质量的基础工程来抓。三是把校园文化建设与学校的师德建设、德育教育、常规管理紧密结合起来,使校园文化更贴近教师、贴近学生、贴近生活,让全校师生在潜移默化中受到激励和教育。具体说来,在物质文化、精神文化、行为文化等方面,学校采取了以下一些卓有成效的建设举措。

一、加强物质文化建设,提升校园文化品位

1. 校园硬件设施建设

多年来,学校一直致力于校园硬件设施的建设,从2010年8月起,已有多个项目竣工并投入使用,800平方米的综合楼于2010年12月投入使用,设置了科学实验室、体育器材室、舞蹈室、美术室、计算机教室、多媒体教室、电子阅览室等多个专用教室,奠定了学生综合素质均衡发展的物质基础;2010年6月,学校向西征地15.9亩,投资260余万元新建的一座现代化运动场,已于2010年10月投入使用;2011年8月,学校投资280万重建一幢1835平方米的教学楼,已于2012年2月投入使用,现在的教室宽敞明亮、整洁美观。

2. 打造校园内部设施

在加大硬件设施建设的同时,学校十分重视校园环境绿化建设,2011年5

月,学校就现代化运动场四周墙面进行了整体规划,经过多个日夜的奋斗,设计出48块运动图文,列举了各届奥运会上对国家体育事业有较大影响的体育运动员及他们取得的辉煌成绩,彰显运动气息,符合体育精神。在整个制作过程中,注重细节的处理,对每一幅图片,每一段语言都进行了反复的推敲与加工。2012年4月,学校绿化面积共2700多平方米,走访了多个花木市场,为学校购置了广玉兰、香樟、棕榈、石兰等多种稀有树木;同时走入乡间,发挥地方资源,寻求以桃树、梨树、柿子树等为主的乡村土木,使校园绿化绚丽而不失朴实,朴实中渗透着高雅。除此之外,学校还根据校园绿化需求建设了3600米长的篱笆,以仿古砖作底,上面架上白绿相间的铁围栏,有效地提升了校园整体绿化品位;学校还在教学楼后设计了20米长的室外校园文化长廊,特点鲜明,教育意义深远。现在刘老庄小学校园内绿树成荫、空气清新、气候宜人、环境优雅。

二、提升精神文化内涵,塑造校园人文精神

学校的精神文化是一所学校的灵魂。华东师范大学陈玉琨教授说过:要改变一所学校,首先要改变校园精神;要改变一个教师,首先要改变教师的价值追求;要改变一个学生,首先要改变学生的人生目标。由此可见校园精神之重要。

1. 提炼校园核心文化

学校精神文化是学校品格的凝练。它构成了学校文化的内核,决定着学校的思维方式和工作态度,决定着学校的校训、校风、学风和教风,归根到底决定并制约着学校文化系统的取向和性质。多年来,学校结合地域特点,集思广益,大力加强校园精神文化建设,提炼出"以人为本,以德育人"的核心理念;"弘扬光荣革命传统,打造红色教育品牌学校"的学校愿景,"同心同乐,日新日进"的学校精神,"铭恩崇德,博学善思"的校训,"德才兼备,知行合一"的校风,"修德泽人,行为世范"的教风,"明德求真,海纳百川"的学风。同时对"核心理念、学校愿景、一训、三风"进行解读并用大理石为材料雕刻在主教学楼的通道两侧,让所有人对学校的文化有深刻的了解,此项措施在师生中产生了强烈的共鸣。之后,学校又设计了校旗、校徽、校歌,彰显了学校特色,体现了学校的办学理念和宗旨。

2. 打造校园特色文化

刘老庄乡中心小学生长在英雄的土地上,浸透着英雄的精神,学校围绕这一优质资源打造特色文化。进入刘老庄乡中心小学校园,首先映入眼帘的

是一块5平方米的LED全彩液晶显示屏,显示屏上方的"云鹏楼"三字彰显出教学楼的气势与精神,旁边的"校徽"向人们展示学校的文化内涵;第三层外墙上的"铭恩崇德、博学善思"八个金色大字诠释了这所学校的育人理念与文化底蕴;进入校园后,左边的栅栏和围墙上均选用以亚克力材料为主制成的教育素材,展示的是英雄烈士的荣誉及为英雄烈士的题词,紧接着出现的是12块"刘老庄八十二烈士"战斗过程主题介绍;各教学楼配饰以抗日篇、读书篇、感恩篇、礼仪篇、科学篇等为主题的教育图文;一块块图文并茂的图版塑造积极向上的学校精神,给学生以无声的教育。

三、打造全面细实、朴实清新的行为文化

校园行为文化是校园文化建设的主要内容,是对学生进行思想品德教育的重要载体,是学生施展才华、培养个性、促进发展的重要平台。学校针对学生特点,精心设计和开展"四项主题活动",有力推动了校园文化活动建设。

1. 创建"书香校园",提高文化素质

多年来,学校坚持以"打造书香校园",引导学生在体验中感悟、习得,带领孩子们一同去丰富知识、开阔视野、活跃思维、陶冶性情,让校园中的书香伴随着孩子成长。为此,学校定期开展丰富多彩的读书活动:举行了隆重的读书活动启动仪式,组建班级图书角,开展读书主题班队活动、课前三分钟美文诵读活动、教师会前读书交流活动、优秀图书推荐展、"读经典名著,说规范普通话"故事演讲比赛、"名篇诵读"集体朗诵比赛、古诗文知识竞赛、"好书伴我成长"汇报活动、"读书乐"现场作文比赛、现场硬笔书法比赛,评选"读书之星"、"书香班级",开展方寸世界蕴书情——现场制作关于八十二烈士书签比赛、学唱《刘老庄连连歌》、学画刘老庄连战斗故事连环画、刘老庄连战斗故事演讲比赛等活动,将读书活动,和校园打造及宣扬八十二烈士精神紧密结合在一起。现在,读书活动已成为校园文化中一道亮丽的风景线。今后,学校还将把这书香带入学生的家庭,在家长中宣传"书香家庭",使学生以及他们周围的人身上都留有淡淡的书香。

2. 创建"感恩校园",强化思想教育

第一,积极开展"中小学弘扬和培育民族精神月"活动,把民族精神教育贯穿在中小学教育教学的各个环节,渗透在中小学学习、生活的各个方面,并把社会主义核心价值体系教育有机融入"中小学弘扬和培育民族精神月"的主题教育活动中,深入推进。第二,把升旗仪式、奏唱国歌和国旗下讲话等作

为一项常规抓好、抓实,强化爱国主义教育。第三,充分利用传统节日、重大节庆日、重大纪念日,以及入学毕业、入队入团仪式等具有特殊意义的日子,开展丰富多彩的主题教育活动,强化责任教育、体验教育。突出抓好三八妇女节、母亲节、父亲节、教师节、五四青年节、六一儿童节等与学生和家长密切相关的节日教育活动,开展感恩教育,努力激发学生学会感恩、回报社会的道德情感。

3. 创建"和谐校园",推动健康发展

一是强化学生的安全教育、卫生教育和心理教育,保证相关课程开足开齐开好,并邀请心理咨询师定期开展师生心理咨询活动,努力为学生的平安、健康成长创造条件,确保学生在校期间不发生安全责任事故。二是保证共青团、少先队每周的活动时间和条件,注重教育教学活动与团队活动有机结合,强化学生的集体意识、礼仪教育,着力在让学生学会合作、学会交流上下功夫,积极组织开展各种课外实践活动,培养学生自强、自理、自立的优秀品质。三是突出抓好师德师风建设,坚持以良好的作风建设推进"和谐校园"建设,实施师德一票否决制,坚决制止违背师德行为规范的行为发生,着力打造"满意工程"。

四、拓宽活动载体,开展校园文化活动

校园文化活动是校园精神文化建设的重要体现,是育人的重要途径。本着尊重学生、关心学生、着眼质量、注重能力,为学生全面健康和谐发展奠定基础的宗旨,以以人为本、以德为先、以质为上,全面实施素质教育,使每个孩子都得到发展的方针,学校充分挖掘现有潜力,广泛运用教育资源,积极开展校园文化活动。

1. 构建班级文化特色,提升班级文化品位

班级文化是校园文化建设的重要组成部分,是班风学风建设的主要载体,班级文化构建的原则是,力求朴素大方,简洁明快,适合学生,突出班级特点,促进学生和谐发展。

(1) 明确班级文化主题

班级文化主题是班级生活的核心理念,凝聚着集体智慧,符合教师、学生个性特点。例如,低年级教师通常会根据学生特点,确定"养成习惯、快乐生活"的文化主题。围绕这个主题,教师把对学生的行为教育以及学习兴趣的培养作为工作的重点。在墙壁上开辟"明星闪亮"栏目,定时评选"守时小明

星"、"守纪小明星"、"讲卫生小明星"等,引导、激励学生良好行为习惯的养成。还有的班级设立"小荷才露尖尖角"展示平台,将学生优秀的书法、绘画、手工艺作品等张贴、悬挂于墙壁,放大学生的闪光点,收获成长、进步的快乐,让学生感受到学校生活的乐趣,喜欢学习。

(2) 凸显人文氛围

教室是学生学习的重要场所,是读书养性的地方,所以必须要为学生营造一种温馨的艺术文化氛围。为此,首先要注重教室卫生。干净教室不是打扫出来的,而是保持出来的。其次是抓好图书角建设,因为"书籍是人类进步的阶梯"。再次是体现人性化的设计。苏联教育家苏霍姆斯基主张:"让每一面墙壁会说话。"教师应根据学生特点,合理利用教室内墙壁资源,适度开发,及时更换,从而对学生产生持久的耳濡目染的影响,使学生自觉投入到主动的学习中来。最后是办好黑板报。黑板报是营造班级文化氛围的重要舞台,是传播知识、启迪智慧、播撒文化气息的"一方宝地"。学校德育处每个学期都会让各个班级出三四期黑板报,每次出黑板报,低年级段的班主任会和学生共同创作,在文字编辑、版面设计上班主任会给予指导,而高年级段的学生,班主任会放手让学生自己去创作,自己去设计,就是这样一块小小的黑板报,为学生的创造力、组织能力的培养创造了舞台。

(3) 加强班风建设

班风是班级文化建设的核心部分,班风包括班级风格和班级风气,是班级对外的社会形象。学校每个班级都形成了良好的班风,具体体现在,当参加升国旗这些庄重的活动时,学生队列整齐,能做到严肃、认真、安静;在做课间操时,各班能很有秩序地进场,做到快、静、齐,做操时动作能一致,精神饱满;学生在自由活动时会懂得讲团结,懂谦让,这让平时值日的教师都倍感欣慰。

总之,班级文化建设,是学校教育中巨大的教育资源。作为教师,就要拥有善于发现的眼睛,努力挖掘并充分利用这一资源,不断提升学生的文化素养,滋养学生人文性情,有效地促进学生人格的健康发展。

2. 开展丰富多彩的文化活动,活跃校园文化气氛

为提高开展文化活动重要性的认识,学校首先明确了开展此项活动的指导思想和相关的理念:即坚持"健康第一"的指导思想,发展阳光体育运动,提高学生参加体育锻炼的荣誉感和自觉性,鼓励学生走向运动场,走进大自然,走到阳光下,形成学生体育锻炼热潮,增强终身体育意识,养成坚持锻炼的习惯。为此,学校切实抓好每天一小时的体育锻炼,保证学生体育锻炼的时间和质量,并以大课间为辐射点,全面推进素质教育。

(1) 做好领导组织工作

为确保大课间活动扎实开展,学校成立了以校长为组长的学校大课间活动领导小组,由分管学校体育卫生工作的老师亲自抓,形成了学校行政、各班班主任、跟班教师、体育教师齐抓共管工作机制,明确各自的职责,校长、行政到操场参与活动,同时了解情况,发现问题及时解决,提高了全体师生对大课间活动的重视程度。

(2) 做好教师群体参与工作

为了创设出学生喜闻乐见的大课间活动,学校召集了全体教师会,让老师们说说自己小时候的游戏项目,谈谈自己对大课间活动的看法。通过采访学生,让他们畅谈喜欢玩的游戏项目和对大课间活动的想法。然后根据学校情况,在大课间活动的设计上力争做到科学性、创造性、特色性,设立了全校统一性项目和班级特色性项目等两大块内容。为确保大课间活动的顺利开展,学校制订了大课间活动的实施方案,学校把活动分为前期准备、全校韵律操训练、班级特色项目训练、整体磨合、会操评比五个阶段实施,并在每阶段实施时对全校师生进行培训,让大家熟知目标和要求。

(3) 推动班级特色性项目的开展

在班级特色性项目中,学校安排了传统体育游戏、竞技体育游戏及师生自创游戏等内容,项目新颖多样,力求体现参与面广、趣味性浓、活动量适度、安全性强。学校选用了吹笛子、竹竿舞、健美操、跳橡皮筋(单人、双人、小组、花样等)、掷布沙包、摇呼啦圈(呼啦圈设障碍)、中国象棋、小篮球等孩子们喜欢的各种游戏活动。大课间的器材一部分由学校提供,更多的则是老师和学生自己动手制作,器材简便易操作,有彩绳、沙包、橡皮筋彩带等,既充实了活动内容,又挖掘了学生的潜能,提高了动手能力,还便于学生随时锻炼。

五、打造全面发展,彰显个性的校园课程文化

1. 开齐开全各类课程

教育质量是学校生命所在,教学工作是学校工作的出发点和归宿。教学工作管理是学校管理工作的中心环节,我们严格执行课程标准,按照课程计划开足开齐各类课程,并要求教师上齐、教好每门课。教导处加强平时的调查、检查,进行质量抽测,保证各学科教学质量全面提高。

2. 打造特色课程文化

在打造特色课程文化的过程中,学校充分利用地方资源,把刘老庄八十二烈士的光辉事迹编成校本教材,作为爱国主义教育素材,以养成教育为基础,以系列活动为载体,以少先队活动、社区教育为主要形式,以课堂教学为主渠道,使学生接受教育,增长才干。刘老庄乡中心小学的"红色小导游团"作为学校的特色项目,经常参加八十二烈士陵园的各项活动,他们的讲解深受游客们好评。原淮阴区区委书记李广涛接受了学校小导游的服务后,亲笔来信,称赞"这样教育有意义"。

3. 提升重点学科项目

学校教师在教育教学过程中,能对每门学科特点及本校自身特点进行认真分析,提出要打造自己的优势科目,重点打造英语学科,达到以点带面的效果。为此,学校在英语教师的配置、所任学科的基数及英语教师培养力度等方面加大力度,学校学生的英语水平逐年递增,从四年前的中下流水平,今年跃至全区前列。英语学科的成功也带动了其他学科的进步,2012年,学校六年级有16名学生被区开明中学提前录取,学生人数名列全区第一。

4. 加强与名校的联系

2010年在市教育局的引领下,学校与淮安市实验小学结成发展共同体学校,借助这一机遇,三年来学校组织教师积极参加市实验小学组织的各项活动,多次邀请实验小学领导、教师到本校开展送教活动,学校每年选派教干、教师到实验小学学习和培训,全面提升了教师的综合素质。

六、打造严谨规范、以人为本的校园管理文化

1. 建立完善的管理制度

管理制度是学校师生行为的准绳,是校园文化的重要内容和表现形式,是学校教育教学活动顺利进行的根本保证。学校遵循依法治教、依法治校、以人为本的原则,对学校校园管理、教育教学、后勤保障、安全措施等原有制度进行了重新修订,在学校、处室、班级等不同层面上构建制度体系,并装订成册。与此同时,学校树立正确的文化管理理念,把管理和思想认知、情感内化、有效激励结合起来,通过尊重、信任、理解、赞赏、引导、支持等人性化管理手段,构建起人性化的管理机制,让学生真切地感受到了学习的快乐,使教师真切地感受到了从教的幸福。

2. 强化安全管理

在和谐快乐校园工作中，刘老庄乡中心小学能坚持安全教育工作不放松，学校层层签定安全责任状，制定全方位的安全工作制度，做到专人负责，分类装档，科学存放。学校24小时有带班领导、值班教师、值岗教师。每个学期每个班级的安全教育课都保证3节以上，组织学生观看消防纪录片2次以上，安全宣传2次以上。学校利用安全教育月组织学生到校外进行安全宣传，每学期全校进行一次紧急防火安全演练和防震安全紧急预演。2014年，刘老庄乡率先开通了乡镇公交，乡镇公交的开通为孩子们上下学提供了便利条件，许多孩子们再也不用像过去那样，冬天防冻、夏日防晒，家长们也不需要一日四趟接送。但随着乘坐的人数增加，出现了车少人多的情况，为此，学校及时与公交公司联系，调整学校的作息时间，进行分时段上下学，同时每辆车安排一名陪乘教师，协助公交公司做好管理工作，有效保障孩子们的路上安全，让孩子们真正做到快快乐乐上学、平平安安回家。

3. 留守儿童管理

刘老庄乡中心小学现有留守儿童777人，约占全校学生总数的4/5，为此，学校把"关爱留守儿童"活动纳入学校管理整体改革规划之中，使之成为提升学校、家庭、社会德育工作实效的有力"抓手"和"突破口"。一年来，学校以"同在蓝天下，我们共成长"为主题，开展一系列富有创意的亲情活动。以亲情教育、情商训练为重点，以重大节日、纪念活动为契机，注重情感关怀，强调人、社会、自然三者相融合，正确引导少年儿童身心健康成长，增进了少年儿童之间及家长和老师之间的情感沟通，促进了融洽亲情关系的建立，推动了家庭、社区、学校教育资源的有机结合，建立健全了社区教育网络，营造了祥和安全的社区生活环境。

学校要求每位教师结对1~2名留守儿童，要求教师在结对帮扶中经常找儿童谈心，随时把握留守儿童思想动态，了解留守儿童家庭情况、生活情况以及监护人生理状况，定期家访、关心生活、指导学习，引导他们健康成长，让这些孩子在教师、同学的影响下茁壮成长。对学习有困难的留守儿童，学校还安排其任课老师定期上门为其免费辅导，绝不让一个留守儿童掉队，让他们的父母在外安心工作。学校领导还积极与社会团体联系，让他们参与到关爱留守儿童的行列中来。例如，学校与《淮海商报》社联合开展了"关爱刘老庄留守儿童"系列活动之一——认家门。报社相关领导带领学校部分留守儿童参观了周恩来童年读书处、动物园、报社办公楼等,使孩子们感受到了不是亲人胜似亲人的关怀。

十年树木、百年树人,教育事业任重道远。在今后的日子里,刘老庄乡中心小学将继续扎实工作,勇于创新,争取更好的成绩。相信通过全体师生员工的共同努力,刘老庄乡中心小学的明天会更加辉煌。

主要参考文献

一、著作类

1. 吴遵民,李家成.学校转型中的管理变革——21世纪中国新型学校管理理论的构建[M].北京:教育科学出版社,2007.

2. 赵中建.学校文化[M].上海:华东师范大学出版社,2004.

3. 刘国艳.制度分析视野中的学校变革[M].长春:吉林大学出版社,2010.

4. [挪威]波·达林.理论与战略:国际视野中的学校发展[M].范国睿译.北京:教育科学出版社,2002.

5. [加]迈克·富兰.变革的力量——透视教育改革[M].加拿大多伦国际学院译.北京:教育科学出版社,2000.

6. [加]迈克·富兰.变革的力量——深度变革[M].加拿大多伦国际学院译.北京:教育科学出版社,2004.

7. [美]戴维·W.约翰逊,罗杰·T.约翰逊.领导合作型学校[M].唐宗清等译.上海:上海教育出版社,2003.

8. [美]托马斯·J.萨乔万尼.校长学:一种反思性实践观[M].张虹译.上海:上海教育出版社,2004.

9. 孙鹤娟.学校文化管理[M].北京:教育科学出版社,2004.

10. 连榕.教师专业发展[M].北京:高等教育出版社,2007.

11. 叶澜."新基础教育"论——关于当代中国学校变革的探究与认识[M].北京:教育科学出版社,2006.

12. 杨全印,孙稼麟.学校文化研究:对一所中学的学校文化透视[M].北京:教育科学出版社,2005.

13. 杨小薇.全球化进程中的学校变革[M].上海:华东师范大学出版社,2004.

14. [美]马克·汉森.教育管理与组织行为[M].冯大鸣译.上海:上海教育出版社,2005.

15. 郑燕祥.教育领导与改革新范式[M].上海:上海教育出版社,2005.

16. [美]S.斯特林费儿德,S.罗斯,L.史密斯.重建学校的大胆计划——新美国学校设计[M].窦卫霖等译.上海:华东师范大学出版社,2003.

二、期刊类

1. 刘国艳.关于学校改革研究的若干问题思考[J].基础教育研究,2006(2).

2. 刘国艳.学校变革中的若干问题与合作型学校的构建[J].广西师范大学学报,2006(2).

3. 刘国艳.学校变革的制度环境分析[J].当代教育科学,2013(6).

4. 刘国艳.基础教育变革中的教师及其发展[J].教育研究与实验,2006(4).

5. 刘国艳.试论学校变革的制度基础[J].学术论坛,2008(5).

6. 刘国艳.教育研究视野中的制度分析[J].辽宁教育研究,2008(2).

7. 刘国艳.论学校变革中的制度缺陷[J].当代教育科学,2007(3).

8. 刘国艳.职业幸福——教师专业发展的起点与归宿[J].辽宁教育研究,2006(8).

9. 周后辉.关于中学校长角色交往的思考[J].教师,2010(18).

10. 刘国艳,曹如军.利用地方课程资源构建特色成教课程[J].成人教育,2006(8).

11. 曹如军,刘国艳.农村教师专业化的制约因素探析[J].教育探索,2005(6).

12. 刘国艳.学校变革的实践基础论略[J].学术论坛,2009(8).

13. 刘国艳.试论学校变革的实践条件[J].中国教育学刊,2009(9).

14. 张乐天.支持发展农村教育:历史使命与政策行动[J].南京师大学报(社会科学版),2007(3).

15. 张乐天.我国农村教育政策30年的演进与变迁[J].南京师大学报(社会科学版),2008(6).

16. 张乐天.农村教育发展的支持政策:成效与问题.教育发展研究,2008(11).

17. 张爽.校长领导力:背景、内涵及实践[J].中国教育学刊,2007(9).

18. 曹如军,刘国艳.基础教育变革与学生参与[J].当代教育科学,

2007(19).

19. 刘国艳.知识就是幸福吗[J].当代教育科学,2006(7).

20. 曹如军.试论农村教师专业发展环境的优化[J].教育探索,2006(11).

21. 曹如军.新时期的农村教师政策评析[J].人大复印资料"中小学教育",2007(10).

22. 刘国艳.教育制度变迁的审视与反思[J].湖南师范大学教育科学学报,2012(1).

23. 刘国艳.我国基础教育制度变迁的回溯与分析[J].河北师范大学学报教科版,2012(8).

24. 沈明光.农村初中新课程教学现状的调查与思考[J].人民教育,2008(1).

25. 徐艳伟.农村中小学教师教学技能的现状调查[J].现代教育科学,2010(12).

26. 徐平.农村中学教师教学反思现状及其改进[J].教学与管理,2011(33).

27. 谢爱华.农村小学实现有效教学的举措[J].教育评论,2005(4).

28. 韩文珠.农村初中教师教学方式转变的阻力与化解对策[J].教育理论与实践,2012(5).

29. 王玉江,陈秀珍.农村小学教师教学设计能力调查与提高的建议[J].教育探索,2007(5).

30. 邹天鸿.农村小学课堂教学有效性价值追求分析[J].东北师大学报(哲学社会科学版),2013(2).

31. 李明,张茂聪.农村学校内部管理体制存在的问题及政策建议[J].当代教育科学,2008(24).

32. 邬志辉.农村义务教育质量至关重要[J].教育研究,2008(3).

33. 弓青峰.新课程背景下农村小学课堂教学问题及对策[J].忻州师范学院学报,2009(3).

34. 谢爱华.农村小学实现有效教学的举措[J].教育评论,2005(4).

35. 李颖.农村学校义务教育教学质量研究:现状、问题与思考[J].内蒙古师范大学学报(教育科学版),2008(10).

36. 杨远来,余孟辉.近二十年来我国农村义务教育政策的缺陷分析与改革创新[J].河北师范大学学报(教育科学版),2007(11).

37. 袁桂林.我国农村学校教育诸政策评析[J].中国教育学刊,2009(2).

38. 郝文武.价值理性、工具理性视角关照下的农村教育问题[J].陕西师范大学学报(哲学社会科学版),2005(7):109.

39. 刘国胜等.人性领导力:校长领导力的关键所在[J].教育导刊,2009(11).

40. 张爽.校长领导力的提升[J].教育理论与实践,2010(7).

41. 李同胜.关于农村中小学校长专业发展的对策思考[J].继续教育研究,2009(8).

42. 曲铁华,樊涛新.中国农村基础教育政策的变迁及影响因素探析[J].东北师大学报(哲学社会科学版),2011(1).

43. 徐敏.农村中小学校长核心领导力的提升[J].福建广播电视大学学报,2010(1).

44. 付小彪.农村学校校长的治校策略[J].内江师范学院学报,2009(24).

45. 季忠发.论学校管理与校长领导力的提升[J].湖南第一师范学报,2007(6).

46. 胡伶.农村教师政策的问题与改进[J].教育发展研究,2009(22).

47. 张济洲.农村"特岗教师"政策实施:问题与对策[J].教育理论与实践,2012(7).

48. 邬跃.教育政策分析——以农村学校教师特岗计划为例[J].教育理论与实践,2010(1).

49. 熊春文."文字上移":20世纪90年代末以来中国乡村教育的新趋向[J].社会学研究,2009(5).

50. 雷万鹏,张雪艳.农村小规模学校师资配置政策研究[J].教育研究与实验,2012(6).

51. 王坤.农村中小学校校长职业样态调查与分析[J].江苏教育研究,2012(11A).

52. 李同胜.关于农村中小学校长专业发展的对策思考[J].继续教育研究,2009(8).

53. 段会冬,莫丽娟.农村社区:农村特色学校建设的文化源泉[J].现代教育管理,2012(9).

54. 司晓宏,杨令平.后农业税时代农村义务教育面临的问题与对策[J].教育研究,2006(11).

后 记

淮安市地处苏北地区，教育事业发展的状况也长期处于追赶态势。近几年来，伴随江苏省农村教育现代化建设的深入推进，淮安市农村地区学校建设取得了长足进步，成绩有目共睹。由此，我们把理论与实践相结合作为本书编写的一个主要特点，试图在对农村学校变革的基本问题和策略走向展开理论分析的基础上，力求紧密联系淮安市农村学校改革的实际，集中展示一些能反映淮安市农村学校改革经验的实践成果。

然而，在研究资料的收集、整体、分析及撰写过程中，我们发现这样做并不容易。其中最主要的问题在于案例收集工作的难度较大，部分收集到的案例缺乏足够的典型性和代表性。

在本书撰写过程中，我们参阅并引用了一些专家和学者的著作、论文及其他研究成果，其中多数已标注，还有部分因疏漏可能未明确标注，在此谨向这些专家、学者表示深深的谢意。

由于受学术水平和研究水平的限制，书中难免存在一些不足之处，敬请专家和同行批评指正。

作 者

2015 年 2 月